著者◎ジョシュ・マクドウェル
訳者◎中村光弘
監修者◎川端光生

徹底検証
キリスト教

第2巻
キリスト

発行
日本キャンパス・クルセード・フォー・クライスト
発売
いのちのことば社

The New Evidence That Demands a Verdict
by Josh McDowell

Thomas Nelson Publishers
P.O. Box 141000
Nashville, TN 37214-1000

目　次

［他の巻の内容］

第 1 巻——聖書

1　ユニークな聖書
真理を真摯に求める人なら、聖書のように歴史的事実に基づくと主張する書物に関心を抱いてくれると信じる。他の書物とはまったく異なる聖書のユニークな性質。

2　聖書が私たちに伝わるまで
聖書写本に使用されたもの。聖書の区分。旧約が 39 巻、新約が 27 巻だけなのはなぜか。外典や他の書について。

3　新約聖書の記録は信頼できるか
あらゆる古典の信憑性を判定するテスト。新約聖書はどうか。新約聖書の正確さを証明する考古学上の発見。

4　旧約聖書の記録は信頼できるか
書誌学的な基準による検討。内的証拠による検討。旧約聖書の信憑性を実証する考古学の証拠。

第3巻──キリスト教

第1部　はじめに
聖書の霊感、「反」超自然主義、考古学について。三者とも文書資料説と様式史批評の両方と関連している。したがって、この三者は第2部、第3部ではなく第1部で取り上げることとする。

11　聖書は神からのものか
第1巻では聖書の歴史的正確さの証明がなされているが、ここでは、聖書が信頼できるのは完全な神の霊感を受けているからであることを証明する。

12　「反」超自然主義の前提
文書資料説および様式史批評の支持者たちが前提として受け入れている事柄。客観的・歴史的結論は、主観的な世界観によって形成されていることが少なくない。

13　考古学と聖書批評
考古学が聖書批評に与えた影響。

第2部　文書資料説
モーセ五書に適用された文献批評の考察（モーセ著者説の証拠を含む）。

14　文書資料説入門
文書資料説とは何か。ＪＥＤＰ資料とは何か。

15　聖書批評入門
聖書批評の定義と諸学派の説明。

16　モーセ五書入門
モーセ五書の目的と重要性。

17　文書資料説の変遷
諸説（および現代における新説）の説明。

第 4 巻——真理

『徹底検証　キリスト教』
ユーザーズ・ガイド（ご利用の手引き）

ビル・ウィルソン（改訂プロジェクト編者）

　警告――あなたが手にしているのは危険な本です。この内容を理解したとき、あなたの思考回路に大変革が起こるかもしれません。

　注意――この本は寝転んで読むような本ではありません。読み進むうちに、ペンを取り出してノートをとることになります。

　この本は、ジョシュ・マクドウェルが講演のために準備したノートをまとめたものです。その説得力に圧倒され、自分も伝道してみたくなるでしょう。彼が第1巻、第2巻を編集しようと思い立ったのは、伝道に役立つ体系的な資料を提供するためでした。この改訂版は第1巻、第2巻の情報を最新化したものです（訳者注――この日本語訳では全体を4巻に分けています）。

　ここに収められた膨大な情報は読者のみなさんに配慮し、使いやすくまとめられてはいますが、理解するためには多少時間がかかるかもしれません。あなたが大きなゴールを設定することが好きで、信仰の理論武装をし、伝道のために入手可能な事実をすべて手に入れたいと願われるなら、ぜひお読みください。

　ここに収められている情報は、様々な機会に有効です。あなたがどんな立場のどんな状況におられるとしても、またどんな疑問を持っておられても、このユーザーズ・ガイドを読めば、短時間で必要な情報にたどり着けます。

あなたがクリスチャンでないなら

　イエス・キリストは私の人生を変革できるか。できます。第1巻冒頭で著者は、キリストが自分をどう変えたか語っていますが、キ

リストと出会うということは胸躍る体験です。イエスは史的証拠が示すように、地上生涯で出会った人々だけでなく、今日にいたるまでの数多くの人々の人生を変革されました。

すべての読者へ

　この本の内容をしっかり身につけるために、まず目次に目を通してください。第1巻はおもに聖書の信憑性を扱っています。第2巻はイエス・キリストが神であることの歴史的証拠、およびその立証です。

　第3巻は、ラディカルな聖書批判者たちがキリスト信仰を攻撃するために用いたふたつの歴史観を中心に取り扱っています。そのふたつの歴史観とは①文書資料説（多くの学者がモーセ五書の信憑性やモーセ著者説を否定するために用いた）と②様式史批評（新約聖書の福音書の描くイエス像の信憑性を否定するために用いた）です。

　第4巻の内容は、①「真理を知ることは可能」である証拠、②多様な世界観に対する応答、③奇跡の存在の弁明、④「歴史を知ることは可能」である証拠です。

　第1巻と第2巻では、よくなされる質問と反論に答えています。

• 聖書はほかの本となんら変わらない（第1、3、4章参照）。

• 聖書が公式に認定されたのはイエスの死から350年後であるゆえ、信頼できない（第2、3、4章参照）。

• 聖書の原本は残っておらず、現存する写本もどれだけ正確か不明である（第3、4章参照）。

• イエスに関する情報は全部クリスチャンの主観に基づいているゆえ、イエスを信じることはできない（第5章参照）。

• イエスは自分が神であると言ったことがないのに、なぜクリスチャンはイエスが神であると言うのか（第6～10章参照）。

• なぜクリスチャンはイエスの肉体の復活を主張するのか。「復

活」を奇跡ではなく、合理的に解釈する方法が多々あるではないか（第9章参照）。

* 考古学は聖書に書かれた事件について何と言っているか（第3、4、13章参照）。
* 聖書が真理で、イエスが神だとしても、それが自分に何の関わりがあるか（第11章参照）。

第3〜4巻が取り扱う質問は——

* 学者たちは奇跡などありえないと言っているが……（第12、39章参照）
* 聖書批評の学者たちはモーセ五書を書いたのはモーセではないと言っているが……（第3巻第2部参照）
* 「福音書が描くイエスは正確ではなく、1世紀のクリスチャンたちのあいまいな記憶に基づいて、さらにそれを歪曲したものにすぎない」と私の教授は言っているが……（第3巻第3部参照）
* ジーザス・セミナーという名を何度も耳にしているが、イエスに対してあまり好意的でないようだ。どういうことか（第29章参照）。

この本で採用されている形式の説明

　脚注——脚注は各ページの下に配置されるのがふつうですが、どの文献からの引用なのか、即わかるように、引用の後のカッコ内に、文献の著者名、文献名の一部の頭文字、引用ページを示しました（例——Bruce, BP, 21–23）。その文献の詳細を必要とする読者は、第4巻の「参考文献リスト」をご参照ください（第4巻の発行まではウェブサイト http：//www.japanccc.org/josh をご参照ください）。

　引用がかぎカッコ（「　」）で囲まれていない場合は、それに続くカッコ内の文献からのものではあっても、そのままの引用ではないことを示しています。その情報が私からではなく、ほかから来ていることを正確に記した次第です。

　構成——この本では以下のようなアウトライン形式を採用しました。

　　1
　　1.1
　　1.1.1
　　1.1.2
　　1.2
　　1.2.1
　　1.2.2

この本で採用されている形式の説明

　各章の初めにはその章の概要を説明するアウトラインを挿入しました。

5　実在したイエス

は　じ　め　に

　哲学者Ｂ・ラッセルは「私がクリスチャンでない理由」という論文で次のように断言している。「歴史的な観点から言えば、キリストが実在したかどうかは非常に疑わしい。たとえ実在したとしても、キリストについてわかることは何もないのだ」（Russell, WIANC, 16）。

　今日、見識ある人で、この極端な主張に同意する人はまずいない。イエス・キリストについて疑問を呈する人は多いし、イエスに関する聖書の記述の事実性を疑う人もいる。しかし、「イエスは実在しなかった」「もし実在したとしても、わかることは何もない」と主張する人はまれである。キリスト教を完全に蔑視していたアメリカ独立の革命思想家トマス・ペインでさえも、ナザレのイエスが実在したことを疑いはしなかった。

　ペインは、イエスが神であることを示唆する聖書箇所は神話であると考えたのだが、イエスの実在性までは否定しなかった。ペインは言う。「彼（イエス・キリスト）は優しく高潔な人物であった。イエスが説き、実践した道徳は最高の善意に満ちたものであった。似たような倫理体系はその何百年も前に孔子やギリシャ哲学者も唱えたし、その後もクエーカー教徒が説いた。また、あらゆる時代の多くの善良な人々が説いた。しかし、イエスが唱えた倫理体系より勝れたものはない」（Paine, CWTP, 9）。

　それでもたまに、ラッセルのようにイエスの実在性を無根拠に完全否定する人々に出会うことがある。あるときそんなことが、アメリカ中西部の大学で開かれた討論会で起こった。私の討論の相手はニューヨークの革新労働党（マルクス主義者）の下院議員候補だった。彼女は冒頭でこんなことを言った。「今日の歴史学者たちは、

イエスが実在した可能性をほぼ完全に否定しています。」私は自分の耳を疑ったが、同時に喜びもした。彼女に十分な論拠がないことを、学生2,500人の聴衆に示す機会となったからである。彼女が十分に事前準備をしたなら、マンチェスター大学の聖書学の特任教授であるF・F・ブルースの言説ぐらいは見つけただろう。「物書きの中には『キリスト神話説』を唱える者もある。しかし、史的証拠に基づいてのことではない。客観的に判断する歴史学者にとって、キリストの史実性はユリウス・カエサル（シーザー）の史実性と同じぐらいに自明である。『キリスト神話説』を広めているのは歴史学者ではないのだ」（Bruce, NTDATR ' 72, 119）。

O・ベッツの主張も正しい。「真の学者でイエスの歴史的実在を疑う者はいない」（Betz, WDWKAJ, 9）。

真の学者でイエスの歴史的実在を疑う者はいない。
——オットー・ベッツ

イエスの史実性は、クリスチャンにとって決してどうでもいい問題ではない。キリスト信仰は歴史に基づくのである。新約学者D・ハグナーは語る。

「真のキリスト教、新約聖書の記録に基づくキリスト教は徹頭徹尾、歴史に基づいている。新約聖書の信仰の中心には『神は、キリストにあって、この世をご自分と和解させ、違反行為の責めを人々に負わせないで、和解のことばを私たちにゆだねられたのです』（Ⅱコリント5：19）ということばがある。イエス・キリストがこの三次元世界で実際に受肉し、死に、復活したということ、これこそキリスト信仰に欠かすことのできない土台である。したがって、私の意見では、キリスト教の定義として最上のものは『歴史における神の行為を宣べ伝え、称賛し、そしてそこに参加すること』となる。新約聖書によれば、その頂点はイエス・キ

リストのうちに見出すことができる」(Hagner, NTCI, 73, 74)。

　この章は、キリストの生涯に関する証言をクリスチャン、クリスチャン以外、ユダヤ人から集めてまとめたものである。

1　イエスの史実性に関する証言——クリスチャン以外

　ここではクリスチャンでもユダヤ人でもない（そしてほとんどの場合、反キリスト教的な）者たちの証言を取り上げることとする。古代の著作家たちで、イエスとイエスから出た運動に関する記録を残している者は少なくない。彼らの多くがキリスト教に敵対的であったということは、かえって彼らが証人として特にすぐれた存在だということになる。この者たちは、イエスをもその弟子たちをも蔑視していた。したがって、イエスたちに関する歴史記録が事実であると認めても、何の得もない人たちである。

1.1　コルネリウス・タキトゥス

　ハバーマスによると、「コルネリウス・タキトゥス（後55〜120年ごろ）はローマの歴史家で、数代にわたるローマ皇帝の治世でその生涯を送った。古代ローマ最大の歴史家のひとりとされる。学者として、その高潔な倫理観で定評のある人物である」(Habermas, VHCELJ, 87)。タキトゥスの著作でもっとも名高いのは『年代記』と『歴史』である。「『年代記』は後14年のアウグストの死から後68年のネロの死までの記録であり、『歴史』はネロの死の後から後96年のドミティアヌスの死までの記録である」(Habermas, VHCELJ, 87)。

　タキトゥスは、ネロの治世に関連して、キリストの死やローマにおけるクリスチャンの存在にふれている。彼は、キリスト

（Christus）のスペルをまちがえてはいるが、このようなまちがいは、よくあることであった。タキトゥスは言う。

「しかし元首の慈悲深い援助も惜しみない施与も、神々に捧げた贖罪の儀式も、不名誉な噂を枯らせることができなかった。民衆は『ネロが大火を命じた』と信じて疑わなかった。そこでネロは、この風評をもみけそうとして、身代りの被告をこしらえ、これに大変手のこんだ罰を加える。それは、日頃から忌わしい行為で世人から恨み憎まれ、『クリストゥス信奉者』と呼ばれていた者たちである。この一派の呼び名の起因となったクリストゥスなる者は、ティベリウスの治世下に、元首属吏ポンティウス・ピラトゥスによって処刑されていた。その当座は、この有害きわまりない迷信も、一時鎮まっていたのだが、最近になってふたたび、この禍悪の発生地ユダヤにおいてのみならず、世界中からおぞましい破廉恥なものがことごとく流れ込んでもてはやされるこの都においてすら、猖獗をきわめていたのである」（タキトゥス『年代記（下）』第 15 巻 44、国原吉之助訳、岩波書店、1981 年、269-270 ページ）。

N・アンダーソンは、ここにイエスの復活のことが述べられていると考える。「タキトゥスが『このはなはだ悪趣味な迷信は……再びはびこるようになった』と言っているのが、十字架にかかって死んだキリストが墓からよみがえったという、初代教会の信仰を遠まわしに述べている可能性は十分にある」（Anderson, JC, 20）。

F・F・ブルースはこのタキトゥスのことばについて、もうひとつの事実を明らかにしている。「ピラトの名は（キリスト教関係のものを除けば）現在残っている文献では、他のどこにも出てこない。……キリスト教関係以外の文献で残っている唯一のピラトに関する

記録が、ピラトがキリストを十字架刑に処した、という記述だけだというのは歴史の皮肉といえよう。この点において、タキトゥスは『ポンテオ・ピラトのもとに苦しみを受け……』という古代のキリスト教信条に同意しているのである」（Bruce, JCOCNT, 23）。

　ケンブリッジ大学の講師 M・ボックミュールによれば、当時一流の歴史家であったタキトゥスがこのようなことばを残しているということは、イエスが実在し、テベリオの治世、ポンテオ・ピラトの総督時代（正確にはまだ知事。後26〜36年）にユダヤで公式に処刑された、という事実を裏づけることになる。これだけを聞いても、大したことではないように思われるかもしれない。しかし、実のところ、このことは次のふたつの説がまちがいであることを証明してくれるのである。第一に、ナザレのイエスが実在しなかったとする説。第二に、イエスは正式なローマの処刑方法によって死んだのではないとする説。今でも、このような説を吹聴する者がいるのだ」（Bockmuehl, TJMLM, 10, 11）。

1.2　サモサタのルキアノス

　2世紀後半のギリシャの風刺作家であったルキアノスは、キリストやクリスチャンのことを侮蔑的に記録しているが、一度も架空の人物であるかのようには扱っていない。「……もちろん、キリスト教徒がいまだに崇拝しているあの男、新しい宗教を世に導入したというのでパレスティナで十字架にかかったあの男の次にではあるが。……というのはこのあわれむべき人々は全くのところ不死となり永遠の生を得ることを確く信じているので、大部分の者は死を軽んじ、自ら進んで身を捧げるのである。その上彼らの最初の律法者は、一度法を犯してギリシアの神々を否認し、かの十字架にかけられた賢者を礼拝し、彼の法の下に生活する時、あらゆる人々は互いに兄弟であると彼らに説いた。それだから彼らはあらゆるものを一様に軽

んじ、共同のものと考えている」（ルーキアーノス『ペレグリーノスの召天』11～13〔『遊女の対話 他三篇』高津春繁訳、岩波書店、1961年、157-158ページ〕Lucian, *The Death of Peregrine*, 11-13）。

1.3　スエトニウス

　もう1人のローマの歴史家スエトニウスは、ハドリアヌス帝の宮廷事務官であり、帝室の年代記編集者であった。彼は『クラウディウスの生涯』第25巻4で次のように述べている。「ユダヤ人たちはクレストス（クリストゥスの変形）のそそのかしで騒動を起こし続けたために、クラウディウスによってローマから退去させられた。」ルカは使徒18：2でこの出来事にふれているが、これは後49年に起こった事件である。

　スエトニウスは別の著作において、ネロの治世に起こった後64年のローマ大火のことを書いている。「前代未聞の有害な迷信に囚われた人種であるクリストゥス信奉者に処罰が課された」（スエトニウス、同書第6巻ネロ16、150ページ、*Lives of the Caesars*, 26. 2）。

　イエスが後30年代前半で十字架につけられたとすると、スエトニウス（決してキリスト教の支持者とはいえない人物）は、それから20年もしないうちにクリスチャンがローマにいたことを報じているのだ。そして、イエス・キリストが実際に生き、死んでよみがえったという信念のために、クリスチャンたちが苦難や死を体験したということも。

1.4　小プリニウス

　小アジアのビテニヤの知事（後112年）であったプリニウスは、皇帝トラヤヌスに書簡を送り、クリスチャンの取り扱いに関しての指示を求めている。その手紙では、クリスチャンが老若男女を問わず、処刑の対象となっていると述べている。そして、処刑した人間

がかなりの数に上るので、このまま手当たり次第にクリスチャンを殺し続けるべきなのか、その中の特定の者だけを殺すべきなのか、思い迷っている。クリスチャンたちにトラヤヌスの像の前で腰をかがめさせたことにもふれている。さらに、「……さらにクリストゥスを罵りましたら——このようなことは、もし彼らが正銘のクリストゥス信者であれば、強制されても決して受けつけないと言われています——釈放すべきだと考えました。

しかし、彼らはもし自分たちに犯した罪か過ちがあるとすれ

このことばは、福音書が伝えるとおり、キリストが死んだときに暗闇が地を覆ったことがよく知られていたこと、そしてクリスチャンでない者にとっては自然現象のみで説明する必要があったことを示している。タロスは、イエスが十字架にかかって死んだこと、そして通常説明不可能な現象が起こったことを疑わなかった。そして、その現象を別の方法で説明することに苦慮していた。つまり、基本的な事実についてはまったく疑問をはさまなかったのである。

ば、次のようなことが全てであったと断言しました。

自分たちは、定例日にいつも、夜明け前に集合し、クリストゥスに対し、あたかも神の如く皆で聖歌を交誦し、自分らをこの神との誓約で縛っていました。しかし、それは罪を犯すためではなく、窃盗や強奪や姦淫を犯さないこと、信義を裏切らないこと、共託金の返済を要求されたら拒否しないことを誓ったのです」（『プリニウス書簡集』国原吉之助訳、講談社、1999年、423-424ページ、Epistles X, 96）。

1.5　タロス

クリスチャン以外で、キリストの名を最初に記録している者の中

にタロスがいる。タロスは後52年ごろ「トロイ戦争からタロス自身の時代までの東地中海世界の歴史を記した」(Habermas, VHCELJ, 93)。しかし、残念なことに、彼の著作で残っているのは他の者が引用したものの断片だけである。そのひとつはユリウス・アフリカヌスのものだ。アフリカヌスはクリスチャンで、後221年ごろに書いた著作を残している。中でも特に興味深いのは、イエスが十字架で死んだその午後、地が暗闇で覆われたというタロスのことばである。アフリカヌスは言う。「タロスはその『歴史』第3巻でこの暗闇を日食と呼んでいるが、これは根拠のない発言のように思われる(もちろん、日食は満月のときに起こりえないのだが、キリストが死んだのは過越の満月の時期だったためにこのように言っているのである)」(Julius Africanus, *Chronography*, 18.1)。

このことばは、福音書が伝えるとおり、キリストが死んだときに暗闇が地を覆ったことがよく知られていたこと、そしてクリスチャンでない者にとっては自然現象のみで説明する必要があったことを示している。タロスは、イエスが十字架にかかって死んだこと、そして通常説明不可能な現象が起こったことを疑わなかった。そして、その現象を別の方法で説明することに苦慮していた。つまり、基本的な事実についてはまったく疑問をはさまなかったのである(Bruce, NTDATR, 113)。

1.6 フレゴン

もうひとり、クリスチャン以外の証人としてフレゴンがいる。彼は『年代記』と題する歴史記録を残した人物である。この著作自体は失われてしまっているが、ユリウス・アフリカヌスが自分の著作にその断片を残している。フレゴンもタロスと同じく、イエスの十字架刑のとき闇が地上を覆ったことを確認している。そしてタロス同様に、この闇が日食によるものと説明している。「テベリ

オ・カエサルの治世、満月の時期に日食が見られた」（Africanus, *Chronography*, 18. 1）。

　アフリカヌスのほかにも、このフレゴンの記事は 3 世紀のキリスト教弁証論者（護教者）オリゲネス（『ケルソス駁論』2. 14, 33, 59）や 6 世紀のフィロポン（De. opif. mund. II 21）も記録している（McDowell/Wilson, HWAU, 36）。

1.7　マラ・バル＝セラピオン

　後 70 年を過ぎたころ、マラ・バル＝セラピオン（シリア人でおそらくストア派の哲学者）は獄中から息子に、知恵を追求するよう勧める手紙を書いた。その手紙は、哲学者ソクラテスやピタゴラスに言及するなかでイエスの名にふれている。

　　「アテネ人はソクラテスを殺して何を得たか。その罪への裁きとして飢饉と疫病を被った。サモンの住民はピタゴラスを火刑に処して何を得たか。たちまちにしてサモンは土砂で覆われてしまった。ユダヤ人はその知恵に満ちた王を処刑して何を得たか。その直後に彼らの国は滅びてしまった。神はこの 3 人の賢者のために正当な復讐を果たされたのである。アテネ人は餓死し、サモン人は海に飲みこまれ、ユダヤ人は祖国から追放されて離散状態にある。しかし、ソクラテスは死んだままではなかった。プラトンの教えの中に生き続けた。ピタゴラスは死んだままではなかった。ヘラの像の中に生き続けた。賢王も死んだままではなかった。その教えの中に生き続けたのである。」（Bruce, NTDATR, 114）。

　この父親はクリスチャンではありえない。イエスをソクラテスやピタゴラスと同等に扱っているばかりでない。復活によってではなく、その教えの中に生きていると述べている。また、別の箇所では

自分が多神教信奉者であることを明らかにしている。にもかかわらず、イエスが実在したことには疑問をはさんでいないのである。

2　イエスの史実性に関する証言——ユダヤ人

　イエスに関するユダヤ人の記録には正確なものもあれば、そうでないものもある。また、以前はイエスに関する記録と思われていたのにそうではなかったものもある（McDowell/Wilson, HWAU, 55-70）。ここでは、特に重要で信頼できるものを選んでリストアップした。これ以外の記録は、拙著『私たちとともにおられたイエス——史的イエスの証拠』（*He Walked Among Us：Evidence for the Historical Jesus*）第3章にリストアップしてある。

　前セクションの証言と同じく、古代ユダヤ人が書いたものも、キリスト教の創始者・信者・信仰に対しては好意的でない。だからこそ、イエスの人生について彼らが残した記録はその史実性の貴重な証言となるのである。

2.1　十字架刑

　バビロニア・タルムードにはこうある。「このように教えられている——。過越の直前、イエシュは木にかけられた。その前の40日間、告知する者が巡り歩いて叫んだ。『あの者は魔術によってイスラエルを惑わした。ゆえに石打ちの刑に処せられるのだ。この者を弁護できる者は進み出て弁護せよ。』しかし、進み出る者が現れなかったため、過越の直前に処刑された」（サンヘドリン43a；参照——エルサレム版サンヘドリン7：12；タルグム・エステル7：9）。別バージョンの本文には「ナザレ人イエシュ」とある。

　「イエシュ」という名はギリシャ語を通過することによって、日本語では「イエス」となる。ナザレ人だという説明は、この人物が

30

イエス・キリストであることを
より確かなものとしている。

　さらに、「木にかけられる」
という表現は十字架刑を指すこ
とばである（ガラテヤ3：13参
照）。ユダヤ人学者J・クラウ
スナーは言う。「タルムードで
は十字架刑という代わりに木に
かけるという表現を用いている。
この恐ろしいローマ式処刑法が

　前セクションの証言と同じ
く、古代ユダヤ人が書いたもの
も、キリスト教の創始者・信者・
信仰に対しては好意的でない。
だからこそ、イエスの人生につ
いて彼らが残した記録はその史
実性の貴重な証言となるのであ
る。

ユダヤ教学者に知られるようになったのはローマの司法制度からで
あり、ユダヤの制度からではないからである。使徒パウロ（ガラテ
ヤ3：13）さえも『木につるされた者は、神にのろわれたものだか
らである』（申命記21：23）という表現がイエスを指すものである
と解説している」（Klausner, JN, 28）。

　また、この十字架刑が「過越の前夜に」行われたという記述は、
ヨハネ19：14と一致するものである（この表現はバビロニア版サ
ンヘドリン67a、エルサレム版サンヘドリン7：12にも見られる）。

　したがって、この記録はイエスの存在、およびその死が史実であ
ることをはっきりと肯定するものであり、また、ユダヤの権力者た
ちがイエスの死刑判決に関与していたこと、と同時に、その行為を
正当化しようとしていたことを示すものである。あいまいな表現な
がら、イエスが奇跡を起こしたことさえ証言しているが（b. Sanh.
107b．t. Sabb. 11：5；b. Sabb. 104b.；b. Sota 47a も参照）、それ
はイエスが魔術師か魔法使いだからだという理由で片づけようとし
ている。そのような反応があったことは、福音書の記者たちも言及
している（マルコ3：22、マタイ9：34；12：24）（Klausner, JN,
23）。

さらに、3世紀後期のアモラ・ウラも次のように述べている。「このような者を弁護する術（すべ）を、そうまでして探し求めたなどと信じられるであろうか。この者は詐欺師（さぎし）であり、あわれみに満ちた方は『この者を助けてはならない。かくまってもならない』と仰せられている。イエスはこの者とは異なっていた。イエスは王権に近い者だったからである。」この「王権に近い」という表現は、イエスがイスラエルの王ダビデの子孫であることを指しているか、ピラトがイエスをむちと十字架に引き渡す前に手を洗って潔白を主張したことを意味しているのだろう。

2.2 イエスと弟子たち

後期タルムードにおけるイエスの十字架刑に関する箇所の中に、「イエシュには5人の弟子、マッタイ、ナッカイ、ネツェル、ブニ、トダがあった」という記述がある（バビロニア版サンヘドリン43a）。「マッタイ」はマタイのことである可能性があるが、その他の名前を福音書に登場する弟子たちと結び付けるのは難しそうだ。イエスに5人の弟子があったというのは、「タルムードに登場する他の教師たち、すなわちヨハナン・ベン・ザッカイとアキバも5人の弟子または生徒を持っていたとされていることから説明できる」（McDowell/Wilson, HWAU, 65）。ともかくも、ひとつのことはこの記述から明白である。それは、ユダヤの伝承でもイエスというラビが弟子を持っていたという事実である。

2.3 処女降誕

タルムードでは、イエスは「ベン・パンデラ（またはパンテレ）」「イエシュ・ベン・パンデラ」という名で呼ばれている。多くの学者が、パンデラは「パルテノス」というギリシャ語（「処女」の意）をもじったものであると考えている。ユダヤ人学者J・クラウ

スナーは言う。「ユダヤ人は、クリスチャン（大半はごく初期のこ
ろからギリシャ語を話していた）がイエスを『処女の子』と呼ぶの
をいつも聞かされていた。……したがって、ばかにするためにベ
ン・ハ＝パンテラ、すなわち『豹（ひょう）の子』と呼んだのである」
(Klausner, JN, 23)。

　バビロニア・タルムードは、また別の箇所で、次のように述べて
いる。「ラビ・シメオン・ベン・アッザイは［イエスについて］こ
う語る。『私はエルサレムで系図を記した巻物を見つけたが、そこ
には、なにがしは姦婦から生まれた父（てて）なし子だ、と書かれていた』」
(b. Yebamoth 49a；m. Yebam. 4：13)。また、別の箇所には、「そ
の母は髪結いのミリヤムである。『この女は夫から迷い出てしまっ
た』……と言われている」とある (b. Sabb. 104b)。さらには、マ
リヤは「王侯の子孫であったが、大工相手に売春を行った」と書か
れている (b. Sanh. 106a)。この箇所はもちろん、キリスト教の信
仰告白であるイエスの処女降誕を説明しようとするひとつの試みで
ある (b. Sabb. 104b も参照)。「王侯」というのは、ルカ伝の系図
にある名前を指していることばかもしれない。実際、ある教父たち
は、この系図をマリヤの先祖をダビデ王まで遡（さかのぼ）らせている（バビロ
ニア版サンヘドリン 43a の「イエスは……王権に近い者」参照）。
「大工」がヨセフを指していることは明白である (b. Sabb. 104b も
参照)。

　これら記述の背後には次のような論理が展開されている。ヨセフ
がイエスの父でないならば、マリヤは別の男によって妊娠したにち
がいない。したがって、マリヤは姦婦であり、イエスは私生児であ
る。新約聖書は、律法学者やパリサイ人たちが、間接的にそのよう
な告発をイエスに対して浴びせた事実を記録している（ヨハネ 8：
41）。

　新約聖書はその告発が何の根拠もないものであると断言している

が、このようないいがかりがつけられたという事実自体が、教会の草創期、すでにイエスの奇跡的誕生が告白されていたことを裏づけている。そして、注目すべきなのは、この告白に対する反応には、イエスの実在を否定するものが含まれていないということである。含まれていたのは、イエスという人物についての異なる解釈のみである。クラウスナーは言う。「現行版のミシュナには、『ラビ・イエホシュアのことばを支持する』ということばがある（このイエホシュアは、同じミシュナで『父なし子とはどのような者か。ベツ・ディンで死ななければならない親を持つすべての者である』と言ったとされている）。ここで語られているのがイエスのことであるのは、疑う余地がないようだ」（Klausner, JN, 35）。

2.4 ヨセフス（ヨセフォス）のテスティモニアム

　J・P・マイヤー教授によると、「ヨセフス・ベン・マッタティアス（後37/38年生・100年〜没）」の経歴を順に挙げると次のようになる。ユダヤの貴族。祭司兼政治家。第1次ユダヤ戦争（後66〜73年）におけるガリラヤ軍の司令官。売国奴。フラウィウス朝の皇帝たちの雇われユダヤ史家。そして建前上は少なくともパリサイ派。67年にウェスパシアヌスによって囚われの身となり、ユダヤ戦争の終結まで調停者、また通訳者としてローマに仕えた。ローマに連行されて後、大作2作品を執筆する。『ユダヤ戦記』（70年代初頭）、そしてそれよりもはるかに長い『ユダヤ古代誌』（93〜94年ごろ完成）である（Meier, BR, 20, 22）。

　ヨセフスは皇帝の側近の一員となった。事実、彼はローマ名として、皇帝の名であるフラウィウスを授けられたのである。ヨセフスというのはユダヤ名である。

　『ユダヤ古代誌』の中の1節は、学者間に大激論を巻き起こした。その1節とは次のようなものである。

「さてこのころ、イエススという賢人——実際に、彼を人と呼ぶことが許されるならば——が現われた。彼は奇跡を行う者であり、また、喜んで真理を受け入れる人たちの教師でもあった。そして、多くのユダヤ人と少なからざるギリシア人とを帰依させた。**彼こそはクリストスだったのである。**

ピラトスは、彼がわれわれの指導者たちによって告発されると、十字架刑の判決を下したが、最初に彼を愛するようになった者たちは、彼を見捨てようとはしなかった。**すると彼は三日目に復活して、彼らの中にその姿を見せた。すでに神の預言者たちは、これらのことや、さらに、彼に関するその他無数の驚嘆すべき事柄を語っていたが、それが実現したのである。**なお、彼の名にちなんでクリスティアノイと呼ばれる族は、その後現在にいたるまで、連綿として残っている」（ヨセフス『ユダヤ古代誌』秦剛平訳、筑摩書房、2000年、18.3.3；原文は太字・細字の区別なし）。

この記述（「テスティモニアム」という名で知られている）に関して、学者たちが交わした激論の詳細はここで省くことにする。詳しい説明は拙著『私たちとともにおられたイエス』（*He Walked Among Us*）を参照されたい。ただ、この箇所が激論の火種となった理由だけは述べておきたい。それは、クリスチャンではないヨセフスが、正統派ユダヤ人であるならば言うはずのないことをイエスについて言っているからである。——たとえば、イエスをキリスト（メシヤ）と呼んだり、イエスが預言者の預言どおり死からよみがえったと述べたりしていることなどである。

私自身も証拠の検討を試みた。その結果、原文にはなかった後世のクリスチャンによる加筆（特に太字の部分）はあるものの、テスティモニアムにはヨセフス自身が容易に受け入れることのできる事

実もかなり含まれている、とする学者らの意見に同意するに至った。マイヤーは言う。

「テスティモニアムを太字の部分ぬきで読んでみると、思考の流れが明確に見て取れる。ヨセフスはイエスを総称的な『賢人』（ソフォス・アネイル、おそらくヘブル語ではハカーム）という肩書きで呼んでいる。次に、ヨセフスはその『賢人』という肩書きを、奇跡のわざと説得力のある教えという、ギリシャ＝ローマ世界におけるふたつの要素で、説明してみせる。イエスは『賢人性』をこの両面で具体的に発揮し、ユダヤ人からも異邦人からも大勢の信奉者を獲得した。そしておそらく、この大成功への妬(ねた)みから、ユダヤ人指導者たちはイエスをピラトに告訴したのであろう。イエスが十字架上で恥辱に満ちた死を遂げたにもかかわらず、初期の弟子たちは忠誠を捨てることをしなかった。そして（太字部分の復活に関する記述がない方がスムーズな流れになることに注目）、クリスチャンの集団は今も存続している」(Meier, BR, 23)。

テスティモニアムから数節後、ヨセフスはイエスの弟ヤコブにふれている。『古代誌』20. 9. 1は大祭司アナヌスの行動を描写している。

「しかし、（前述のように）大祭司の職を受けた小アナヌスは大胆な気質の持ち主で、人一倍向こう見ずなところがあった。前述のとおり、どんなユダヤ人よりも批判的傾向の強いサドカイ派に属していた。そのような気質であったゆえに、今や好機が到来したと考えた。フェストが他界し、アルビノスはまだ旅の途上にあったからである。そこで議会を招集し、世間でキリストと呼ば

ていたイエスの弟と、他の何人かを引き出した。その全員を律法
違反の罪で告発し、石打ち刑に処するために引き渡した」(Bruce,
NTDATR, 107)。

イェシヴァ大学の古典学教授でありロウブ版『古代誌』の翻訳者
でもあるL・フェルドマンは、「この箇所の真正性を疑う者はほと
んどいない」と述べている（ヨセフス『古代誌』Loeb, 496）。イエ
スが「世間でキリストと呼ばれていた」というのは、ヨセフスが
『古代誌』の前の部分でイエスについて記しているのでなければ意
味をなさない。この点も、後世の挿入であることが明白である部分
以外は、テスティモニアムが真正であることを示している。

　したがって、1世紀の偉大なユダヤ史家であるヨセフスは、イエ
スの生涯と十字架から半世紀を少し過ぎたころに執筆し、イエスが
教会の想像による架空の人物ではなく、実在の人物であったと証言
しているのである。

3　イエスの史実性に関する証言——クリスチャン

3.1　新約聖書完成前の信仰告白

　初期のクリスチャンたちは、イエスが生きておられたこと、死な
れたこと、死から復活されたこと、復活後にたくさんの人々の前に
姿を現されたことなどを伝えたことで、大きな迫害を受けた。いの
ちを失うこともしばしばであった。この出来事が本当に起こったと
伝えることによって得るものは何もなく、かえって失うだけであっ
た。この理由から、彼らが残した記録は価値の高い史料なのである。
　聖書学者たちは、初期のクリスチャンによる信仰告白文の、少な
くともその一部分が新約聖書にあることを突き止めた。その信仰告
白は、新約聖書の中に記録される何年も前に作成され、口頭で伝え

られてきたものである。弁証論者 G・ハバーマスによると、このような信仰告白は「イエスに関する最古の記録である、後 30〜50 年ごろのものを保存している。したがって、真の意味で、新約聖書以前の史料を記録したものであり、イエスの生涯に関する記録としては現在入手可能な中で最も古いものである」(Habermas, VHCELJ, 119)。

　ハバーマスは著書（*The Verdict of History*）で、新約聖書に散りばめられた信仰告白のいくつかに焦点を当てて解説している。

- ルカ 24：34「ほんとうに主はよみがえって、シモンにお姿を現された。」

　　ハバーマスは J・エレミアスの論文（"Easter：The Earliest Tradition and the Earliest Interpretation"）に言及しながらこう述べる。「エレミアスは、復活後のイエスがペテロに姿を現されたことを記録するルカ 24 章 34 節は、I コリント 15 章 5 節よりも古い信仰告白であると考えている。したがって、復活に関する証言としてはかなり初期のものである」(Habermas, VHCELJ, 122)。

- ローマ 1：3, 4「御子は、肉によればダビデの子孫として生まれ、聖い御霊によれば、死者の中からの復活により、大能によって公に神の御子として示された方、私たちの主イエス・キリストです。」

ハバーマスはこのように述べている。

　「ローマ 1 章 3、4 節が、パウロよりも古い時代の信仰告白であることは、ここで用いられている並行法を見れば明らかである。これは特に、ダビデの子孫であることと神の御子であることの対比において顕著である。時間と空間の中で生まれたイエスが、死からよみがえられた。この信仰告白が宣言しているのは、イエス

が神の御子、キリスト（メシヤ）、主として世に示された、そしてその事実が復活によって立証された、ということである。さらにクルマンによれば、この重要な信仰告白には贖^{あがな}いの概念や、終わりのときにイエスがあがめられるという預言も含まれているという。イエスに与えられた三大称号を含み、イエスの生涯の一部についてもふれる——これほど包括的な宣言は、キリストの性質に関する最古の声明のひとつであるばかりか、その神学をすべて復活の事実に結び付ける弁証的要素も兼ね備えている（使徒2：22, 23 参照）」（Habermas, VHCELJ, 123）。

- ローマ4：24, 25「すなわち、私たちの主イエスを死者の中からよみがえらせた方を信じる私たちも、その信仰を義とみなされるのです。主イエスは、私たちの罪のために死に渡され、私たちが義と認められるために、よみがえられたからです。」

  聖書に否定的な態度をとるR・ブルトマンさえも、この箇所が「パウロ以前の時代に属するもので、後に［使徒たちから引き継がれた最古の伝承の一部として］パウロに伝えられたものであるのは明らかである」と考えている（Bultmann, TNT, 82）。

- ローマ10：9, 10「なぜなら、もしあなたの口でイエスを主と告白し、あなたの心で神はイエスを死者の中からよみがえらせてくださったと信じるなら、あなたは救われるからです。人は心に信じて義と認められ、口で告白して救われるのです。」

  この信仰告白は、おそらく初期の教会の信者がバプテスマのときに口にしたものと思われる。この告白は、イエスの復活が歴史的事実であると信じることを、「イエスを主と告白し、救いを自分のものとする」という概念と結び付けている（Habermas, VHCELJ, 123；Martin, WEC, 108；Martin,

DPHL, 192)。

- Ⅰコリント 11：23 ～ 26「私は主から受けたことを、あなたが
たに伝えたのです。すなわち、主イエスは、渡される夜、パン
を取り、感謝をささげて後、それを裂き、こう言われました。
『これはあなたがたのための、わたしのからだです。わたしを
覚えて、これを行いなさい。』夕食の後、杯をも同じようにし
て言われました。『この杯は、わたしの血による新しい契約で
す。これを飲むたびに、わたしを覚えて、これを行いなさい。』
ですから、あなたがたは、このパンを食べ、この杯を飲むたび
に、主が来られるまで、主の死を告げ知らせるのです。」

ハバーマスは言う。

「パウロがⅠコリント 11 章 23 節以降に記していることばは、
おそらく共観福音書に用いられたものとは別ルートで伝わり固定
化した資料を基にしていると思われる。エレミアスは、ここで用
いられている『受けた』『伝えた』ということばは、パウロが通
常使うことばではなく、『伝承を伝える』というときに『ラビた
ちが用いた専門用語である』ことに注目している。加えて、この
ほかにも『渡される』『感謝をささげて後』『わたしのからだ』
（11：23, 24）などのパウロ的ではない表現が見られ、この記事が
初期のものであることをさらに明らかにする証拠となっている。
実際、エレミアスはこの資料が『ごく初期の時代、少なくともパ
ウロ以前に』成立したものであり、『パウロ以前に完成した決ま
り文句』であると断言している。パウロが現にここで指摘してい
るのは、『伝承のもとをたどればイエス自身にまでさかのぼる』
ということなのである」（Habermas, VHCELJ, 121）。

- Ⅰコリント 15：3 ～ 5「私があなたがたに最もたいせつなこと

として伝えたのは、私も受けたことであって、次のことです。キリストは、聖書の示すとおりに、私たちの罪のために死なれたこと、また、葬られたこと、また、聖書の示すとおりに、三日目によみがえられたこと、また、ケパに現れ、それから十二弟子に現れたことです。」

聖書学者 R・マーティンは、この箇所がパウロ書簡以前の時代に属する「信仰告白」であることを、いくつかの「痕跡が明らかにしている」と述べている。

「4つの『……こと』が、この信仰告白の各信条を区別する働きをしている（3, 4, 5 節）。語彙は稀少なものが用いられている。その中には、パウロがここだけで使用している単語や表現がある。導入部分で、ここで伝える内容が、パウロ自身が（まちがいなく）信者となって間もない時期に学んだ教えの一部であると語っている。これはエルサレム、アンテオケ、ダマスコの教会との接触の中で学んだ教えかもしれない。そして今度は、パウロがコリントの教会に、聖なる伝承として自分が受け取った内容を（Iコリント 11：23 と同じ専門用語を用いて）伝えるのである。この箇所の成立背景、そしてパウロ以前に属する信仰告白である事実は、この章の 11 節で決定的なものとなる。『そういうわけですから、私にせよ、ほかの人たちにせよ、私たちはこのように宣べ伝えているのであり、あなたがたはこのように信じたのです。』ここでパウロは、自分が伝えていることは、使徒たちが常に宣べ伝えていることであると言っているのだ。

Iコリント 15：3～5 には、アラム語をギリシャ語に翻訳したものであることを示す証拠がある。それが特に顕著なのは、ペテロの名がアラム語系のケパとなっている点と、旧約聖書への言及が 2 回ある点である。エレミアス教授は、この信仰告白がユダヤ

的キリスト教文化の中で発生したものであると論じているが、それは説得性がある。近年では、あるスカンジナヴィアの学者が、中東最初の教会で発生した信仰告白だとする説を打ち立てた。この学者によれば、この1節は『エルサレムの使徒たちが定めたロゴス（信仰の宣言文)』である……。この主張が正しいならば、この信仰告白は教会の草創期に成立したものであり、E・マイヤーのことばを借りるならば、『キリスト教に関する現存最古の記録』となる。すなわち、キリストの死後間もない時期に、ヘブル人クリスチャンの間に広がった教えに端を発するものであり、復活したキリストがなされた教えやルカ24：25～27、44～47の内容までをも反映している可能性がある」(Martin, WEC, 57-59)。

- ピリピ2：6～11「キリストは神の御姿である方なのに、神のあり方を捨てられないとは考えず、ご自分を無にして、仕える者の姿をとり、人間と同じようになられました。人としての性質をもって現れ、自分を卑しくし、死にまで従

初代のクリスチャンたちは何を確信していたのか。新約聖書以前の信仰告白が、それをはっきりと証言している――それは、神であり人であり、罪なき生涯を送られたイエスが実際にこの地上で生活し、死を体験し、死からよみがえり、天に昇られたことである。そしてこれらのことは、イエスを主として告白し、神はイエスをよみがえらせられたと心から信じる者が、誰でも救われるためになされた、ということである。

い、実に十字架の死にまでも従われました。それゆえ神は、この方を高く上げて、すべての名にまさる名をお与えになりました。それは、イエスの御名によって、天にあるもの、地にあるもの、地の下にあるもののすべてが、ひざをかがめ、すべての

口が、『イエス・キリストは主である』と告白して、父なる神がほめたたえられるためです。」

　学者たちは、この箇所は、人であり神であるイエスが実在したことを信じる信仰を表明する内容の賛美歌であり、パウロ以前のものであると考えている（Habermas, VHCELJ, 120；Martin, WEC, 49, 50）。

- Ⅰテモテ3：16「確かに偉大なのはこの敬虔の奥義です。

　　　『キリストは肉において現れ、
　　　霊において義と宣言され、
　　　御使いたちに見られ、
　　　諸国民の間に宣べ伝えられ、
　　　世界中で信じられ、
　　　栄光のうちに上げられた。』」

　これもまた、パウロ書簡よりも早い時期に成立したキリストへの賛美歌であり、礼拝の中で歌われたものと思われる（Martin, WEC, 48, 49）。

- Ⅰテモテ6：13「ポンテオ・ピラトに対してすばらしい告白をもってあかしされたキリスト・イエス。」

　ハバーマスによると、この1節も「古くからの伝承であり、おそらくはもっと長い信仰告白の一部でさえあった可能性がある。」彼はまた、Ｖ・ニューフェルドという学者が「ここでいうイエスの告白とは、おそらくピラトの『あなたはユダヤ人の王か』という質問に対して肯定的に答えられたとき（マルコ15：2参照）のことを指す」としていることに注目している（Habermas, VHCELJ, 122）。

- Ⅱテモテ2：8「私の福音に言うとおり、ダビデの子孫として生まれ、死者の中からよみがえったイエス・キリストを、いつも思っていなさい。」

「ここでは、イエスがダビデの家系に生まれた事実が、死から復活した事実と対比されている。このことも、初期のクリスチャンがイエスの歴史性に関心を持っていたことを示している」（Habermas, VHCELJ, 120）。

- Ⅰペテロ 3：18「キリストも一度罪のために死なれました。正しい方が悪い人々の身代わりとなったのです。それは、肉においては死に渡され、霊においては生かされて、私たちを神のみもとに導くためでした。」

  この初期の伝承は、イエスが罪のない生涯を送り、メシヤとして十字架上で死なれたという歴史的出来事を、罪人を神のもとに導くために死から復活されたという歴史的出来事と結び付けている（Habermas, VHCELJ, 122）。

- Ⅰヨハネ 4：2「人となって来たイエス・キリスト。」

  この 1 節はこのヨハネの手紙が書かれる前になされた宣言であり、キリストであるイエスが血肉を持った人間として、歴史的に実在したことを簡潔明瞭に述べている（Habermas, VHCELJ, 120）。

ハバーマスはこれらの信仰告白の内容を検討し、それらがイエスに関する少なくとも 17 の事項を歴史的事実としていることに注目している。その内容は、地上での誕生に始まり、天に昇り栄光の座に着かれたことにまで及んでいる。

「これら初期の信仰告白が、キリストに関する神学的な内容に焦点を当てていることはまちがいない。それだけではなく、イエスの生涯に関し早い時期にまとめられた歴史記録でもある。ここでは、①イエスが実際に人間の体をもって生まれたこと（ピリピ 2：6、Ⅰテモテ 3：16、Ⅰヨハネ 4：2）、②ダビデの家系出身であること（ローマ 1：3, 4、Ⅱテモテ 2：8）を伝えている。また、

た、③イエスのバプテスマが意味すること（ローマ10：9）、④イエスのことばが広く伝えられたこと、そして⑤それが人々の信仰を生み出したこと（Ⅰテモテ3：16）も知ることができる。

　これらの出来事に加えてさらに、⑥イエスが晩餐（ばんさん）を⑦裏切りにあった夜に催されたこともわかる。⑧イエスは食事の前に感謝をささげ、⑨パンと飲み物を分かち合われた。そして⑩これが、罪の贖いのためにご自身がまもなくささげられる犠牲を象徴していると告げられた（Ⅰコリント11：23～26）。⑪その後、ピラトの前ですばらしい告白をされたが、⑫その内容は、おそらくご自身がユダヤ人の王であるという事実であった（Ⅰテモテ6：13）。⑬しばらくして、イエスは人類の罪のために殺された（Ⅰペテロ3：18、ローマ4：25、Ⅰテモテ2：6）が、⑭その生涯は罪のない正しいものであった（Ⅰペテロ3：18）。⑮死んだ後によみがえられた（ルカ24：34、Ⅱテモテ2：8）。⑯この復活によってイエスがメシヤであり、語られたメッセージも正しいことが証明されたとしている（ローマ1：3, 4：10：9, 10）。⑰復活したイエスは天に昇られ、栄光を受け、高い位に上げられた（Ⅰテモテ3：16、ピリピ2：6～11）」（Habermas, VHCELJ, 121, 123, 124）。

　新約聖書の27の書は、イエス・キリストが実在したことを宣言し、証明している。また、多くの場合、それを当然のこととして話を進めている。新約聖書の歴史記録が信頼できるものであることは、すでに確認ずみである。したがって、その証言は、イエスが実際に存在されたこと、そして事実、今も生きておられることを示す証拠であり、重要かつ反論不可能なものである。

初代のクリスチャンたちは何を確信していたのか。新約聖書以前

の信仰告白が、それをはっきりと証言している——それは、神であり人であり、罪なき生涯を送られたイエスが実際にこの地上で生活し、死を体験し、死からよみがえり、天に昇られたことである。そしてこれらのことは、イエスを主として告白し、神はイエスをよみがえらせられたと心から信じる者が、誰でも救われるためになされた、ということである。さらに、すでに見たように、少なくともいくつかの信仰告白は、イエスや使徒たち本人のことばに起源を見出すことができる。したがって、これらは初期のものであるというばかりでなく、イエスの地上生涯を実際に目撃した者たちの証言を基にしたものなのである。

3.2　新約聖書の各書

新約聖書の 27 の書は、イエス・キリストが実在したことを宣言し、証明している。また、多くの場合、それを当然のこととして話を進めている。新約聖書の歴史記録が信頼できるものであることは、すでに確認ずみである。したがって、その証言は、イエスが実際に存在されたこと、そして事実、今も生きておられることを示す証拠であり、重要かつ反論不可能なものである。

歴史家であり法学者である J・モンゴメリーは、はっきりとこう語る。「［歴史家が発見できる事実は］まず第一に、新約聖書がイエスについて語っている内容が正確だということである。次に、この記録を単なる願望や思想的仮定や文学的技巧によるものとして片づけることは不可能だということである」（Montgomery, HC, 40）。

3.3　使徒以後の時代の著作家たち

イエスの史実性を示す資料として、使徒たちの記録のあとに続くのは、使徒時代直後の人々による文献である。彼らは教会指導者、教師、護教論者である。その誰もが、聖書が啓示し、使徒たちが伝

えたとおり、イエスは人となられた神の子であると信じていた。

　以下は、この時代の文献でイエスの史実性にふれているものの中でも特に重要なもののリストである。

　ダビデの子孫であり、マリヤの子であり、実際に生まれ、食べ、飲み、ポンテオ・ピラトのもとで実際に迫害を受け、天と地と地の下に属する者たちの前で実際に十字架につけられ、死を味わい、その上、御父がよみがえらせたことにより、実際に死からの復活を体験し、この方を信じる私たちをもまた同じようによみがえらせてくださるイエス・キリスト。
　──イグナティオス

3.3.1　ローマのクレメンス

　クレメンスは１世紀末のローマ教会の司教である。彼は、コリント教会の指導者たちと信徒たちの間にある争いを解決するために手紙を書いている。

　「使徒たちは主イエス・キリストから福音を受けた者たちであり、イエス・キリストは神から遣わされた方である。ということは、キリストは神からのもの、使徒たちはキリストからのものということになる。したがって、どちらも神の御心によって定められた計画の中で送られたのである。彼らは使命を与えられ、また私たちの主イエス・キリストの復活によって確信を持ち、聖霊のまったき保証とみことばによってさらに確信を深め、神の国の福音をたずさえて出て行った。あらゆる国、あらゆる町で福音を宣べ伝え、そこで得た初穂が聖霊によってふさわしいものと証明されると、彼らを司教、執事として任命した」（コリント教会への手紙42）。

　この１節は、福音のことばが、神から遣わされ、歴史的に実在したイエスからのものであることを断言している。さらに、イエスが

実際に死から復活したことによって、そのことばはまちがいなく真実であることを明らかにしている。

3.3.2　イグナティオス

アンテオケの司教であったイグナティオスは、処刑されるためにローマに向かう途上で7通の手紙を書いた（6通は諸教会に、1通は友であるポリュカルポスに）。イエスが実在したことについてふれた箇所の中でも、次の事例は代表的なものであり、ここで検討している内容と特に関連が深い。

- 「ダビデの子孫であり、マリヤの子であり、実際に生まれ、食べ、飲み、ポンテオ・ピラトのもとで実際に迫害を受け、天と地と地の下に属する者たちの前で実際に十字架につけられ、死を味わい、その上、御父がよみがえらせたことにより、実際に死からの復活を体験し、この方を信じる私たちをもまた同じようによみがえらせてくださるイエス・キリスト」（トラレス教会への手紙9）。
- 「この方は本当に、肉によればダビデの子孫、神の御心と御力によれば神の子であり、すべての義なる者が完全な者になるよう、実際に処女から生まれ、ヨハネからバプテスマを受け、私たちのためにポンテオ・ピラトと国主ヘロデの下で、本当にその体をくぎで打たれました。（私たちはそのみわざの実、すなわち、この方がもっとも祝福し熱愛してやまない対象なのです。）このみわざは、復活をとおして、すべての世代のために主の御旗をかかげるためのものでした」（スミルナ教会への手紙1）。
- 「その誕生、受難、復活については完全な確信を持ってください。これはポンテオ・ピラトが総督のときに起こりました。私

たちの希望であるイエス・キリストはこれらのことを本当に、まちがいなく行われたのです」（マグネシヤ教会への手紙11）。

イグナティオスは教会の伝えるところによると、ペテロ、パウロ、ヨハネの弟子であった。イエスが実在したこと、そして使徒たちがイエスについて告げたことがすべて事実であることを、彼が確信していたことは明らかである（McDowell/Wilson, HWAU, 79）。

3.3.3　クァドラトス

使徒たちの弟子でありアテネ教会の司教であったクァドラトスは最初の弁証者のひとりである。クァドラトスの著作で唯一現存するのは、教会史家エウセビオスによって引用された1節である。これは、キリスト教を弁護するために、ローマ皇帝ハドリアヌスにあてて書いたもの（後125年ごろ）の一部である。「私たちの救い主がなされたみわざは、いつも皇帝陛下のみ前にありました。真の奇跡だったからです。いやされた者、生き返った者——この者たちを目にすることができたのは、そのいやされたとき、生き返ったときだけではありません。いつも私たちとともにいたのです。この者たちは長い生涯をまっとうしました。私たちの主が地上におられたときだけでなく、地上を去られた後も生きていたのです。そして、その何人かは私たちの時代まで生き残っていました」（エウセビオスⅣ：Ⅲ）。

ハバーマスによると、クァドラトスはイエスの奇跡が歴史的な事実であることによっても、イエスが実在したことを肯定している。「①イエスの奇跡は公の場で行われたので、必要ならその事実や事情を確認することができた。奇跡の種類については、②ある者はいやしを体験し、③ある者は死からのよみがえりを体験したと言っている。④この奇跡を目撃した者たちがいた。⑤いやしやよみがえり

を体験した者の多くはイエスが『地上を去られた』ときもまだ生きており、クァドラトス自身の時代にまだ生きていた者もあったと報告している」(Habermas, VHCELJ, 144)。

3.3.4 バルナバの手紙

この手紙の著者は不明である。バルナバという名前は手紙の中では用いられておらず、学者たちもこの手紙を書いたのが新約聖書のバルナバであるとは考えていない。ハバーマスは言う。「この手紙が書かれた年代については、1世紀後半から2世紀中ごろまでと、意見が大きく分かれている。通常は後130〜138年と考えられている」(Habermas, VHCELJ, 145)。この手紙は、先にふれた出来事の多くが事実であることを確認する役割を果たしている。第5セクションにはこう書かれている。

「この方は、死んでよみがえるために苦難を忍びとおされた。肉体をもって現れる必要があったのはそのためである。それは同時に、父祖たちに与えられた約束を果たすためであった。また、ご自身のための新しい民を準備し、復活して、さばきを行う者であることを、地上にいる間に示すためでもあった。さらに実に多くの不思議と奇跡を行われ、イスラエルを教えて回られた。イスラエルをこよなく愛された。そして、ご自身の福音を宣べ伝えるために使徒を選ばれたとき（この使徒たちは、この方が来られたのは正しい者でなく罪人を招くためであったことを示すため、最も由々しき罪人たちであった）、ご自身が神の御子であることを明らかにされたのである」(McDowell/Wilson, HWAU, 82, 83)。

さらに第7セクションでは「しかし、その上、この方 [イエス] は十字架にかけられたときに、酢と苦みを与えられた」とも述べて

いる（McDowell/Wilson, HWAU, 83）。

3.3.5　アリスティデス

　アリスティデスは2世紀のアテネ在住のキリスト教弁証者・哲学者であった。彼の著作は長らく失われたままであったが、19世紀後半にその翻訳が3つの言語（アルメニア語訳・シリア語訳・ギリシャ語訳）で発見された。アリスティデスがこの書を著したのは、ローマ皇帝アントニヌス・ピウス（治世：後138〜161年）に対してキリスト教を弁護するためであった。その中でイエス・キリストを次のように描写している。

　「聖霊によって啓示され、天より下り、ヘブル人の処女から生まれた、いと高き神の御子。その肉体は処女から受けられ、人間の性質を持った神の御子としてご自身を現されました。喜ばしい知らせをもたらしたその善なるご性質のうちに、いのちの源であるメッセージをもって世界を勝ち取られました……。12使徒を選ばれ、仲介者として光をもたらす真理によって全世界に教えを広められました。そしてユダヤ人の手にかかり、十字架上でくぎに刺し通されました。そして死からよみがえり、天に昇られました。使徒を全世界に送り、知恵深く、神の奇跡によってすべての者を教えられました。使徒たちの説教は花開き、実を結び、今日に至っています。そして全世界を真理の光へと招いているのです」（Carey, "Aristides," NIDCC, 68）。

3.3.6　殉教者ユスティノス

　「ユスティノスが初期キリスト教弁証者最大の人物のひとりであることは、学者たちの間で一致している」（Bush, CRCA, 1）。ユスティノスが生まれたのは後100年ごろで、167年ごろに信仰のゆえ

にむち打ちを受け、斬首された。学識豊かで当時の主な哲学（ストア主義・アリストテレス主義・ピタゴラス主義・プラトン主義など）に精通していた（Carey, "Justin Martyr," NIDCC, 558）。キリストを信じた後（132年ごろ）、「ユスティノスはローマにある自身の私学校でキリスト教哲学の教授となった。教会聖職者ではなかったので、この学校は自宅で開かれていたものと思われる。また、ローマ中を旅して回り、伝道と教育のミニストリーに時間を割いていたようである」（Bush, CRCA, 3）。

> したがって、十字架につけられた後は、知人たちさえもみなこの方を見捨て、関係を否定した。その後、この方が死からよみがえり、彼らの前に姿を現して、こうした一連の出来事を予告していた預言を読むようにと教えられた。彼らは、この方が天に昇るのを目撃し、この方から力を受け、あらゆる人種のところに出て行って、これらのことを教え、そして使徒と呼ばれた。
> ──殉教者ユスティノス

ユスティノスはその多くの著作の中で自身の信仰を弁護しているが、その論拠をまず新約聖書の各書に置いている。また、そこに記録されている出来事を独自に検証している。以下は、イエス・キリストに関する記事の正確さについて論じた箇所からの抜粋である。

- 「ユダヤ人の地、エルサレムから35スタディオン行ったところにひとつの村があるが、そこがイエス・キリストがお生まれになった所である。これはユダヤの初代総督であったクレニオの下で施行された納税記録からも確認できる」（『第一弁明』34）。
- 「この方がお生まれになったとき、博士たちがアラビアから来てこの方に礼拝をささげた。そのとき、まず当時その地の王であったヘロデに謁見している」（『トリュフォンとの対話』77）。
- 「この方が十字架につけられたとき、その手足にはくぎが刺し

通された。そして、十字架につけた者たちはこの方の衣を分け
合った。それぞれ何を取るかをくじで決め、くじの結果どおり
のものを受け取った」（『トリュフォンとの対話』97)。

- 「したがって、十字架につけられた後は、知人たちさえもみな
この方を見捨て、関係を否定した。その後、この方が死からよ
みがえり、彼らの前に姿を現して、こうした一連の出来事を予
告していた預言を読むようにと教えられた。彼らは、この方が
天に昇るのを目撃し、この方から力を受け、あらゆる人種のと
ころに出て行って、これらのことを教え、そして使徒と呼ばれ
た」（『第一弁明』50)。

- 「キリストはあなたがた［ユダヤ人］の間で、ヨナのしるしを
与えると言われ、死からよみがえった後は悪行を悔い改めるよ
うにと勧められた。……しかし、あなたがたはキリストが復活
されたことを知った後でも悔い改めなかったばかりか、前述の
ようにある者たちを選んで全世界に送り出し、次のようなこと
をふれ回らせた。ガリラヤ出身のイエスという詐欺師を中心に、
神をも恐れぬ異端が起こったため、このイエスを十字架刑に処
した。しかし、十字架から取り外されて墓に納められたイエス
の遺体を、弟子たちが夜に盗み出した。そして今や、イエスが
死からよみがえって天に昇ったと主張して世間を欺いている、
と」（『トリュフォンとの対話』108)。

3.3.7　ヘゲシッポス

　「ヒエロニムスによると……ヘゲシッポスは使徒に近い年代を生
きていた。エウセビオスは、ヘゲシッポスがユダヤ人であると結論
づけており、5巻に及ぶ『回想録』を著したと述べている (Williams,
NIDCC, 457)。この『回想録』はエウセビオスの著作にその断片が
残るのみである。そこからわかることは、ヘゲシッポスが広く旅を

し「[イエスについての]伝承が使徒からその後継者たちに正確に伝えられてきたかどうかを検証しようとした」ことである。その結果、正確であることが確認された。問題の絶えないコリント教会においてでさえ正確であった。エウセビオスは次のことばを引用している。「コリント教会はプリモスが司教になるまで、ずっと真の教理にとどまっていた。私はローマへの船旅の途上、コリント人たちと数日を共にし、話をする機会を得たが、その間互いに真の教理について語り合うことで励まされた。ローマに着くや、私は、アニケトスまでどのように継承されたかの情報を集めた。アニケトスの後はソテルが継ぎ、ソテルの後はアニケトスの執事であったエレウテルスが継いだ。どの系列の司教、どの都市を取ってみても、事は律法、預言者、主の教えに反することなく進められている」（エウセビオス『教会史』9.22.2）。

　イエスとその教えに関する中心的な内容は、まず使徒が語り伝え、その後、諸教会がしっかりと守り続け、世代から世代へ、地域から地域へと忠実に受け継がれていった。結論──「初代教会の著作家たちは、福音書が伝えるイエスの生涯に関する記録が正確なものであり、信頼できるものであることを、その生涯とことばの両方によって保証した」（McDowell/Wilson, HWAU, 87）。

4　イエスの史実性に関する証言──その他

　以上のほかにも、キリストおよびキリスト教についてふれている文献がある。ここではそれらの文献に言及する。どれも注目すべきものである。

　4.1　トラヤヌスはローマの皇帝であった（小プリニウス『書簡集』10：97）。プリニウスに宛てた手紙の中で、クリスチャンがロ

54

ーマの命令に従って信仰を否定するなら、罰してはならないと告げ
ている。クリスチャンに関する情報が匿名で届けられてもローマの
役人は受領してはならないとも言っている。

4.2　マクロビオス（Saturnalia, lib. 2, ch. 4）。パスカル（『パン
セ』）は、このアウグスト（アウグストゥス）・カエサルからの引用
はベツレヘムにおける乳児虐殺の証拠であると述べている。

4.3　ローマ皇帝ハドリアヌス（殉教者ユスティノス『第一弁
明』68～69 章）。ユスティノスが、小アジアの総督ミヌキウス・フ
ンダヌスに宛てたハドリアヌスの手紙を引用している。この手紙は
異教徒によるクリスチャン告発を取り扱っている。

4.4　ローマ皇帝アントニヌス・ピウス（殉教者ユスティノス
『第一弁明』70 章）。ユスティノス（あるいは弟子のひとり）が、
小アジアの議会に宛てたアントニヌスの手紙を引用している。基本
的に、州内のクリスチャンたちのことで小アジアの役人たちが狼狽
しすぎであり、当地のクリスチャンの扱い方に変更はないことが述
べられている。

4.5　ローマ皇帝マルクス・アウレリウス（殉教者ユスティノス
『第一弁明』71 章）。ユスティノスの弟子は、この皇帝がローマの
元老院に宛てた手紙を『第一弁明』に付け加えている。この手紙で
は、クリスチャンがローマ軍の一員として戦っている姿を描写して
いる。

4.6　ユウェナリス『随想詩』第 1 篇第 147～157 行。ユウェナ
リスはネロがローマでクリスチャンたちに加えた拷問について、ぼ

かした表現で記録を残している。

4.7　セネカ『倫理書簡』書簡 14「隠遁生活を送る理由について」段落 2。ユウェナリス同様、クリスチャンに対するネロの残虐行為を描写している。

4.8　ヒエロクレス（エウセビオス『エウセビオス論集』第 2 章）。エウセビオスは著書の中で「フィラレテレス」（真理を愛する者）と呼ばれたヒエロクレスの著作の一部を残している。その引用の中で、ヒエロクレスはペテロとパウロを魔術師として非難している。

4.9　キリストが歴史上の人物であることを論じる上でもっとも重要な資料集のひとつは、1923 年に C・R・ヘインズがケンブリッジから出版した『キリスト教と異教との遭遇——その最初の 1 世紀半』（*Heathen Contact with Christianity During Its First Century and a Half*）と題されたものである。その副題は「その間に異教徒が記録したキリスト教に関する全資料」となっている。

結論

ボストン大学名誉教授 H・C・キーは新約聖書以外の史料を調べた上で、こう結論を下している。「直接・間接的にイエスと関連のある新約外の史料を吟味した結果、以下のことが確認可能である。イエスが実在したこと、尋常ではない力を持っていたこと、弟子たちがイエスに献身していたこと、イエスがローマ総督の手によりエルサレムで処刑された後もこのグループが存在し続けたこと、1 世紀後半にはローマ自体の上流階級にもキリスト教が浸透していたことなどである」（Kee, WCKAJ, 19）。

キーはさらに言う。「イエスの生涯、教え、死は、人類の歴史に

非常に大きな影響を与え続けた。イエスに関して、伝承された方法は多岐にわたっているが、現在入手できる証拠は明瞭であり、同時に驚くほど一致している」(Kee, WCKAJ, 114)。

1974年版の『大英百科事典』で、イエス・キリストの項の筆者は2万語を費やしている。アリストテレス、キケロに、アレクサンドロス（アレキサンダー）、ユリウス・カエサル（ジュリアス・シーザー）、仏陀、孔子、ムハンマド（マホメット）、ナポレオン・ボナパルトにも、これほどのスペースは割かれていない。クリスチャンではない者たちがナザレのイエスについて多くの史料を残しているが、その史料が証言する内容に関して、筆者は終わりにこう断言している。「これら史料はそれぞれ別個に書かれたものであるが、古代においてキリスト教に敵対的な者たちでさえ、イエスが実在したことを疑う者がなかったことを物語っている。イエスが歴史上の人物であることに疑いをさしはさんだのは、18世紀末、19世紀、そして20世紀初頭の何人かの著述家が最初であって、それも十分な根拠があってのことではないのである」(EB, 145)。

イエスの歴史的実在を否定する人たちに対して、著名なイギリスの新約学者I・H・マーシャルはこう解説している。「キリスト教会の起源、福音書の存在、その背後にある一連の伝承については、『キリスト教の創始者』が実在した事実を受け入れないことには説明不可能である」(Marshall, IBHJ, 24)。

非クリスチャン系の資料は、新約聖書ほど詳細ではないが、聖書の記録の根幹的部分が正確であることを検証する役割を果たしている。新約学教授のR・スタインは言う。「クリスチャン以外の手による記録は、以下のことは少なくとも確かであることを示している。①イエスは本当に実在した人物であった。聖書外の史料は、イエスの実在を否定する者たちのたわごとを終わりにしてくれる。②イエスが生きていたのは紀元1世紀のパレスチナである。③イエスの死

にはユダヤ人の指導者たちがかかわっていた。④イエスはポンテオ・ピラトが総督であったとき、ローマ人の手によって十字架につけられた。⑤イエスの宣教活動では奇跡か魔術と思われるものが見られた」(Stein, JM, 49)。

R・T・フランスはこう述べている。「したがって、クリスチャンではない者たちが残した証拠は、イエスという人物が存在したこと、大勢の者が彼に従っていたこと、処刑されたこと、そしてそのおおよその年代を明らかにしてくれている」(France, NBD, 564)。

マイアミ大学歴史学教授E・ヤマウチによると、イエスについて残っている証拠資料は、他のどの宗教の創始者のもの(ゾロアスター・仏陀・ムハンマドなど)よりも質・量ともにすぐれている。イエスに関する聖書外史料について、ヤマウチはこう結論づけている。

「たとえ新約聖書が存在しなかったとしても、ヨセフス、タルムード、タキトゥス、小プリニウスなど、クリスチャン記者以外の文献から次のことが結論づけられる。①イエスがユダヤ人の教師であったこと。②イエスが病を癒し、悪霊を追い出したと多くの者が信じていたこと。③イエスがユダヤ人の指導者たちによって拒絶されたこと。④イエスがテベリオの治世に、ポンテオ・ピラトのもとで十字架につけられたこと。⑤屈辱的な死にもかかわらず、弟子たちはイエスがまだ生きていると信じ、信者はパレスチナの外でも増え続け、64年当時、ローマにも多数存在したこと。⑥2世紀初頭までに都市でも田舎でも、あらゆる立場の人々(男も女も、奴隷も自由人も)がイエスを神として礼拝していたこと」(Yamauchi, JUF, 222)。

歴史に実在したイエスという人物の生涯は、力にあふれ、意味深いものだった。その後の歴史に重大な影響を与えるものであった。

イェール大学の著名な歴史学者 J・ペリカンはこう記している。「ナザレのイエスについて人がどう考え、何を信じようと、この方は西洋史において、二千年来、もっとも強い影響を与えてきた人物である。もし超磁石というようなものがあってイエスの影響が少しでも残っているものを歴史からすべて吸い上げることができたなら、何ほどのものが残るだろうか。」(Pelikan, JTC, 1)。

　イエス以上に歴史に影響を与えた者はいない。『ニューズウィーク』誌の記者はこう述べている。「世俗の基準をもってしても、イエスは西洋文明の中心人物であった。千年紀という概念そのものもそうであるが、西洋的な思想・価値観・革新や、現在の思考方式の多くは、キリスト教がその源、または着想の元となって始まっている。芸術と科学、個人と社会、政治と経済、結婚と家族、善と悪、肉体と魂——そのすべてがキリスト教に感化され、ほとんどが根本から影響を受けている」(Woodward, N, 54)。

　G・ハバーマスは、キリストの実在を示す歴史的証拠を概説した後でこう語る。「イエスの歴史的実在を否定したり、その生涯や宣教の歴史性をほぼ完全に疑問視したりするような学者は圧倒的少数である。そのように唱える者がいれば、猛抗議を学術界全体から受けてきた。これまで本書で見てきたように、パウロらは初期の目撃証言を提供している。また、福音書が早い時期に書かれた事実も確認した。それらは、イエスに関する史実性を否定する企てをほとんどすべての点において反証している」(Habermas, HJ, 46)。

　証拠は決定的な結論を下している。イエスは実際にこの地上での生活を送られた。そして力強い働きをなされた。これはキリスト教に敵対する者たちが残した文献さえもが認めている事実である。イエスの実在を疑う者は完全にまちがっている。

6　神でないならアカデミー賞もの

1　神であると明言された箇所

1.1　はじめに——イエスは何者なのか

　ベストセラー作家ティム・ラヘイは言う。「イエスについて何か
を知れば、イエスについてたいてい何らかの意見を持つ。それは当
然のことで、イエスは歴史上もっとも有名な人物であり、論争の的
になるトップワンだからである」（LaHaye, JWH, 59）。

　フィリップ・ヤンシーも同意している。「イエスの死後、次々と
現れるイエスについての珍説の数々は、神が解剖台の上に身を投げ
出したときに冒された危険がどんなに大きなものであったかを示す
役割を果たしているにすぎない。そして、神はその危険を歓迎して
おられるように思われる。わたしのことを調べられるだけ調べてみ
なさい。試せるだけ試しなさい。決めるのはおまえだ」（Yancey,
JNK, 21）。

　聖書記者たちは、私たちが自分でイエスという人物を吟味し、ど
れほど重要な人物であるのか、自分で結論を下すように招いている。
しかし、この探究をイエスの教えや行動のみに限定してはならない。
まず何よりも、イエスが何者であるのかを探らなければならない。
「『キリストが何者か』という問いが『キリストが何をしたのか』
という問いと同じぐらい大きな意味を持っていることは明らかであ
る」（Linton, SV, 11）。
「イエスに関する新約聖書の証言は、世代が変わっても、この問い
を常に投げかけてくる。それは『イエスはどんなことを教えたの
か』というものではなく、むしろ『イエスとは何者なのか』、そし
て『私たちにとってどんな存在なのか』というものである」
（McGrath, UJ, 16）。

　それでは、キリストとは何者なのであろうか。「イエスが語られ

たことを別の人間が口にすれば、その者は異常なほど病的で、自己中心癖の持ち主だとなろう。自分を中心に全世界が動いており、すべての人の運命が『わたしを受け入れるか、拒絶するか』の決断にかかっている、とイエスが考えていたことは明らかなのだから」(Stein, MMJT, 118)。

　確かに、イエスは他の宗教指導者と同じ型にはめることのできない人物である。T・シュルツはこう記している。「宗教的指導者とされる人々の中で、自分を神と宣言した者はひとりもいない。モーセもパウロも仏陀もムハンマド（マホメット）も孔子もそんな宣言はしなかった。ただ、イエス・キリストだけはちがう。イエスは自分が神であると宣言した唯一の宗教家であり、世界の多くの人々にそれを確信させた唯一の人物である」(Schultz, DPC, 209)。

　ただの「人間」がどのようにして、自分が神であると周囲の者に思わせることができるのか。まずF・J・メルダウの意見に耳を傾けてみよう。「イエスの教えは、真理を極め尽くしたものだった。モーセの教えや預言者たちの教えにもまさるものだった。イエスが何か後から思いついてつけ加えたり、変更を加えたりすることは1度もなかった。何かを撤回したり、気が変わったりすることも一切なかった。何かを推測したり、憶測でものを言ったり、確信なしに語ったりすることも1度もなかった。これは人間の教師ではありえないことである」(Meldau, PDC, 5)。

　さらに、フォスターはこう述べている。「しかし、父親の仕事場でおがくず、かんなくずにまみれて育った一介の大工の息子が、あろうことか、自分は人の姿をとって現れた神なのだ、と主張した。このガリラヤ出身の教師を不名誉な死刑へとまっすぐに追いやったのは、何よりもこの事実なのである」(Anderson, JH, 49)。

　「聖書でイエスがそのような存在として描かれているのは当然である。聖書を書いたのはイエスの仲間たちで、イエスについての記

憶を永遠に残そうとしたのだから」という反論がありそうだ。しか
し、聖書を全部排除したとしても、それはすべての証拠を排除した
ことにはならない。前章で見たとおり、イエスとその功績、その教
えについて記述している歴史記録がほかにもあるからだ。W・ロビ
ンソンは次のように記している。「この疑問に対し、歴史的視点か
ら客観的な考察をするなら、キリスト教とは無関係の歴史記録さえ
も、イエスが実在したこと、そして神として礼拝の対象となってい
たことを認めていることがわかる。イエスは教会を創始されたが、
この教会は 1900 年間イエスを礼拝し続けた。それによって世界の
歴史の潮流が変わったのである」(Robinson, OL, 29)。

　ではまず、イエスが裁判でなされた、自分に関する証言を取り上
げ、検討してみよう。

1.2　裁判

　「しかし、イエスは黙ったままで、何もお答えにならなかった。
大祭司は、さらにイエスに尋ねて言った。『あなたは、ほむべき
方の子、キリストですか。』そこでイエスは言われた。『わたしは、
それです。人の子が、力ある方の右の座に着き、天の雲に乗って
来るのを、あなたがたは見るはずです。』すると、大祭司は、自
分の衣を引き裂いて言った。『これでもまだ、証人が必要でしょ
うか。あなたがたは、神をけがすこのことばを聞いたのです。ど
う考えますか。』すると、彼らは全員で、イエスには死刑に当た
る罪があると決めた」(マルコ 14：61 ～ 64)。

　ニューヨークの裁判官ゲイナー判事はイエスの裁判について講演
し、サンヘドリンによるイエスの告訴理由は冒瀆の罪であったと断
言している。「各福音書の記事から明らかなのは、イエスが裁判に
かけられ、有罪判決を受けたのは、冒瀆の罪を犯したとされたから

です。……イエスは超自然的な力を現しておられました。確かに、イエスがただの人間なら、冒瀆でしょう」（ヨハネ 10：33 に関する言及）。ここでゲイナー判事が語っているのは、イエスが神殿について言われたことではなく、「自分を神とする」発言についてである（Deland, MTJ, 118-19）。

パリサイ人の尋問について、A・T・ロバートソンは述べている。「イエスはこの尋問を受け、ご自身がそのすべて（メシヤ、人の子、神の子）であると認めておられる。『あなたがたの言うとおり』（フメイス・レゲテ）は単に『はい』を意味するギリシャ語の慣用句である（マルコ 14：62 の『わたしは、それです』[I AM] をマタイ 26：64 の『あなたの言うとおりです』と比較せよ）」（Robertson, WPNT, 277）。

> この裁判は、刑事裁判としては異例である。それは、争点が被告の行為ではなく、被告の正体（アイデンティティ）にあったからである。
> ──アーウィン・リントン

イエスの返答を聞いて、大祭司は自分の衣を引き裂いた。H・B・スィートはこの大祭司の反応を次のように説明している。「大祭司が私的な不幸のために衣を裂くことを律法は禁じていた（レビ 10：6；21：10）が、裁判官として冒瀆のことばを聞いたときは、慣習上、このように嫌悪感を表現しなければならなかった。それまで困り果てていた大祭司が、このとき安堵したことは明白である。それまで信用に足る誕拠が提出されなかったところへ、被告自らが有罪を証明してしまったからだ。もはや証拠の提出は必要なくなってしまった」（Swete, GASM, 339）。

ここまでのところで、この裁判が尋常ではないことがわかってきた。弁護士である I・リントンはこう指摘する。「この裁判は、刑事裁判としては異例である。それは、争点が被告の行為にではなく、

被告の正体（アイデンティティ）にあったからである。キリストに
対する告訴の内容。裁判の席での告白・証言でなく、むしろその場
におけるふるまいによって有罪とされた事実。ローマの総督による
尋問。処刑時に十字架に掲げられた罪状書きの札。——これらすべ
ては、キリストの真の正体と身分についての質問に関係してくる。
その質問とは、『あなたはキリストが何だと思うのか』『キリストは
誰の子か』というものである」（Linton, SV, 7）。

　この点に関して、かつては懐疑論者であったF・モリソンが次の
ように明言する。「ナザレのイエスは、告発者たちのことばによっ
てでなく、イエス自身から引き出された自白の内容によって死刑に
定められたのである」（Morison, WMS, 25）。

　H・フェルダーもこう述べる。「私たちの救い主は裁判官たちの
前で、ご自分が本当は神であることを告白された。それはイエスの
裁判を検討すれば、疑いの余地はない」（Felder, CAC, 299-300）。

　元ハーバードの法学教授で弁護士であるS・グリーンリーフは、
イエスの裁判に関してこう記す。「どんな法廷であれ、イエスの行
為を弁護する根拠を探すことは難しい。ただし、イエスの超人的な
性質を根拠とするならば、話は別である。弁護士もそれ以外にイエ
スを弁護する根拠はなさそうだ」（Greenleaf, TT, 562）。

　裁判官たちに対するイエスの答弁の仕方は、各共観福音書で異な
っているが、モリソンが指摘するとおり、どれも意味は同じである。
「これらの答弁は実際のところ、同じものである。『あなたの言うと
おりです』とか、『あなたがたの言うとおり、わたしはそれです』
とかいうのは、現代人にはあいまいに聞こえようが、当時のユダヤ
人たちにはそうではない。『あなたの言うとおり』というのは、ユ
ダヤの教養人が、何か由々しく遺憾とする質問に答えるときに用い
た伝統的表現であった。礼儀上、単刀直入に『はい』『いいえ』で
答えることがはばかられたのである」（Morison, WMS, 26）。

C・G・モンテフィオレもイエスの答弁にそのような意図があったと考え、さらに神性の宣言に続くことばをこう分析している。「『人の子』（イエスがしばしば用いた表現）と『神の大能の右の座』……（神性を意味するヘブル語特有の表現）を用いていることから、この答弁がイエスという人物やその話し方と完全にマッチしていることがわかる」（Montefiore, TSG, 360）。

　同様に、著名な新約学者C・ブロンバーグもこう述べている。

　「イエスは、ここでこのような表現を用いることで、尋問者たちを逆告発していた可能性さえある。しかも、それがすべてではなかった。イエスはさらに『人の子が、力ある方の右の座に着き、天の雲に乗って来るのを、あなたがたは見るはずです』（マルコ14：62b）とつけ加えている。このことばはダニエル7：13と詩篇110：1の両方を暗示している。この文脈では、『人の子』とは人間をはるかに超えた者であることを意味する。イエスは、ご自分を『天の雲に乗って来られ』『年を経た方のもとに進み、その前に導かれ』、全人類に対する主権と力が与えられ、世界規模の礼拝と永遠の支配を手にする『人の子のような方』（ダニエル7：13 ～ 14）として示している。この『生身の人間をはるかに超えた者である』とすることばが、おそらくユダヤの最高法院から冒瀆罪の判決をもたらしたのだろう」（Blomberg, JG, 341-43）。

　英国マンチェスター大学のF・F・ブルースは言う。「ダニエルの見た幻は、明瞭ではないにせよ、その方が王座に着いていることを暗示している。……イスラエルの大祭司が正体を明らかにするように迫ったとき、［イエスは］このふたつの聖書箇所を結びつけたのである」（Bruce, RJ, 64-65）。

　これがイエスの証言を指していることは極めて明瞭である。また、

イエスは自分が神であると主張したと、ユダヤ人たちも理解していたことも明らかである。とすると、ここでふたつの可能性が考えられる。ひとつは、イエスのことばはまさに冒瀆であること。もうひとつは、イエスがまさに神であること。裁判官たちは、それが争点であることをはっきりと理解していた——実際、それがあまりにもはっきりとしていたので、イエスを十字架にかけることを選び、「彼は神により頼んでいる。……『わたしは神の子だ』と言っているのだから」（マタイ 27：43）とあざけったのである（Stevenson, TTG, 125）。

したがって、イエスが十字架にかけられたのは、神の御子だったからだとわかる。そのことは、イエス自身の証言で明白である。イエスは聖なる方の御子だった。力ある神の右の座に着かれる方、やがて天の雲に乗って来られる人の子であったのだ。

W・C・ロビンソンは「これら［3つ］の称号はメシヤ独特のものである。その3つの累積効果は『驚くほど大きなもの』である」と結論づけている（Robinson, WSYIA, 65）。

H・ホッブズは次のようなコメントをしている。

「サンヘドリンは3つのポイントすべてを理解した。そして、それをひとつの質問に集約させた。『では、あなたは神の子ですか』。この質問は肯定的な答えを期待したものであった。問うたというよりも、肯定を確認するものであった。そこで、イエスはただ『あなたがたの言うとおり、わたしはそれです』と答えたのだ。イエスは、サンヘドリンが正式に死刑判決を下す前に、ご自分が神の子であることをサンヘドリンに認めさせたのである。イエスが用いた手法は巧妙なものであった。自分で神だと認めたからというだけでなく、サンヘドリン自体もそれを認めたので、死

刑に定められたのである。

　サンヘドリンにとって、他の証言はもはや無用だった。自分たちの耳でイエスのことばを聞いたからである。したがって『彼の口から直接』出たことばによって有罪とした。しかし、イエスの方も、彼らを彼らのことばによって罪に定めたのである。神の子に死刑の宣告を下した事実は否定できないものとなったのだ」(Hobbs, AEGL, 322)。

　R・アンダーソンは言う。「しかし、敵対的証人の証言ほど説得力のある証拠はない。そして、主が神であると告白したという事実が、敵によって立証されたことは議論の余地がない。ここで覚えておかなければならないのは、ユダヤ人が無知な未開人ではなく、実に教養が高く宗教熱心な民族だったということである。そして、まさにこの告発によって、満場一致で死刑の宣告が下されたのである——彼らの偉大な国民議会、（ガマリエルやその偉大な弟子タルソのパウロのような）宗教指導者の中でももっとも高名な者たちからなるサンヘドリンによって」(Anderson, LH, 5)。

　H・フェルダーは、パリサイ人らが下した判決（実は自分自身に下した判決）について、さらに突っ込んで言及する。「裁判者らはイエス自身の告白に基づいて冒瀆罪（ぼうとくざい）の判決を下したが、そうすることで、実はイエスが証言した内容を公式に認めてしまったのである——すなわち、イエスが神政国家のメシヤなる王であり、人として現れた神の御子であり、神の性質を持ったメシヤであり、本質的な意味で『神の御子』であることを。この自白のためにイエスは死刑に処されたのである」(Felder, CATC, vol. 1, 306)。

　以上から、イエスは神であると主張された、それも告発者たち全員がはっきりと認知できる仕方で主張された、と結論づけられる。宗教的指導者たちはイエスの主張を冒瀆とみなした。この冒瀆はヘ

ブルの律法と慣習では死に価した。つまり、イエスは「自分を神
の子とした」（ヨハネ19：7）ために十字架にかけられたのである
（Little, KWYB, 45）。

1.3　その他の主張

1.3.1　父なる神と同等の存在

イエスは、ご自分が父なる神に等しい者であると、くりかえし言
われた。

1.3.1.1　ヨハネ 10：25〜33

「イエスは彼らに答えられた。……『わたしと父とは一つです。』
ユダヤ人たちは、イエスを石打ちにしようとして、また石を取り
上げた。イエスは彼らに答えられた。『わたしは、父から出た多
くの良いわざを、あなたがたに示しました。そのうちのどのわざ
のために、わたしを石打ちにしようとするのですか。』ユダヤ人
たちはイエスに答えた。『良いわざのためにあなたを石打ちにす
るのではありません。冒瀆のためです。あなたは人間でありなが
ら、自分を神とするからです。』」
──ヨハネ 10：25〜33

この箇所で、イエスが神であると主張されたことを、ユダヤ人た
ちははっきり理解している。そのときの彼らの反応が、裁判のとき
と同様、イエスが言われたことの意味を完全に理解していたことを
示している。ここで用いられているギリシャ語は興味深い。A・
T・ロバートソンは「一つ。中性（ヘン）であって男性（ヘイス）
ではない。ひとりの人ではなく（ガラテヤ3：28のヘイス参照）、
一つの本質・本性」であると指摘する（Robertson, WPNT, 186）。

聖書注解者 J・C・レイニーも同意して言う。「『一つ』(ヘン)という語は中性名詞であり、ひとりの人でなく一つの『本質』を指している。……御父と御子は神としての本質を共有しているが、神格の中で二つの別個の人格(位格)のままなのである」(Laney, JMGC, 195-96)。

ロバートソンはさらに言う。「この明快な発言は、キリストと御父の関係についての説明のクライマックス的部分である。このことばを聞いて、パリサイ人たちは抑えがたいほどの憤りを覚えた」(Robertson, WPNT, 187)。

このことばを聞いた者たちにとって、イエスが神であると主張したことは、まちがいのない事実である。したがって「ユダヤ人たちには、イエスのことばは冒瀆としか思えなかった。それで、彼らは自らの手でさばきを行うことにした。律法には、冒瀆は石打ちと定められていた(レビ 24:16)。ところが、彼らは正当な法的手順を無視した。手続きを踏まえて告発することをしなかった。怒りにまかせて、裁判官と死刑執行人の両方の役をこなそうとしたのだ。『また』ということばは、以前に石打ちにしようとしたとき(ヨハネ 8:59)のことを指している」(Bruce, NICNT, 524)。

イエスを冒瀆罪で石打ちにしようとした事実は、イエスの教えをはっきり理解していたことを示している。そして、イエスが本当に神である可能性については考えなかった、ということも。

1.3.1.2　ヨハネ 5:17, 18

「イエスは彼らに答えられた。『わたしの父は今に至るまで働いておられます。ですからわたしも働いているのです。』このためユダヤ人たちは、ますますイエスを殺そうとするようになった。イエスが安息日を破っておられただけでなく、ご自身を神と等しくして、神を自分の父と呼んでおられたからである。」

6 神でないならアカデミー賞もの

——ヨハネ5：17, 18

聖書学者 M・C・テニーはこう説明している。「ユダヤ人たちは、イエスが安息日を破られたことに怒りを覚えた。そして、イエスが僭越にも御父と等しい者であると主張したときには、まさに激怒した。この発言は、神であるという主張だとわかったからである。イエスは、御父とまったく同一の存在だと言われたのではなく、『子性』とでも表現できる関係によって父と一つであると言われたのだ」(Tenney, GJ, 64)。

A・T・ロバートソンの『新約聖書の描写』の中の記事が興味深い洞察を残している。「イエスははっきりと『わたしの父』（ホ・パテール・ム）と言っておられる。『わたしたちの父』ではない。これは御父との間に特殊な関係があったことを示している。今に至るまで働いておられます（ヘオス・アルティ・エルガゼタイ）……イエスはご自分の活動を神の働きと等しい位置に置くことで、安息日にいやしを行ったことを正当化しておられるのだ」(Robertson, WPNT, 82-83)。

もうひとつ、ユダヤ人たちが神を「わたしの父」と呼ぶことはなかったことにも注目すべきである。「たとえそう呼んだとしても、そのときは『天の』という表現をかぶせたことであろう。しかし、イエスはそうされなかった。神を『わたしの父』と呼ばれたのだ。その意味をユダヤ人たちが誤解するはずはなかった」(Morris, GAJ, 309)。イエスは、神を父とするような特別な関係にあると主張しておられる。人間の父の子が完全に人間であるように、神の御子も完全に神でなければならない。御父のすべての本質は、御子の性質でもなければならないのである。

イエスはここで、神が働いておられる間は、子である自分も働くのだ、と暗に語られ (Pfeiffer, WBC, 1083)、ユダヤ人たちは、や

はりイエスは神の子だと主張していると理解した。このイエスの発言によって、ユダヤ人の憎悪は激化することとなる。それまでは単に迫害する意図しかなかったのに、殺意に変わっていったのである（Lenski, ISJG, 375）。

1.3.2 「わたしはいる」

「イエスは彼らに言われた。『まことに、まことに、あなたがたに告げます。アブラハムが生まれる前から、わたしはいるのです。』」
——ヨハネ8：58

ある注解者がこの箇所の意味を明らかにしてくれている。「イエスは『まことに、まことに、あなたがたに告げます……』と言われた。この『まことに』は原語では『アーメン』であるが、それをまず2回くり返した後（最高レベルの誓いである）、私たちの主は、人には口にすることの許されていない神の御名をご自分のものとして語られた。ユダヤ人たちはその意味を理解して逆上し、イエスを石打ちにしようとする」（Spurr, JIG, 54）。

H・アルフォードが言うように、「このことばを先入観なしに釈義するなら、キリストは本質的に［歴史以前に］先在していたことを宣言したと言えるのである」（Alford, GT, 801-02）。

M・ヴィンセントは『新約聖書語意研究』で、イエスのことばは「絶対的で時間を超越した『わたしはいる』（エイミ）という意味を表す決まり文句」であると記している（Vincent, WSNT, vol.2, 181）。

旧約聖書では、「わたしはいる」というのは、神ご自身の御名、ヤハウェ（日本語聖書ではふつう「主」と訳されている）を指しているということがわかる。A・G・キャンベルはこう推論する。「旧約聖書の出エジプト記3：14、申命記32：39、イザヤ書43：10な

どの箇所から、イエスが使われた表現は決して新しいものではなかったことは明らかである。ユダヤ人たちは、旧約聖書のヤハウェが永遠の存在であるという概念に慣れ親しんでいた。ユダヤ人たちを不意打ちしたのは、イエスがその方であるという指摘であった」（Campbell, GTDC, 12）。

イエスが自分を神としたことを、周囲のユダヤ人たちはちゃんと理解していた。それは、彼らの反応から明らかである。理解したからこそ、冒瀆に関するモーセの律法を守るために、イエスを石打ちにしようとしたのである（レビ24：13〜16）。P・ルイスは言う。「たったひとことのうちに、最高の人間に関する最高の真理——その先住、絶対的実在の真理が明らかにされている」（Lewis, GC, 92）。

キャンベルは非ユダヤ系の読者に向けて、この点に説明を加えている。「『わたしはいる』（エイミ）という表現がキリストの完全な神性を指していることは、イエスが説明しようとしなかった事実からも明らかである。彼らは誤解したのだ、とはおっしゃらなかった。むしろ、同じことばをさまざまな機会に何度もくり返されたのである」（Campbell, GTDC, 12-13）。

まとめとして、聖書学者R・ブラウンのことばを引用する。「福音書の伝承において、これ以上明確に［キリストが］神であることを示している箇所はない」（Brown, GAJ, 367）。

1.3.3　イエスは神が受けられたと同じ栄誉を受けるべき

「それは、すべての者が、父を敬うように子を敬うためです。子を敬わない者は、子を遣わした父をも敬いません。まことに、まことに、あなたがたに告げます。わたしのことばを聞いて、わたしを遣わした方を信じる者は、永遠のいのちを持ち、さばきに会うことがなく、死からいのちに移っているのです。」

——ヨハネ5：23, 24

この箇所の終わりの方でイエスは、ご自分を冒瀆罪で訴える者たちに警告を発しておられる。イエスに悪口を浴びせることは、実は神に悪口を浴びせることであり、神ご自身が彼らの態度に憤っておられる、と言われている（Godet, CGSJ, vol. 2, 174）。

イエスはまた、神として礼拝を受ける権利があることも主張しておられる。だからこそ、イエスを侮辱することが神を侮辱することになるのだ（Robertson, WPNT, 86）。

1.3.4 「わたしを知る」

「すると、彼らはイエスに言った。『あなたの父はどこにいるのですか。』イエスは答えられた。『あなたがたは、わたしをも、わたしの父をも知りません。もし、あなたがたがわたしを知っていたなら、わたしの父をも知っていたでしょう。』」
——ヨハネ8：19

イエスを知り、見ることは、御父を知り、見ることと同じである——とイエスは言われた。イエスは御父の完全、完璧な啓示である。なぜなら、イエスは御父の本質を有する方であり、御子として御父とかかわっておられるからである。

1.3.5 「わたしを信じなさい」

「あなたがたは心を騒がしてはなりません。神を信じ、またわたしを信じなさい。」
——ヨハネ14：1

M・テニーはこう説明する。「イエスは死に向かっていた——す

べての者を襲う死に。にもかかわらず、大胆にも、自分を礼拝の対
象にすることを求めた。自分が彼らのいのちの鍵を握り、彼らの未
来は自分の働きにかかっていると明言した。彼らのために場所を備
えた後、迎えに来ることを約束している」(Tenney, JGB, 213)。

1.3.6　「わたしを見た者は……」

「ピリポはイエスに言った。『主よ。私たちに父を見せてください。
そうすれば満足します。』イエスは彼に言われた。『ピリポ。こん
なに長い間あなたがたといっしょにいるのに、あなたはわたしを
知らなかったのですか。わたしを見た者は、父を見たのです。ど
うしてあなたは、「私たちに父を見せてください」と言うのです
か。』」
──ヨハネ 14：8, 9

1.3.7　「あなたがたに告げます」

マタイ 5：20, 22, 26, 28, 32, 34, 44
　イエスはこれらの箇所で、ご自分の御名によって教え、語ってお
られる。そうすることで、ご自分のことばの権威をまっすぐ天にま
で引き上げられた。預言者が用いた「主はこう言われる」という表
現の代わりに、「しかし、わたしはあなたがたに言います」という
表現をくり返し用いられたのである。
　K・シェフランと H・クレイスラーは指摘する。「イエスはため
らうことも、あやまることも決してしなかった。ご自分が言われた
ことを撤回したり、修正したり、否定したりする場面は、まったく
ない。イエスが語られたのはまぎれもなく神のことばであった（ヨ
ハネ 3：34）。『この天地は滅びます。しかし、わたしのことばは決
して滅びることがありません』と言われたのである」(マルコ 13：
31)(Scheffrahn, JN, 11)。

1.4　神としてささげられた礼拝

1.4.1　礼拝は神にのみささげられるもの

1.4.1.1　ひれ伏して敬意を表すことは、最高の礼拝行為である（ヨハネ 4：20〜22、使徒 8：27）。

1.4.1.2　神への礼拝は霊とまことをもってなされなければならない（ヨハネ 4：24）。

1.4.1.3　「あなたの神である主を拝み、主にだけ仕えよ」（マタイ 4：10、使徒 4：8）。

1.4.2　イエスは神として、礼拝を受け入れられた

1.4.2.1　「すると、ツァラアトに冒された人がみもとに来て、ひれ伏して言った」（マタイ 8：2）。

1.4.2.2　生まれつき盲目だった男が、いやされた後、ひれ伏してイエスを礼拝している（ヨハネ 9：35〜39）。

1.4.2.3　弟子たちは「イエスを拝んで、『確かにあなたは神の子です』と言った」（マタイ 14：33）。

1.4.2.4　「それからトマスに言われた。『あなたの指をここにつけて、わたしの手を見なさい。手を伸ばして、わたしのわきに差し入れなさい。信じない者にならないで、信じる者になりなさい。』

トマスは答えてイエスに言った。『私の主。私の神。』イエスは彼に言われた。『あなたはわたしを見たから信じたのですか。見ずに信じる者は幸いです。』」（ヨハネ 20：27〜29）。

1.4.3　他の例との比較

1.4.3.1　百人隊長のコルネリオがペテロの足もとに「ひれ伏して拝んだ」。すると、ペテロはコルネリオをとがめて「お立ちなさい。私もひとりの人間です」と言った（使徒 10：25, 26）。

1.4.3.2　黙示録では、ヨハネが御使いの足もとに「ひれ伏した」が、御使いは「あなたの兄弟たちと同じしもべ」だと言い、「神を拝みなさい」とヨハネをさとした（黙示録 19：10）。

1.4.4　イエスはご自分を神として礼拝するように命じ、その礼拝を受け入れられた。シーセンはこう述べている。「イエスが詐欺師、もしくは自分を欺く者なら、いずれの場合も神ではないことになる。神でないならば、イエスは善人ではありえない（Christus si non Deus, non bonus）」（Thiessen, OLST, 65）。

　神学者 A・マクグラスはこう説明する。「ユダヤ社会では、礼拝を受けるのは神であり、神のみであった。パウロはローマのクリスチャンたちに、人は創造主を礼拝すべきなのに、被造物を礼拝する危険が常にあると警告している（ローマ 1：23）。しかし、キリスト教会は初めからキリストを神として礼拝していた——この習慣が新約聖書中にも反映されていることは明らかである」（McGrath, CT, 280）。

1.5　他の者のことば

1.5.1　使徒パウロ

1.5.1.1　ローマ9：5

「父祖たちも彼ら［ユダヤ民族］のものです。またキリストも、
人としては彼らから出られたのです。このキリストは万物の上に
あり、とこしえにほめたたえられる神です。アーメン。」
──ローマ9：5

　プリンストンの神学者、聖書学者であったC・ホッジは注解書で
こう述べている。「ここでパウロが……宣言しているのは、キリス
トが、人間としてはイスラエル人であったが、別次元においては最
高権威の神、すべてのものの上におられ、永遠にほめたたえられる
神である、ということである。……つまり、キリストは、ことばで
表現し得る最高の意味で神なのだ、ということである」（Hodge,
CF, 300, 302）。
　新約学者M・J・ハリス博士は、この箇所を原語で詳細に検討し、
こう結論を下している。「使徒が9：1〜5の終わりで主張している
のは、次のことである──イエス・キリストは同族のイスラエル人
たちのほとんどからは侮蔑的な扱いを受けている。しかし、実際に
はキリストは全世界──全被造物、ユダヤ社会も含んだ全世界──
の上に立つ方である。それは、イエス・キリストが本質は神であり、
永遠にわたって礼拝を受けるべき方だからである」（Harris, JG,
172）。

1.5.1.2　ピリピ2：6〜11

「キリストは神の御姿である方なのに、神のあり方を捨てられな
いとは考えず、ご自分を無にして、仕える者の姿をとり、人間と

同じようになられました。人としての性質をもって現れ、自分を卑しくし、死にまで従い、実に十字架の死にまでも従われました。それゆえ神は、この方を高く上げて、すべての名にまさる名をお与えになりました。それは、イエスの御名によって、天にあるもの、地にあるもの、地の下にあるもののすべてが、ひざをかがめ、すべての口が、『イエス・キリストは主である』と告白して、父なる神がほめたたえられるためです。」
──ピリピ2：6～11

　6～8節は、この高く上げられたキリストが、神（2：6）としもべ（2：7）のふたつの性質を持っておられる様を描写している。この箇所は、イエスが完全に神であり、完全に人であると言っている。P・トゥーンはこう述べている。「天的実在と地的実在の対比は次のことを示している──モルフェという語［6節でも7節でも用いられており、神の『あり方』とか、仕える者の『姿』とかと訳されている］は、イエスにとって、人間としての生活や歴史への関わりが現実であったのと同じように、神性という事実も現実なのである」（Toon, OTG, 168）。
　9～11節は、キリストを神と同等の存在とみなしている。F・F・ブルースはこう解く。

　「この賛美歌はイザヤ52：13……そしてイザヤ45：23を反映している。後者では、唯一の真の神が、『すべてのひざはわたしに向かってかがみ、すべての舌は』主の御名にかけて誓うようになる、と言われている。しかし、賛美歌の方では、この同じ神が、すべてのひざがイエスの御名によってかがめられ、すべての口が『イエス・キリストは主である』と告白するようになることを定めておられる。……この賛美歌の『すべての名にまさる名』が

『イエス』なのか『主』なのか、という疑問がときに発せられる。答えは両方である。なぜなら、神の布告によって、これから後は『イエス』という御名が『主』という御名が表す最高の意味——ヘブル語のヤハウェの意味——を持つようになるからである」(Bruce, RJ, 202)。

したがって、ピリピ2：6〜11 はふたつの意味でキリストの神性を論証している——まずキリストの2重の性質を示すことによって、次に旧約聖書で神のみに用いられてきた御名（主・ヤハウェ）をキリストに用いることによって、である。

1.5.1.3　コロサイ 1：15〜17

「御子は、見えない神のかたちであり、造られたすべてのものより先に生まれた方です。なぜなら、万物は御子にあって造られたからです。天にあるもの、地にあるもの、見えるもの、また見えないもの、王座も主権も支配も権威も、すべて御子によって造られたのです。万物は、御子によって造られ、御子のために造られたのです。御子は、万物よりも先に存在し、万物は御子にあって成り立っています。」
——コロサイ 1：15 〜 17

15 節で、キリストは「見えない神のかたち」と呼ばれている。P・ルイスは言う。「何かのかたちであるなら、そのかたどっている内容も所有しているにちがいない。キリストが神の実体をかたどっているのは、その実体を共有するからにほかならない。神のかたちであるイエス・キリストは、人間世界において神と同等の存在なのである（ヨハネ 14：9）」(Lewis, GC, 259-60)。
　さらに F・F・ブルースはこう述べる。「イエスが語られたことば、

82

イエスが行われたみわざ、イエスが送られた生涯、イエスの人格
——すべてが見えない御父を明らかにした。イエスは、パウロのこ
とばを借りるならば、『見えない神』の目に見える『かたち』なの
である」（Bruce, RJ, 158）。

　造られたすべてのものより「先に生まれた」という表現は、永遠
の御子としてキリストがすべてのものを相続する立場にあるという
ことを意味している（Ryrie, RSB, 1831）。これは、キリストがすべ
てのものの創造主だ（16, 17節）という事実からもわかることであ
る。イエスが神でないならば、いったい何だというのであろうか。

1.5.1.4　コロサイ 2：9

「キリストのうちにこそ、神の満ち満ちたご性質が形をとって宿
っています。」
　　——コロサイ 2：9

　この簡潔な文章は、イエスが誰なのか、なぜ私たちにとって重要
な存在なのかを指し示してくれる。C・F・H・ヘンリーはこうコ
メントしている。「イエス・キリストのうちに『神の満ち満ちたご
性質が形をとって』宿っている（コロサイ 2：9）という真理は、
新約聖書の教えの中でも絶対不可欠なものである。この信仰はイエ
スと同時代に生きた使徒たちが、何度もくり返し唱えたものであ
る」（Henry, IJ, 53）。

1.5.1.5　テトス 2：13

「祝福された望み、すなわち、大いなる神であり私たちの救い主
であるキリスト・イエスの栄光ある現れを待ち望むようにと教え
さとしたからです。」
　　——テトス 2：13

訳によっては、神とイエス・キリストが別の存在であるかのように見えるものもある。しかし、ギリシャ語の構造を調べると、「大いなる神」と「私たちの救い主」の両方のことばがイエス・キリストというひとつの対象にかかっていることがわかる（Harris, JG, 173-85）。

1.5.2　バプテスマのヨハネ
「聖霊が、鳩のような形をして、自分の上に下られるのをご覧になった。また、天から声がした。『あなたは、わたしの愛する子、わたしはあなたを喜ぶ。』」
——ルカ3：22

ヨハネ1：29, 34 でバプテスマのヨハネはこう宣言している。「見よ、世の罪を取り除く神の小羊。……私はそれを見たのです。それで、この方が神の子であると証言しているのです。」

1.5.3　使徒ペテロ

1.5.3.1　使徒ペテロのことばでももっとも有名なのは、マタイ16：15〜17 であろう。「イエスは彼らに言われた。『あなたがたは、わたしをだれだと言いますか。』シモン・ペテロが答えて言った。『あなたは、生ける神の御子キリストです。』するとイエスは、彼に答えて言われた。『バルヨナ・シモン。あなたは幸いです。このことをあなたに明らかに示したのは人間ではなく、天にいますわたしの父です。』」
　このことばについてシェフランとクレイスラーは言う。「このときのイエスはペテロが軽率であると言ってしかることはせず、その

信仰告白を祝福している。イエスは公生涯の間、ご自分に対する祈りや礼拝をそのまま受け入れ、ご自分にはその資格があることを示された」(Scheffrahn, JN, 10)。

1.5.3.2　ペテロは使徒2：36で、自分の信仰を再度表明している。「ですから、イスラエルのすべての人々は、このことをはっきりと知らなければなりません。すなわち、神が、今や主ともキリストともされたこのイエスを、あなたがたは十字架につけたのです。」

1.5.3.3　使徒ペテロは書簡でこう書いている。「イエス・キリストのしもべであり使徒であるシモン・ペテロから、私たちの神であり救い主であるイエス・キリストの義によって私たちと同じ尊い信仰を受けた方々へ」(Ⅱペテロ1：1)。

M・J・ハリスは、この箇所をギリシャ語で検討し、こう結論する。「Ⅱペテロ1：1の称号［私たちの神であり救い主］がイエス・キリストのものとして用いられていると結論づけるほかない」(Harris, JG, 238)。

1.5.4　使徒トマス

この疑い深い人物はヨハネ20：28で次のような証言をしている。「トマスは答えてイエスに言った。『私の主。私の神。』」

J・ストットは『信仰入門』の中で、このトマスの告白を解説している。「ヨハネは、復活後八日目のことを書いています（二〇章26〜29節）。その日には、疑いぶかかったトマスも、他の弟子と一緒に二階座敷に集まっていました。そして、そこにイエスが姿を現わしました。かれはトマスを招き寄せると、自分の傷口にさわってみなさいといいました。そのときトマスは、驚愕のあまり、ただ、「わが主よ、わが神よ」と叫ぶのみでした。他方で、イエスは、ト

マスが口にしたかれにたいする呼称を、そのまま受け入れました。かれは、トマスの不信仰を責めましたが、ご自身を礼拝した行為については、なんのとがめだてもしなかったのです。（ジョン・ストット『信仰入門』有賀寿訳、すぐ書房、1987 年、43 ページ、Stott, BC, 28）。

　前述のように、人や御使いが礼拝されたら、直ちに礼拝した者をとがめ、神を拝するように正している（使徒 10：25, 26、黙示録 19：10）。イエスはトマスの礼拝を受け入れられただけでなく、その信仰告白を奨励しておられる。

1.5.5　ヘブル人への手紙の著者

1.5.5.1　ヘブル 1：3
「御子は神の栄光の輝き、また神の本質の完全な現れであり、その力あるみ ことばによって万物を保っておられます。」
——ヘブル 1：3

　F・F・ブルースは「完全な現れ」という表現について解説している。「硬貨の肖像や上書きがその製造機の鋳型と正確に一致するのと同じように、神の御子は『神の本質そのものの型の現れ』（英語『改定標準訳』［Revised Standard Version］からの和訳）なのである。ギリシャ語カラクテールが用いられているのは、新約聖書ではここだけである。一方、他の箇所でキリストが神の『かたち』であるというときはエイコンという語が使われている（Ⅱコリント 4：4、コロサイ 1：15）。しかし、ヘブル 1：3 の真理を表現するにはエイコンよりもカラクテールの方がよりふさわしい……。神が本質的にどのような方であるのかが、キリストにおいて明らかにされているのである」（Bruce, EH, 48）。

1.5.5.2　ヘブル1：8

「御子については、こう言われます。『神よ。あなたの御座は世々
限りなく、あなたの御国の杖こそ、まっすぐな杖です。』」
　　——ヘブル1：8

　T・シュルツはこう記している。「『神よ。あなたの御座は』の
……呼格（呼びかけの部分）は主格とした方がよく、『神はあなた
の御座』または『あなたの御座は神』と訳すべきであろう。ここで
もまた、証拠は決定的である——聖書はイエス・キリストを神と呼
んでいるのだ」（Schultz, DPC, 180）。

1.5.6　使徒ヨハネ

1.5.6.1　ヨハネ1：1, 14

「初めに、ことばがあった。ことばは神とともにあった。ことば
は神であった。……ことばは人となって、私たちの間に住まわれ
た。私たちはこの方の栄光を見た。父のみもとから来られたひと

イエスはヤハウェ（エホバ）		
エホバに対して	共通の称号・行為	イエスについて
イザヤ40：28	創造主	ヨハネ1：3
イザヤ45：22、43：11	救い主	ヨハネ4：42
Ⅰサムエル2：6	死人にいのちを与える	ヨハネ5：21
ヨエル3：12	さばき主	ヨハネ5：27（マタイ25：31～46参照）
イザヤ60：19, 20	光	ヨハネ8：12
出エジプト3：14	わたしはある	ヨハネ8：58（18：5, 6参照）
詩篇23：1	羊飼い	ヨハネ10：11
イザヤ42：8(48：11参照)	神の栄光	ヨハネ17：1, 5
イザヤ41：4、44：6	初めであり終わりである方	黙示1：17：2：8
ホセア13：14	贖い主	黙示5：9
イザヤ62：5、ホセア2：16	花婿	黙示21：2(マタイ25：1以降参照)
詩篇18：2	岩	Ⅰコリント10：4
エレミヤ31：34	罪を赦す	マルコ2：7, 10
詩篇148：2	御使いが礼拝する	ヘブル1：6
旧約聖書全体	祈りがささげられる	使徒7：59
詩篇148：5	御使いを造った	コロサイ1：16
イザヤ45：23	主であると告白される	ピリピ2：11

り子としての栄光である。この方は恵みとまことに満ちておられた。」

——ヨハネ1：1, 14

神学者R・C・スプロールはヨハネ1：1の「ことば」（ギリシャ語「ロゴス」）について解説している。「この箇所は注目すべきであり、ロゴスが神と区別される（『神とともにあった』）と同時に同一視されている（『神であった』）。この一見矛盾とも見える記述は、三位一体の教理の構築に大きな影響を与えた。この教理では、ロゴスを三位一体の第2位格としている。ロゴスは、位格（人格）においては御父と異なるが、本質においては御父と一つなのである」（Sproul, ETCF, l05）。

J・C・レイニーも、ヨハネ1章が「ロゴス［ことば］の永続性（1節a）、その位格の個別性（1節b）、その神性（1節c）」を認めているという（Laney, J, 37-38）。ギリシャ語文法の専門家D・B・ワラス博士も、この箇所のギリシャ語の構造の意義についてコメントしている。「福音書記者がここで伝えようとしているのは、『ことばは神であるが、御父とは区別される存在である』という概念である。**簡潔**この上ない文法構造を選んで用いている」（Wallace, GGBB, 269）。

1.5.6.2　Ⅰヨハネ5：20

「しかし、神の御子が来て、真実な方を知る理解力を私たちに与えてくださったことを知っています。それで私たちは、真実な方のうちに、すなわち御子イエス・キリストのうちにいるのです。この方こそ、まことの神、永遠のいのちです。」

——Ⅰヨハネ5：20

イエス・キリストの目撃証人であるヨハネは、ここでもイエスを
躊躇することなく「神」と呼んでいる。

1.6 結論──イエスは神

W・ビーダウルフは証拠に基づき、適切なたとえで説明してくれ
ている。「新約聖書を読んでも、キリストが神だと証言しているこ
とがわからないという人は、雲ひとつない真昼に空全体を見渡して
も太陽を目にすることができないであろう」（Mead, ERQ, 50）。

「イエスの愛された弟子」であるヨハネはこのような結論を出し
ている。「この書には書かれていないが、まだほかの多くのしるし
をも、イエスは弟子たちの前で行われた。しかし、これらのことが
書かれたのは、イエスが神の子キリストであることを、あなたがた
が信じるため、また、あなたがたが信じて、イエスの御名によって
いのちを得るためである」（ヨハネ20：30〜31）。

2 神であると間接的に言われた箇所

多くの場合、イエスの言動は、イエスが神であることを間接的に
伝える役割を果たした。以下はそのような発言の一部である。中に
は、神性を直接的に表すことばを含んでいるものもある。

2.1 罪を赦された

「イエスは彼らの信仰を見て、中風の人に、『子よ。あなたの罪は
赦されました』と言われた。ところが、その場に律法学者が数人
すわっていて、心の中で理屈を言った。『この人は、なぜ、あん
なことを言うのか。神をけがしているのだ。神おひとりのほか、
だれが罪を赦すことができよう。』」
──マルコ2：5〜7

神の律法の教育を受けたユダヤ人にとって、神に対する罪を人が赦すなどということは考えられなかった。罪の赦しは神だけが持つ権威であった。高名な聖書学者であり神学者であるJ・ストットは記している。「私たちは自分が受けた危害については赦すことができるかもしれない。しかし、神に対する罪を赦すことができるのは神ご自身だけである」（Stott, BC, 29）。

　イエスが本当に罪を赦す権威を持っていることを疑う者もいただろう。イエスは群集が疑問を持っていることを知っておられた。そこで、ご自分の権威を証明されたのである。「『中風の人に、「あなたの罪は赦された」と言うのと、「起きて、寝床をたたんで歩け」と言うのと、どちらがやさしいか。人の子が地上で罪を赦す権威を持っていることを、あなたがたに知らせるために。』こう言ってから、中風の人に、『あなたに言う。起きなさい。寝床をたたんで、家に帰りなさい』と言われた。すると彼は起き上がり、すぐに床を取り上げて、みなの見ている前を出て行った。それでみなの者がすっかり驚いて、『こういうことは、かつて見たことがない』と言って神をあがめた」（マルコ2：9〜12）。

　ここでイエスは、「あなたの罪は赦された」と言うのと「起きて歩け」と言うのと、どちらがやさしいか、とたずねている。『ウィクリフ聖書注解』によると、これは「返答することのできない質問である。どちらのことばも、言うこと自体は同じくらい簡単である。しかし、それに行動を伴わせるには神的な力が要求される。詐欺師ならば、もちろん、前者の方が簡単だと思うであろう。だが、イエスは病気をいやして見せた。その病気の根源に対する『権威』を持っておられることを『知らせる』ためにである」（Pfeiffer, WBC, 944）。

　このことで律法学者たち、パリサイ人たちは、イエスが冒瀆の罪

を犯したと非難した。「律法学者たち、パリサイ人たちは……イエスが神の権威を持つ者であると主張したために罪に定めたのである」(Pfeiffer, WBC, 943)。

　C・E・ジェファソンは言う。「イエスは罪を赦された。権威を持つ者として語られた。最悪の罪人でさえも、イエスの足もとで悔い改めるなら、その権威に基づいた赦しを確信できた」(Jefferson, CJ, 330)。

　L・S・チェーファーはこう指摘する。「罪を赦す権威や権利を持つ者は地上にはいない。罪を赦すことができるのは、私たちが罪を犯した相手、その方だけである。キリストが罪を赦されたのはまちがいないが、それは人間のできることではなかった。神以外に罪を赦すことはできないから、罪を赦されたキリストは神である。そして、神であれば永遠の存在である」(Chafer, ST, vol. 5, 21)。

2.2　「いのち」であると主張された

　ヨハネ14：6でイエスは「わたしが道であり、真理であり、いのちなのです」と言われている。M・テニーはこう語る。「イエスは道、真理、いのちを知っているとか、教えているとかと言われたのではなく、新しい宗教体系の提唱者であると言われたのでもない。ご自身がすべての神秘を解き明かす究極の鍵だ、と宣言されたのだ」(Tenney, JGB, 215)。

2.3　イエスのうちにいのちがある

「そのあかしとは、神が私たちに永遠のいのちを与えられたということ、そしてこのいのちが御子のうちにあるということです。御子を持つ者はいのちを持っており、神の御子を持たない者はいのちを持っていません。」
　　──Ⅰヨハネ5：11, 12

J・ストットはこのいのちについて語っている。「イエスは、信者たちがご自分につながっている状態を、ぶどうの木がその枝に活力を与え続ける様になぞらえられた。イエスはすべての肉なる者に対する権威を神から授かった。それは神がイエスに与えた者たちすべてにいのちを与えるためなのだ、と言われたのである」(Stott, BC, 29)。

2.4　権威を持っておられる

　旧約聖書は明確に、神が被造物すべての審判者であると言っている（創世記18：25、詩篇50：4〜6、96：13）。しかし、新約聖書は、この審判権が御父によって御子に引き渡されたと言う。「また、父はさばきを行う権を子に与えられました。子は人の子だからです」（ヨハネ5：27）。

　全世界の人々をさばくため、イエスは死んだ者たちをよみがえらせ、国々をご自分の前に集められる。そして栄光の御座に着かれた後、世界をさばかれるのである。このさばきの結果、ある者たちは天の御国を受け継ぐ。そして、他の者たちは地獄を。

　以下はJ・ストットによる追加説明である。「イエスは審判者となられるばかりではない。そのさばきの基準も、イエスの『兄弟たち』にどのような態度を取ったか、または、ご自分のことばにどのような反応をしたか、にある。……このことばは重い。現代の牧師が説教で次のように語ったらどうなるか、想像してみるがよい。『私のことばをよく聞きなさい。それによって、みなさんの永遠の運命が決まるのです。私はこの世の終わりにもう一度来て、みなさんをさばきます。私のことばにどう従うかで、みなさんの運命が決まるのです。』危ない人として退けられるであろう」(Stott, BC, 31-32)。

3　神としての称号

3.1　ヤハウェ──主

　日本語訳聖書の多くは神の御名を「主」と訳している。この語は原語のヘブル語で4つの子音からなっており、その子音を英語のアルファベットで表すと YHWH となる。発音をそのまま書き表すなら、ヤハウェとなる。

3.1.1　ユダヤ人にとって神聖

　H・F・スティーヴンソンは言う。「この名前の正確な意味は不明である。ヘブル語では本来4つの子音 YHWH（神学者には『テトラグラマトン』として知られる）からなっていた。後に、そこに[『主』を意味する]アドナイという語の母音が当てはめられた（ただし、この語がアドナイとの組み合わせで用いられている場合は、[『神』を意味する]エロヒームの母音を当てはめて読んだ）。ユダヤ人たちはこの御名をあまりにも神聖視したために発音することをはばかり、聖書を公の場で朗読する際にはアドナイに置き換えて読むようになった。**ヤハウェ**は『口にしてはならない名』となった」(Stevenson, TTG, 20)。

　神学者 P・トゥーン博士はこう述べている。「この御名にふれる際、崇敬の念が高まっていった結果、旧約時代後期には発音されなくなってしまった」(Toon, OTG, 96)。

　L・S・チェーファーによると、「この御名を口に出すことを避けたといえば、単なる迷信と思われるかもしれない。しかし、この習慣はたとえ行き過ぎであったとしても、崇敬の念を表すことを目的としていたのは明らかである。そして、たとえ結果的に混乱を招いたとはいえ、神がいかに神聖な存在であるか、人々の心に刻む役割

を果たしたこともまちがいない」(Chafer, ST, vol. 1, 264)。

　『ユダヤ百科事典』（シンガー、ファンク、ワグノールズ編・第1巻・1904 年刊）は、YHWH を「主」という語で訳す習慣は七十人訳にさかのぼると述べている。「シェム・ハ・メトラシュ、『特殊名』YHWH の発音については信頼できる情報がない。」ヘレニズム期以降、この御名は神殿内のみで用いられた。「スィフレ、民数記 6：27、『ミシュナ』タミド篇 7：2、ソタ篇 7：6 から、祭司たちはこの御名を神殿の祝祷でのみ口にすることが許されたようである。他の場所では『アドナイ』という名（kinnuy）を用いることが義務づけられていた。」

　『ユダヤ百科事典』は、続いてユダヤ人歴史家ヨセフスとフィロンから引用している。

　フィロン「この 4 文字を口にしたり耳にしたりすることを許されているのは、耳と舌が知恵によってきよめられた聖人のみである。いかなる場所であっても、他の者には決して許されてはない」（「モーセの生涯」3：41）。

　ヨセフス「モーセは、神聖な行為を行うときに、神をその御名で呼べるようにするため、御名とその発音の知識を授けてくださるように懇願した。すると、神はそれまでいかなる者にも知らせていなかった御名を告げられた。その御名を私が口にすれば、罪を犯すことになる」（『ユダヤ古代誌』2. 12, 第 4 段落）。

3.1.2　名前の意味

　出エジプト記 3：14 の内容および近年の研究によると、YHWH は「ある」を意味する動詞ハヤーの 1 形態と解されるべきである。それゆえ、この御名からふたつの意味をくみ取れる。第 1 に、出エジプト 3：14〜15 から、名前としての YHWH は、神がともにおられて行動し、助け、親しく交わられることの確かな保証である。

「わたしはある」という方が、常にご自分の契約の民とともにおられるのである。今おられる方は未来もおられる。第2に、申命記4：39、Ⅰ列王記8：60、イザヤ45：21〜22の宣言から言えることは、YHWH が唯一絶対の神であり、被造物を超えたところにおられると同時に、その内にもおられる方だということである。他の神々はみな、単なる被造物か、人間の創造の産物にすぎない（Toon, OTG, 97）。

3.1.3　キリストはご自身のことをヤハウェとして語られた

W・C・ロビンソンはスコッチマーを引用して言う。「私たちの主イエス・キリストは旧約聖書の主と同一の存在であるゆえ、キリストの神性という教理が成り立つ」（Robinson, WSYTIA, 118）。

クレイスラーとシェフランはこう記している。

「イエスは、YHWH の契約はご自分のものであると主張された。ヨハネの福音書8章にこうある。『もしあなたがたが、わたしのこと［わたしはある］を信じなければ、あなたがたは自分の罪の中で死ぬのです』（24節）。『あなたがたが人の子を（十字架に）上げてしまうと、その時、あなたがたは、わたしが何であるか［わたしはある］……を、知るようになります』（28節）。『まことに、まことに、あなたがたに告げます。アブラハムが生まれる前から、わたしはいるのです』（58節）。イエスはこのように『わたしはある』という表現を使うことによって、神がご自分を『「わたしはある」という者』としてモーセに現された出エジプト3：14の記事と結びつけておられる。その箇所で神はこう言われた。『あなたはイスラエル人にこう告げなければならない。「わたしはあるという方が、私をあなたがたのところに遣わされた」と。』よって、ヘブル語で神の御名は YHWH、すなわち『わたしはあ

る』なのである」（Scheffrahn, JN, 11）。

マタイ 13：14〜15 で、イエスはご自身を旧約聖書（イザヤ 6：8〜10）の「主」（アドナイ）と同一の存在としている（Meldau, PDD, 15）。

C・ピノックは自著（*Set Forth Your Case*）の中でこのように述べている。「イエスの教え全体に『わたしはある』という偉大なことばは鳴り響いている。このことばは内容においても構造においても、イエスが神であると主張している（出エジプト 3：14、ヨハネ 4：26；6：35；8：12；10：9；11：25）」（Pinnock, SFYC, 60）。

ヨハネ 12：41 によると、イザヤ 6：1 でイザヤが見た存在はキリストである。W・C・ロビンソンは言う。「イザヤは、ヤハウェの先ぶれの務めを果たす者のことも書いている。『主の道を整えよ』（イザヤ 40：3）。『この方がほんとうに世の救い主だと知っているのです』（ヨハネ 4：42）と言ったサマリヤ人たちのことばをキリストはよしとされた。旧約聖書の観点から言えば、そのような存在は**ヤハウェ**以外にない。ホセア 13：4 は『わたしは……あなたの神、主である。あなたはわたしのほかに神を知らない。わたしのほかに救う者はいない』と宣言している」（Robinson, WSY, 117-18）。

3.2　神の子

神学者で聖書教師の C・ライ

イエスは御父との関係について語るたび、常に、例外なく、「わたしの父」という言い方をされた。一方、弟子たちが神と親子のような関係を持っていることを想起させるときは、いつも決まって「あなたがたの父」という言い方をされた。弟子たちや人間たちと自分を一つのグループにまとめて、「わたしたちの父」と言われることは決してなかった

──ヒラリン・フェルダー

リーは「神の御子」という称号について、こう記している。「どういう意味か。『…の子』という表現は『…の子孫』という意味を表すこともあるが、『…の階級・身分』という意味もある。したがって、旧約聖書で『預言者の子』（新改訳『預言者のともがら』）は預言者の部類に属する者を意味し（Ⅰ列王記20：35）、『歌うたいの子』（新改訳『歌うたいたち』）は歌うたいの部類に属する者を意味した（ネヘミヤ12：28）。『神の御子』という称号が私たちの主に用いられるときは、神の身分に属する方を意味し、イエスが完全に神であることを示す明確な証拠となる」（Ryrie, BT, 248）。

　H・F・スティーヴンソンはこう説明する。「旧約聖書で『神の子ら』という表現は、人（ホセア書1：10）や御使い（創世記6：2、ヨブ記1：6、38：7）に用いられている。しかし、新約聖書では、『神の子』という称号は、私たちの主を指したり、主ご自身によっても用いられたりしている。それは旧約とかなり異なる使い方である。どの場合でも、主が唯一の独り子であり、御父と等しく、ともに永遠に存在する方であることを意味している」（Stevenson, TTG, 123）。

　「子」という語をくり返し「父」と並べて用いることで、イエスが御父と等しい存在であることが宣言され、三位一体の真理が形成されることとなる（マタイ23：9〜10、マルコ13：32、ヨハネ3：35；5：19〜27；6：27；10：33〜38；14：13）。

　ピリポ・カイザリヤで、ペテロがイエスを神の御子であると認めたとき、イエスはそれをほめられた。「シモン・ペテロが答えて言った。『あなたは、生ける神の御子キリストです。』するとイエスは、彼に答えて言われた。『バルヨナ・シモン。あなたは幸いです。このことをあなたに明らかに示したのは人間ではなく、天にいますわたしの父です。』」（マタイ16：16, 17）。

　フェルダーはこう書いている。「イエスは御父との関係について

語るたび、常に、例外なく、『わたしの父』という言い方をされた。一方、弟子たちが神と親子のような関係を持っていることを想起させるときは、いつも決まって『あなたがたの父』という言い方をされた。弟子たちや人間たちと自分を一つのグループにまとめて、『わたしたちの父』と言われることは決してなかった。」

フェルダーは続ける。

「イエスが神の御前でご自身と弟子たちを一つのグループとして語るときは当然、『わたしたちの父』を用いると予想されるが、その場合でさえ『わたしの父』を用いておられる。『**わたしの父**の御国で、**あなたがた**と新しく飲むその日までは、わたしはもはや、ぶどうの実で造った物を飲むことはありません』（マタイ26：29）。『さあ、わたしは、**わたしの父**の約束してくださったものを**あなたがた**に送ります』（ルカ24：49）。『さあ、**わたしの父**に祝福された人たち。世の初めから、**あなたがた**のために備えられた御国を継ぎなさい』（マタイ25：34）。このようにイエスは、ご自身が神の御子であるということと、弟子や他の者たちが神の子であるということとをはっきり区別しておられた」（Felder, CAC, 268-69）。

3.3 人の子

イエスは「人の子」という称号を 3 通りの使い方で用いておられる。

① ご自身の地上での生涯について

•マタイ 8：20

•マタイ 9：6

•マタイ 11：19

•マタイ 16：13

- ルカ 19：10
- ルカ 22：48

② 　ご自身の受難を予告されるとき
- マタイ 12：40
- マタイ 17：9, 22
- マタイ 20：18

③ 　ご自身の再臨について教えられるとき
- マタイ 13：41
- マタイ 24：27, 30
- マタイ 25：31
- ルカ 18：8
- ルカ 21：36

スティーヴンソンは「人の子」という称号を特別に重要視している。「それは、私たちの主がご自身を指すときにいつも用いられた称号だからである。新約聖書では主以外の者がこの称号を口にすることはなかった。例外は、群集が主ご自身のことばを引用したとき（ヨハネ 12：34）と、ステパノが殉教のときに恍惚状態で『見なさい。天が開けて、人の子が神の右に立っておられるのが見えます』と叫んだとき（使徒 7：56）の２例だけである。これがメシヤに与えられた称号であることは明らかで、そのことはユダヤ人たちも知っていた」（ヨハネ 12：34）（Stevenson, TTG, 120）。

クレイスラーとシェフランはこう述べている。「イエスは明らかに、ご自身こそ旧約のメシヤ預言の成就であるとしておられる。ご自身を指して何か言うときに頻繁に用いられたのは、ダニエルの幻に現れる『人の子』という称号である」（ダニエル 7：13〜14）（Scheffrahn, JN, 9-10）。

マルコ 14：61〜64 で、イエスはダニエル 7：13〜14 と詩篇 110：1 をご自身に適用し、そこに書かれていることが聴衆の目の前で起

こる出来事としておられる。C・G・モンテフィオレはこう指摘する。「イエスがこのように言われたとするなら、ご自身と、人の子と、メシヤを区別しておられたとは考えにくい。人の子はメシヤであり、イエスはその両方であるはずだ」（Montefiore, SG, 361）。

3.4　アバ——父

M・グリーンは著書『暴走社会』で次のように記している。

　「［キリストは］それまで誰も持ったことのない神との関係を持っていると言われた。そのことはキリストが好んで用いたアラム語の『アバ』ということばに表れている。それまでのイスラエルの歴史で、このことばで神に呼びかけた者はひとりとしてなかった。……ユダヤ人たちが祈りの中で神を父と呼ぶ習慣を持っていたことは確かだが、彼らが用いたことばは『アブフヌ』であった。これは本質的に、神にあわれみと赦しを懇願する呼びかけである。『アバ』というイエスの呼びかけには、あわれみを求めるという要素はない。これは、もっとも親密な関係を表すためによく使われたことばである。ご自分と父なる神との関係と、他の者たちと神との関係に違いを置いたのは、こういう理由からである」（Green, RW, 99-100）。

　父なる神とあれほど親しい関係を持っていたダビデさえも、神を父と呼ばずに「父がその子をあわれむように、主は、ご自分を恐れる者をあわれまれる」（詩篇103：13）と遠回しの言い方をしている。それに対し、イエスは祈りの中でしばしば「父」ということばを用いられた。「パリサイ人たちは当然、その意図に気づき、イエスを冒瀆の罪で非難した。『ご自身を神と等しくして、神を自分の父と呼んでおられたからである』（ヨハネ5：18）。そして実際、神

と等しい存在でないかぎり、イエスのことばは冒瀆なのである」
(Stevenson, TTG, 97)。

7　神性の意義──3つの選択肢

神か、詐欺師か、正気を失った者か

この章の内容

ナザレのイエスとは何者か

3つの選択肢
  詐欺師
  正気を失った者
  神

1 ナザレのイエスとは何者か

「ナザレのイエスとは何者か。」この問いには、さまざまな答え
が出されたが、イエスが歴史的に実在し、その生涯が人類の歴史の
道筋を大きく変えたことは否定しようがない。歴史学者J・ペリカ
ンはこの点を明確に述べている。「ナザレのイエスについて人がど
う考え、何を信じようと、この方は西洋史において、二千年来、も
っとも強い影響を与えてきた人物である。もし超磁石というような
ものがあってイエスの影響が少しでも残っているものを歴史からす
べて吸い上げることができたなら、何ほどのものが残るだろうか。
世界のほとんどのカレンダーは、イエスの誕生の年を始まりにして
いる。世界で何百万という人々がイエスの名を用いて悪態をつき、
何億という人々がイエスの名を用いて祈る」(Pelikan, JTC, 1)。

イエスの影響とはいったい、どれほどのものなのだろう。D・
J・ケネディとJ・ニューコウムは共著『イエスが生まれていなか
ったとしたら』の中でその答えを出している。二人は、イエスの遺
産の中でも教会（キリストのからだ）に焦点を当て、教会の影響下
で起こった事々を数え上げている。以下はその「ハイライト」とし
て挙げられているものである。

- 病院（原初的形態は中世に始まったと考えられる）
- 大学（同じく中世に始まった。さらに、世界最高レベルの大学
  のほとんどはクリスチャンが聖書に基づく理念で創立したもの
  である）
- 大衆の読み書きの普及・教育
- 代議制（特にアメリカで試みられてきたような形態）
- 三権分立

- 市民の自由の保障
- 奴隷制度廃止（古代・現代）
- 近代科学
- コロンブスの新大陸発見
- 慈善・善行・「良きサマリヤ人」的倫理
- 高水準の正義・公正
- 庶民の社会的立場の向上
- 人命尊重
- 原始的・未開地域の文明化
- 世界の多くの言語の文字化
- 芸術・音楽の発展、名作・傑作のインスピレーション
- 社会に弊害となっていた無数の人々を有益な者に変えたこと
- 無数の人々の永遠の救い！（Kennedy, WIJ, 3, 4）

　教会史を学んだことのある者なら、イエスの聖なる意思を裏切り、主の御名を辱めた指導者やグループが教会の中に存在したことは知っていよう。キリスト教界の一部の人間が、キリストの愛とはまったく正反対の政策や慣習を普及させたこともしばしばあった。キリスト教系のあるグループが別のグループを迫害したことなどは、その悲しむべき一例である。また、宗教とは関わりのない領域で活躍する人たちが必要な改革を進めているときに、教会が遅れをとったこともたびたびあった。アフリカ系アメリカ人の市民権はその一例である。しかし、エイブラハム・リンカーンやマーティン・ルーサー・キング・ジュニアらが、人種差別廃止のために活動した主な動機はキリスト教信仰であったことは、つけ加えておくべきだろう。
　歴史を全般的に考察すると、人々を悲惨な状況から救い出すために大きな犠牲を払ったのは、イエスに従う者たちだった。ナザレのイエスはこの二千年間、人々の人生を変えて来られた。そして、そ

　19世紀の無神論者チャールズ・ブラッドローが、あるクリスチャンに挑戦状をたたきつけ、キリスト教が真理だと主張していることが正しいかどうか討論しよう、と言ってよこした。挑戦されたクリスチャンの名はヒュー・プライス・ヒューズといったが、ロンドンのスラム街で貧しい人たちを次々と救いに導いていた人物であった。ヒューズは、ひとつだけ条件をつけることに同意してくれるなら挑戦に応じる、と伝えた。

　ヒューズは言った。「お互いに自分の信念の正しさを証明する具体的な証拠を持ってくることを提案します。私は、自分が伝えているメッセージの影響で罪や恥に満ちた生活から助け出された人を100人連れてきます。あなたも同じように、あなたの影響で変えられた人を100人連れてきてください。」

　次にヒューズは、もしブラッドローに100人連れてくるのができないなら50人でもいい、もし50人も無理なら20人でもいい、と言った。その後も少しずつ数を小さくして、最後には1人まで下げた。ブラッドローは、無神論のおかげで人生によい変化が起こったという人をひとりだけ見つけられればよいのだ。そうすれば、ヒューズは討論に応じるという。すると、ブラッドローは挑戦を撤回してしまった（Kennedy, WIJ, 189）。

の過程で、人類の歴史の方向と行き着く先を導いて来られたのだ。

　イエスの生涯を振り返るなら、この方が残した影響の大きさに圧倒されよう。19世紀に書かれた本にこういう記述がある。

　「イエスは貧しい庶民出身の女のせがれとして、へんぴな村に生まれた。育ったのは別の村で、30歳まで大工として働いた。次の3年間は巡回説教者だった。1冊の本も書かなかった。何の公職にもつかなかった。結婚もせず、家さえ持たなかった。大学

にも行かなかった。ローマに行ったこともなかった。自分が生まれた場所から千キロと離れたこともなかった。ふつうの人が偉大だと思うようなことは何もしなかった。イエスが持っていた資格を証明するものといえば、自分自身しかなかった。

世の人々がイエスを非難するようになったときは、まだ33歳だった。仲間は逃げてしまった。そのうちの一人はイエスなど知らないと言った。イエスは敵に引き渡され、不正な裁判にかけられた。そして、二人の犯罪人に挟まれ十字架上でくぎづけとなった。

イエスが死にかかっているとき、地上での唯一の所有物であった衣をめぐって死刑執行人たちが賭けをした。イエスが死ぬと、友人の同情によってその遺体は借り物の墓に納められた。

なのに、1900年以上が過ぎ去った今、イエスは人類全体の中心人物である。

これまで存在したすべての軍隊、すべての議会、すべての王たちを合わせてみても、この地上で、あの孤独な人物ほど、人々の人生に影響を与えたものはない」(Kennedy, WIJ, 7, 8)。

では、イエスは自分を何者だと考えておられたのだろうか。人々はどう思っていたのだろう。ナザレのイエスとはいったい誰なのか。

人が自分をどう思っているかは、イエスにとってたいへん重要な問題だった。これに関しては、中立とか曖昧な立場を許すものではなかった。かつては不可知論者だったケンブリッジ大学の英文学教授C・S・ルイスは、著書『キリスト教の精髄』で、「イエスが何者か」について解説した後、こう書いている。

「私の目的は、イエスについてばかげたことを言う者がひとりもいなくなるようにすることである。ばかげたこととは、『イエ

スを偉大な道徳の教師と認めても、神だとは認めない』ことである。そのようなことは言ってはならないのだ。ただの人間で、イエスが言ったようなことを言う者は偉大な教師などではありえない。そんなことを言う者は正気ではない（『私は玉子料理である』と言う者と同レベル）か、さもなくば地獄の悪魔だ。人は次のいずれかを選ぶべきだ──イエスは神の子であるか、それとも正気を失った者か、それよりもっと悪い者なのか。愚か者だと決めつけて黙らせることもできる。悪魔だとしてつばを吐きかけ、殺すこともできる。一方、その足もとにひれ伏し、『主』『神』と呼ぶこともできる。しかし、『偉大な教師だ』などと、わけ知り顔にたわごとを言うことだけはやめるべきだ。イエスはそんな選択肢を残しておられない。そんなことは意図しておられなかったのである」（Lewis, MC '52, 40, 41）。

　F・J・A・ホートは、たとえ人がイエスのことをどう思おうと、「イエスが何者であるのか」は「イエスが何を言ったのか」と切り離すことはできない、と指摘する。「イエスのことばは完全にイエスご自身の一部だったので、単なる哲学者が語った抽象的な真理のことばとするなら、まったく的外れとなる。イエスが語られたひとつひとつの真理から、その主題であるイエス自身を抜き取るならば、すべてバラバラになってしまう」（Hort, WTL, 207）。

　エール大学のキリスト教史研究者であった故K・S・ラトゥレットも同様な意見を述べている。「イエスの教えは、それ自体でイエスを有名にするに十分なものであったが、イエスが非凡なのはその教えのためではない。イエスの教えとイエス自身の組み合わせがあってこそ、なのである。この両者を切り離すことはできない」（Latourette, AHC, 44）。さらにこうつけ加えている。「思慮深い人が福音書の記事を読めば、イエスがご自身とメッセージはひとつで

あると思っておられたことは自明であろう。イエスは偉大な教師であったが、それ以上の方であった。神の国についての教え、人の行いについての教え、神についての教えはどれも重要なものであったが、イエスによれば、それがイエスと切り離されてしまうなら、その価値は損なわれてしまうのだ」(Latourette, AHC, 48)。

2　3つの選択肢

　ある人々はこう考える。聖書は神の霊感を受けた書であり、その

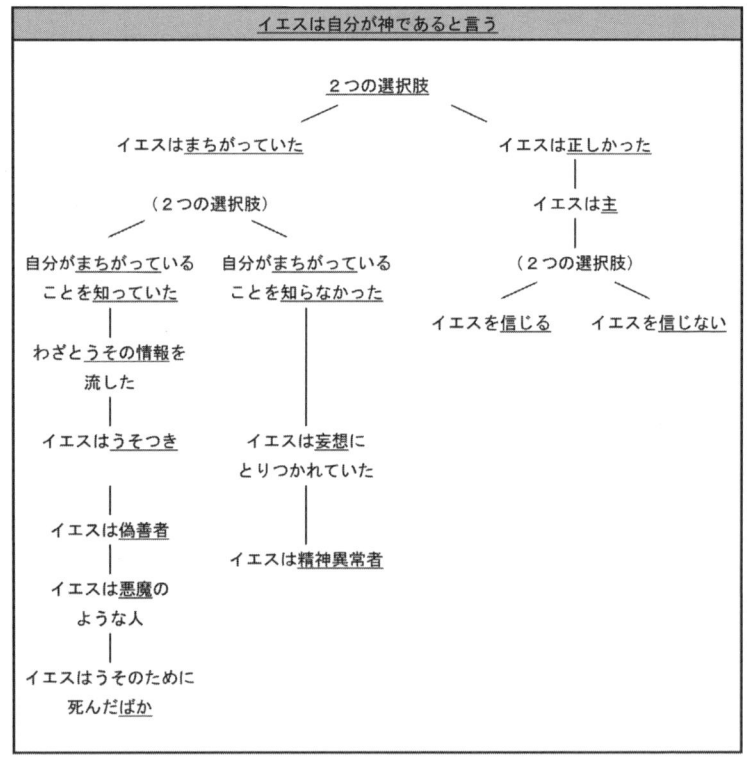

聖書が「イエスは神である」と教えているのだから、そのとおり、イエスは神であるにちがいない、と。さて、私も聖書が初めから終わりまで霊感を受けた神のことばだと信じているが、その信仰がなくても、「イエスは神である」という結論に到達すると考えている。なぜか。以下に説明しよう。

　前述のように、新約聖書の各書が歴史的に正確で信頼できるものであり、しかも、その信頼性が非常に高いものなので、イエスに関する記事を単なる伝説として片づけることは到底できない。福音書の記事は、イエスが何をされ、どこに行かれ、何を言われたか、正確な記録を残している。そして、イエスはまちがいなく、自分は神であると主張された（以下のセクションおよび6章参照）。したがって、すべての人が次の質問に答えなければならない。「イエスは神なのか。」これは真剣に考察する価値がある。

　1世紀、「イエスとは何者なのか」について人々がいろんな答えを出していたころ、イエスが弟子たちに「あなたがたは、わたしをだれだと言いますか」と尋ねられたことがある。ペテロは「あなたは、生ける神の御子キリストです」と応答した（マタイ16：15,16）。誰もがペテロの答えに同意するわけではないが、誰もイエスの質問に答えることを避けてはならない。

「イエスが神である」という主張は、嘘か、まことか、そのどちらかである。まことなら、イエスは私たちの主である。であれば、イエスの主権を受け入れるか、拒むか、どちらかを選択しなければならない。もう言い訳の余地はないのである。

　もし「イエスは神である」という主張が嘘であったなら、次の選択肢はイエス自身が嘘だと知っていたか、知らなかったかのふたつである。ここでは各選択肢を別々に検討し、その証拠を吟味することとする。

2.1 詐欺師
<ruby>詐欺師<rt>さぎし</rt></ruby>

イエスが「わたしは神である」と言われたときに自分が神でないことを知っていたとするなら、嘘をついていたことになる。イエスが嘘つきなら、偽善者でもある。なぜなら、人には正直であれと教えておきながら、同時にとんでもない嘘を語り、その嘘の中に生きていたことになるからである。

それ以上に、イエスは悪魔のような人間だったということになる。永遠のいのちを得るためにわたしを信ぜよと、説いて回っていたのだから。自分の主張に根拠がなく、まちがいであることを知っていたのなら、イエスはとんでもない邪悪な人間ということになる。

そして、イエスは愚か者ということにもなる。自分は神であると主張したがために十字架につけられることになったからである。

● マルコ 14：61 〜 64

「しかし、イエスは黙ったままで、何もお答えにならなかった。大祭司は、さらにイエスに尋ねて言った。『あなたは、ほむべき方の子、キリストですか。』

そこでイエスは言われた。『わたしは、それです。人の子が、力ある方の右の座に着き、天の雲に乗って来るのを、あなたがたは見るはずです。』

すると、大祭司は、自分の衣を引き裂いて言った。『これでもまだ、証人が必要でしょうか。あなたがたは、神をけがすこのことばを聞いたのです。どう考えますか。』すると、彼らは全員で、イエスには死刑に当たる罪があると決めた。」

● ヨハネ 19：7

「ユダヤ人たちは彼に答えた。『私たちには律法があります。この人は自分を神の子としたのですから、律法によれば、死に当た

ります。』」

　イエスが嘘つきであり、詐欺師であり、したがって極悪人であり、愚か者であるなら、歴史上のどんな人物よりも崇高な教えや道徳的模範を遺した事実をどう説明すればいいのか。どんな嘘つき（しかも、まれに見る極悪な詐欺師）が、イエスのような自己犠牲的、倫理的、模範的な人生を送ることができるというのか。そんな矛盾したことがありえるのか。

　ジョン・ステュアート・ミルは懐疑論者であり、キリスト教に敵愾心を抱いていた哲学者であるが、イエスを見習うべき第一級の道徳家だとは認めていた。ミルはこう言っている。

　「イエスの生き方と教えに関して意見を述べよう。イエスには、人類が誇るべき最高級の天才だけに見られる深い洞察力から出た独創性がある。イエスはおそらく史上最高であろう道徳改革者であり、その殉教者である。宗教というものが、そうした資質と傑出した独創性が結合した人物を人類の理想像・指導者として押し立てるなら、宗教は良い選択をしたと言えるであろう。また、今でも、キリストに認められるような生き方に努める以上に、徳を具体的に実践する道はまずない（たとえ信者でなくても）」（Grounds, RFOH, 34 における引用）。

　どの時代においてもイエス・キリストに心をとらえられた何百万という人々が、キリストにならう生き方に励んできた。W・レッキーは英国の有名な歴史家のひとりで、教会によって組織化されたキリスト教に対抗することに使命感を覚えていたが、その彼さえも著書『ヨーロッパ倫理史──アウグスティヌスからシャルルマーニュまで』の中でこう述べている。

「世界に理想的な人物を知らせることこそ、キリスト教の使命であった。キリスト教は、この1800年のあいだ、さまざまな変遷にあっても人々の心を愛で鼓舞し、どんな時代・国・状況・気質においてもその使命を果たす能力を示し、最高の美徳の模範であるだけでなく、その実践の最大の動機となってきた。……人々の人生を変え、心を和らげるという点では、3年という［イエスの］短い公生涯を単純に記録した聖書が、いかなる哲学者の論文や道徳家たちの奨励よりも多くのことを成し遂げてきた」(Lecky, HEMFAC, 8；Grounds, RFOH, 34)。

教会史研究者P・シャフは、特にイエスの教えの内容とその生き方に光を当て、イエスの神性を示す証拠を検討した。そして、その証拠を否定する解釈はまったく無知蒙昧であることを示した。シャフは言う。

「この証言が事実に基づいていないなら、これはまさしく冒瀆であるか狂気の沙汰である。イエスの道徳的清廉さと尊厳がそのすべての言動に表れており、万人も認めていて、その証拠を否定する解釈は一瞬たりとも成り立たない。自己欺瞞だという反論も、これほど重大なことにおいて、またあらゆる面において、これほど明晰で健全な知性の持ち主にはまったく当てはまらない。イエスは心の平静を一度も失ったことがない。すべての患難と迫害を、雲の上の太陽のような落ち着きをもって克服した。罠に陥れる質問に

> イエスのような人物を創作できる者は、イエス以上の人物でなければなるまい。
> ──歴史学者
>   フィリップ・シャフ

も、常に思慮深く切り返した。十字架の死、3日目の復活、聖霊
降臨、教会の創建、エルサレムの陥落などを淡々と予言し、その
すべてが文字どおり成就した。これほど奇抜で、これほど非の打
ちどころがなく、これほど言行が一致し、これほど完璧で、これ
ほど人間的なのに人間のあらゆる偉大さをはるかに超えた人物が、
詐欺師やペテン師であろうはずがない。そんな人物を創作できる
人がいるならば、当の人物よりも創作者の方がはるかに偉大であ
ろう。イエスのような人物を創作できる者は、イエス以上の人物
でなければなるまい」(Schaff, HCC, 109)。

シャフは著書『キリストの人格』の中で、イエスは詐欺師であっ
たという説をとりあげ、その矛盾を突いている。

　「イエスを詐欺師だとするのはあまりにも非常識で反倫理的で
あるゆえ、そんなことを口にするだけで、自分で自分に有罪判決
を下すようなものだ。……まともな自尊心と品位をもつ学者の中
で、そんなことをあえて公言する者はもういない。詐欺師（利己
的で下劣な嘘つき）が、歴史上もっとも清廉潔白な人物を装い、
初めから終わりまで如実に演じ続けることは、論理的にも常識的
にも現実的にもありえない。この上ない偏見の中で、善行と高潔
と崇高さに満ちた計画を思いつき、首尾よくそれを成し遂げ、し
かも、そのために自らのいのちを犠牲にするということがありえ
ようか」(Schaff, TPOC, 94, 95)。

イエスは詐欺師ではありえない。イエスが生きたような生き方を
し、イエスが教えたような教えを広め、イエスの死のような死に方
をした人物が、嘘つきであるはずがない。
　それでは、他の選択肢はどうであろうか。

2.2 正気を失った者

イエスは嘘つきではありえない。ならば「自分は神であると思い込んでいたが、そうではなかった」ということはありえるだろうか。ありえる。

しかし、「自分は神だ」と信じ、（一神教の社会で）「自分を信じるかどうかであなたの永遠の未来が決まる」と人に説くのは、想像の飛躍などというものではない。まさに正気を失った妄想である。イエスはそんな人間だったのか。

クリスチャン哲学者P・クリーフトが、それがありえない理由を説明している。

「狂気の度合いは、『自分が思っている自分』と『実際の自分』のずれの大きさで決まる。私が『自分はアメリカでもっとも偉大な哲学者だ』と考えるなら、ただの傲慢なばかにすぎない『自分はナポレオンだ』と思い込むなら、境界線上にある。『自分は蝶だ』と思うなら、完全に境界線の向こう側に入っている。しかし、『自分は神だ』と主張するなら、狂気は最大である。なぜなら、有限なる人間と無限なる神との隔たりは、有限のものどうしの隔たりよりも——人間と蝶の隔たりよりも——はるかに大きいからである。

それではなぜ、イエスは嘘つきでも正気を失った者でもないと言えるか。……福音書を読んだことのある者は、まずそのような可能性を真剣に、大真面目で考慮することはしない。イエスの知識量、慎重さ、知恵、魅力は福音書の隅々からほとばしり出ている。それを認めない読者は、かなり偏見に凝り固まった人である。……イエスを嘘つきや……死にかけのニーチェのような狂気の人と比べてみるがよい。嘘つきや正気を失った者には全くない３つの資質——まさに、その３つをイエスは豊かに身につけている。

①実用的な知恵。人の心を読む能力。②心をつかむ深い愛。心からのあわれみ。人を引きつけ、平安にさせ、赦（ゆる）しを実感させる力。『律法学者のようではない』権威。③人を驚かせる能力。予測不可能な言動。創造性。——嘘つきや正

ここに……楽天的態度と精神的衛生と満足感を失わずに、人生の成功を体験する青写真があるのだ。
——精神科医
　　　J・T・フィッシャー

気を失った者はみな、実に退屈で意外性の少ない連中ばかりだ。福音書と人間の両方の知識を持つ者で、イエスが嘘つきや正気を失った者、不逞（ふてい）の輩である可能性をまともに考慮する者はいない」（Kreeft, FOTF, 60, 61）。

ナポレオン・ボナパルトでさえ、次のようなことばを残している。

　「私は人間というものを知っている。だから言おう。イエス・キリストは人間ではないと。物事を表面的にしか見ることのできない者は、キリストが他宗教や諸帝国の創始者たちと同じような存在だと考える。しかし、実際はまったく似ても似つかない。キリスト教はいかなる宗教からも無限にかけ離れている。……私はキリストのすべてに驚かされる。イエスの精神は私を圧倒し、イエスの意志は私を狼狽（ろうばい）させる。地上に存在する何者もイエスに比することはできず、比較することばも見つからない。イエスは真の意味で生きておられる。イエスの思想と教え、イエスが宣言する真理、イエスの持つ説得力は、人間が作り上げた組織や自然界に存在するもので説明することはできない。……近づけば近づくほど、入念に調べれば調べるほど、すべてが私などには及ばないものだ——すべてが崇高であり、その圧倒的な崇高さで迫ってく

る。イエスの真理は到底、人間の知性が開いたものではありえない。……イエスのような生き方は、その真似ごとでさえ、だれにも、どこにも絶対に見つけられない。それはイエスにしかない生き方である。……私は歴史を調べて、イエスに似たような人物、福音と似たものを探してみたが、徒労であった。歴史も、人類も、時代も、自然も、福音に匹敵するものや、福音を説明するものを提供することはできない。すべてが常識を超えているのだ」
（Grounds, ROH, 37 における引用）。

W・チャニングは、19世紀の人本主義者でユニテリアンであったが、ユニテリアンのイエス解釈はまったくばかげたものだと切り捨てている。

「イエスが突飛で自己欺瞞（ぎまん）的な興奮に突き動かされていたなどということは、まったくありえない。イエスの生涯のどこにそんな痕跡があるというのか。イエスの語られることばには、確かに権威がにじみ出ていた。その教えには、温厚で経験と慈悲に富んだ精神があった。イエスは権威と崇高な霊的真理を平易なことばで語った。一緒に過ごした諸階層の人々に、人間の性質を解き明かし、判断能力の高さを示された。未来の世界における権威を持っていると主張し、常に人々の心を天に向けさせた。なのに、空想にふけって未知の世界を事細かに説明することも、弟子たちの空想を増長させることもなかった。そんな希代の人物のわざのどこに、欺瞞的興奮が見られるであろうか。このように超常識的なことをなさったにも関わらず、イエスは冷静沈着そのものであった。そしてイエスのすべての面でそうであった。なんと敬虔で穏やかさに満ちた方であることか。……主の祈りは欺瞞的興奮の香りを漂わせているであろうか。……イエスの愛の行為も並外れ

118

てはいたが、やはり穏やかで落ち着いたものだった。人を思いや
るあまりに自制心を失ってしまうことは一度もなかった。せかさ
れて、せっかちに奇跡を行われたことも一度もなかった。……そ
のようにして、神の摂理を示されたのである」（Schaff, TPOC,
98, 99 における引用）。

歴史研究者 P・シャフは言う。「空のように澄み、山上の空気の
ようにすがすがしく、剣のように鋭く、壮健この上なく、常に準備
万端で、いつも平静——そんな知性の持ち主が、自分の身分や使命
について極端で大それた妄想を抱いていたということがありえよう
か。ばかげた空想だ」（Schaff, TPOC, 97, 98）。
　実際、イエスには精神的問題がないどころか、心を平安にする端
的で簡潔な助言を人に与えることができたのである。精神科医 J・
T・フィッシャーはそのことを非常にうまく表現している。

　「世界最高レベルの心理学者、精神科医が精神衛生に関して書
いた論文の中でも高い評価を受けたものだけを選りすぐり——そ
れらをひとつにして磨きをかけ、冗長な部分を取り去り——そし
て、純粋に科学的な知識を、現代のもっとも優れた詩人が簡潔に
表現するなら、『山上の説教』の不完全でぎこちない要約ができ
上がるだろう。しかも、その出来栄えは比較にならぬほど劣って
いるのだ。キリスト教界は、2千年近くもの間［人類が］求め続
けて得られなかったものを完全な表現ですでに手にしていたので
ある。ここに……楽天的態度と精神衛生と満足感を失わずに、人
生の成功を体験する青写真があるのだ」（Fisher, AFBM, 273）。

正気を失っていれば、これほど鋭い心理的洞察を提供できはしな
い。C・S・ルイスの判断は正しい。クリスチャンでなければ、つ

じつまの合う説明はできない。「イエスの生涯、ことば、影響の背後にあるものを、各時代の非クリスチャンがさまざまに説明してきたが、どの説明も大きな問題を抱える。人の道についてイエスの口から出た教えは奥が深く、健全で（あえてつけ加えるならば）『抜け目のない』ものだった。イエスが本当に神でないなら、その神学的教えには途方もない誇大妄想がつきまとうことになろう。このふたつの事実の間にある矛盾が、満足のいくかたちで説明されたことは一度もない。ゆえに、当惑の極みの中で、さまざまな仮説が現れては消えていくのである」（Lewis, MAPS, 113）。

2.3 神

嘘つきでもなく正気を失った者でもないとすれば、ナザレのイエスは神である。

- 「あなたは、生ける神の御子キリストです」とペテロは宣言した（マタイ 16：16）。
- 「はい。主よ。私は、あなたが世に来られる神の子キリストである、と信じております」とベタニヤのマルタ（ラザロの姉）は告白した（ヨハネ 11：27）。
- 「私の主。私の神。」トマスは復活されたイエスがそばに立っておられるのを見て、そう叫んだ（ヨハネ 20：28）。
- 「神の子イエス・キリストの福音のはじめ。」マルコは自分の名を冠した書の冒頭でこのように書いた（マルコ 1：1）。
- 「御子は神の栄光の輝き、また神の本質の完全な現れであり、その力あるみことばによって万物を保っておられます」とヘブル人への手紙の著者は書いた（ヘブル 1：3）。

神や救世主を自称する者たちが、歴史の舞台に現れては消えてい

った。しかし、イエスはまだここにおられる。他のすべての者をは
るかに抜きん出て。歴史家 A・J・トインビーは、史上「世の救済
者」と呼ばれた者たちの功績を何ページにもわたって論じている
——過去の出来事を告げ知らせたり、人々の目を未来の方に向けさ
せたり、戦争を起こしたり、平和のために交渉したり、知恵や神を
説いたりすることによって、社会の惨禍や文明の崩壊を食い止めよ
うとした者たちの功績を。代表作『歴史の研究』第 6 巻で約 80 ペ
ージにわたって、そのような者たちを扱った後、最後にイエス・キ
リストについて述べている。トインビーは、イエスに肩を並べる者
はないと結論づけているのだ。

　「最初この探究を開始した時には、われわれは大群のなかにい
たが、前に進んでゆくにしたがって、行進者は一団また一団と競
走圏外に脱落していった。最初に脱落したのは剣をとる人々、次
は復古主義者および未来主義者、次は哲学者、そしてついに人間
競走者はひとりも残らなくなった。そして最後の舞台では、人間
および神を含めたわれわれの自称救済者の大群は一団の神々だけ
に減少した。そして今や激しい競走はこれらの最後に残っている
走者——いずれも超人的な力を持っているが——の耐久力をテス
トしている。最後の死の試煉に於て、これらの自称救済者＝神で
さえ、氷のように冷たい川に身を投じてその称号の適格者である
ことを示す勇気のあった者はごく少なかった。そして今われわれ
が立ちどまり、じっと目をすえて対岸を見つめる時、ただ一人の
姿が流れから岸に上がり、全視界を独占する。そこにいる人こそ
本当の救済者である。「かつ主のみ旨が彼の手によって栄える。
彼は自分の魂の苦しみにより光を見て満足する」（アーノルド・
トインビー『歴史の研究　第 12 巻』下島連他訳、経済往来社、
1970 年、288-289 ページ、Toynbee, SOH, 278）。

イエス・キリストはどのような方なのか——それは、暇つぶしの頭脳ゲームでわかることではない。人の道を説く偉大な教師のひとりだと言ってすませてしまってはならない。そんな選択肢はない。イエスは嘘つきであるか、正気を失った者か、神であるかの３つの選択肢しかないのだ。結論を出すのは、あなた自身である。使徒ヨハネは言う。「しかし、これらのことが書かれたのは、イエスが神の子キリストであることを、あなたがたが信じるため」、そしてそれ以上に「あなたがたが信じて、イエスの御名によっていのちを得るためである」と（ヨハネ 20：31）。

　証拠は明らかに、「イエスが神である」に軍配を上げる。しかし、この結論が自分の生き方に与える影響をきらい、これほど明確な証拠さえも拒絶してしまう人々がいる。したがって、イエスが３つの選択肢のうちのどれなのかを、自分に正直になって考え、決めなければならない。

　①１世紀の世界では嘘つきはどのような扱いを受けたのか。福音書のベルゼブルに関する箇所を参照のこと。

　②このことについての証拠はあるのか。以下の書物を参照のこと——Keener, *The IVP Bible Background Commentary*： *New Testament*（Intervarsity, 1993）と Everett Ferguson, *Backgrounds of Christianity*。

7 神性の意義──3つの選択肢

8 神性の証明

——旧約聖書の預言の成就

この章の内容

はじめに
　　メシヤ預言の目的
　　メシヤ預言の内容
　　預言の意義

預言の範囲
　　反論
　　応答

預言の成就によるメシヤ性の証明
　　誕生についての預言
　　性質についての預言
　　公生涯についての預言
　　埋葬後の出来事についての預言
　　1日で成就した預言

預言の成就によるメシヤ性の検証
　　反論——預言の成就は意識的に操作されたもの
　　反論——預言の成就は偶然
　　反論——超能力者も同じような予言をしている
　　メシヤ来臨のタイミング

キリストにおいて文字どおり成就した旧約預言の要約
　　　初臨
　　　予告者
　　　降誕と少年期
　　　使命と職務
　　　受難
　　　復活
　　　昇天
　　　再臨

　使徒たちは新約聖書の随所で、ナザレのイエスの生涯に関するふたつのことを根拠に、イエスがメシヤであることを証明しようとした。そのふたつとは復活とメシヤ預言の成就である。千年にもわたって書かれた旧約聖書は、およそ 300 箇所で、来たるべきメシヤについて語ってきた。そして、そのすべてがイエスにおいて成就した。この事実はイエスがメシヤであることの確証である。（訳者注——「預言」は一般的に「予言」と書かれますが、キリスト教では「神から預けられたことば」であるとし、「預言」と書きます。なお、預言の内容は未来に関することに限らず、過去や現在に関することも含みます。）

1 　はじめに

1.1 　メシヤ預言の目的

1.1.1 　神は唯一の真の神
神は全知であり、神が約束を破ることはありえない。
「神は人間ではなく、偽りを言うことがない。
人の子ではなく、悔いることがない。
神は言われたことを、なさらないだろうか。
約束されたことを成し遂げられないだろうか」（民数記 23：19）。

1.1.2 　すべてのものは神の御心のうちにある
「遠い大昔の事を思い出せ。
わたしが神である。ほかにはいない。
わたしのような神はいない。
わたしは、終わりの事を初めから告げ、
まだなされていない事を昔から告げ、

『わたしのはかりごとは成就し、
わたしの望む事をすべて成し遂げる』と言う」（イザヤ 46：9 〜
10）。

1.1.3　メシヤが誰であるかはメシヤ性の検証によって明確に

「先に起こった事は、前からわたしが告げていた。
それらはわたしの口から出、
わたしはそれらを聞かせた。
にわかに、わたしは行い、それは成就した。
わたしは、かねてからあなたに告げ、
まだ起こらないうちに、聞かせたのだ。
『私の偶像がこれをした』とか、
『私の彫像や鋳た像がこれを命じた』とか
あなたが言わないためだ」（イザヤ 48：3, 5）。

「この福音は、神がその預言者たちを通して、聖書において前か
ら約束されたもので、御子に関することです。御子は、肉によれ
ばダビデの子孫として生まれ、聖い御霊によれば、死者の中から
の復活により、大能によって公に神の御子として示された方、私
たちの主イエス・キリストです」（ローマ 1：2 〜 4）。

1.2　メシヤ預言の内容

1.2.1　イエス

「わたしが来たのは律法や預言者を廃棄するためだと思ってはな
りません。廃棄するためにではなく、成就するために来たので
す」（マタイ 5：17）。

「それから、イエスは、モーセおよびすべての預言者から始めて、聖書全体の中で、ご自分について書いてある事がらを彼らに説き明かされた」(ルカ 24：27)。

「さて、そこでイエスは言われた。『わたしがまだあなたがたといっしょにいたころ、あなたがたに話したことばはこうです。わたしについてモーセの律法と預言者と詩篇とに書いてあることは、必ず全部成就するということでした』」(ルカ 24：44)。

「あなたがたは、聖書の中に永遠のいのちがあると思うので、聖書を調べています。その聖書が、わたしについて証言しているのです。それなのに、あなたがたは、いのちを得るためにわたしのもとに来ようとはしません。……もしあなたがたがモーセを信じているのなら、わたしを信じたはずです。モーセが書いたのはわたしのことだからです。しかし、あなたがたがモーセの書を信じないのであれば、どうしてわたしのことばを信じるでしょう」(ヨハネ 5：39, 40, 46, 47)。

「こうしてイザヤの告げた預言が彼らの上に実現したのです。『あなたがたは確かに聞きはするが、決して悟らない。確かに見てはいるが、決してわからない』」(マタイ 13：14 [たとえ話について])。

「この人こそ、『見よ、わたしは使いをあなたの前に遣わし、あなたの道を、あなたの前に備えさせよう』と書かれているその人です」(マタイ 11：10 [バプテスマのヨハネについて])。

「イエスは彼らに言われた。『あなたがたは、次の聖書のことばを

読んだことがないのですか。「家を建てる者たちの見捨てた石。それが礎の石になった」』」（マタイ 21：42）。

「しかし、すべてこうなったのは、預言者たちの書が実現するためです」（マタイ 26：56）。

「そのとき、人々は、人の子が偉大な力と栄光を帯びて雲に乗って来るのを見るのです」（マルコ 13：26 ［ダニエル 7：13, 14 への言及］）。

「イエスは書を巻き、係りの者に渡してすわられた。会堂にいるみなの目がイエスに注がれた。イエスは人々にこう言って話し始められた。『きょう、聖書のこのみことばが、あなたがたが聞いたとおり実現しました』」（ルカ 4：20, 21）。

「あなたがたに言いますが、『彼は罪人たちの中に数えられた』と書いてあるこのことが、わたしに必ず実現するのです。わたしにかかわることは実現します」（ルカ 22：37）。

「これは、『彼らは理由なしにわたしを憎んだ』と彼らの律法に書かれていることばが成就するためです」（ヨハネ 15：25）。

1.2.2　イエスにおける預言の成就に関する新約の記録

「しかし、神は、すべての預言者たちの口を通して、キリストの受難をあらかじめ語っておられたことを、このように実現されました」（使徒 3：18）。

「イエスについては、預言者たちもみな、この方を信じる者はだ

れでも、その名によって罪の赦しが受けられる、とあかししています」(使徒 10：43)。

「こうして、イエスについて書いてあることを全部成し終えて後、イエスを十字架から取り降ろして墓の中に納めました」(使徒 13：29)。

「パウロはいつもしているように、会堂に入って行って、三つの安息日にわたり、聖書に基づいて彼らと論じた。そして、キリストは苦しみを受け、死者の中からよみがえらなければならないことを説明し、また論証して、『私があなたがたに伝えているこのイエスこそ、キリストなのです』と言った」(使徒 17：2, 3)。

「私があなたがたに最もたいせつなこととして伝えたのは、私も受けたことであって、次のことです。キリストは、聖書の示すとおりに、私たちの罪のために死なれたこと、また、葬られたこと、また、聖書の示すとおりに、三日目によみがえられたこと [……です]」(Ⅰコリント 15：3, 4)。

「この福音は、神がその預言者たちを通して、聖書において前から約束されたもの」(ローマ 1：2)。

「あなたがたも生ける石として、霊の家に築き上げられなさい。そして、聖なる祭司として、イエス・キリストを通して、神に喜ばれる霊のいけにえをささげなさい。なぜなら、聖書にこうあるからです。『見よ。わたしはシオンに、選ばれた石、尊い礎石を置く。彼に信頼する者は、決して失望させられることがない』」(Ⅰペテロ 2：5, 6)。

「そこで、王は、民の祭司長たち、学者たちをみな集めて、キリストはどこで生まれるのかと問いただした。彼らは王に言った。『ユダヤのベツレヘムです。預言者によってこう書かれているからです。「ユダの地、ベツレヘム。あなたはユダを治める者たちの中で、決して一番小さくはない。わたしの民イスラエルを治める支配者が、あなたから出るのだから」』」（マタイ2：4〜6）。

1.2.3　キリストは旧約聖書の祭りの成就 (Geisler, CTB, 41)

【祭り（レビ記23章)】	【キリストにおける成就】
過越の祭り（4月）	キリストの死（Ⅰコリント5：7）
種なしパンの祝い（4月）	きよい生活（Ⅰコリント5：8）
初穂の祭り（4月）	復活（Ⅰコリント15：23）
ペンテコステ［五旬節］（6月）	聖霊降臨（使徒1：5；2：4）
ラッパの祭り（9月）	イスラエルの回復（マタイ24：31）
贖罪の日（9月）	キリストによるきよめ（ローマ11：26）
仮庵の祭り（9月）	安息とキリストとの再会（ゼカリヤ14：16〜18）

1.3　預言の意義

1.3.1　旧・新約聖書が神の意志によって書かれたことを示す

1.3.2　神が存在されることを実証する

1.3.3　イエスの神性を証明する

1.3.4　聖書が神の霊感を受けた書物であることを論証する

2　預言の範囲

イエスによって成就した旧約のメシヤ預言は 300 以上ある。

2.1　反論

その預言はイエスの時代か、それ以後に書かれたものであるから、成就したように見えるにすぎない。

2.2　応答

もし旧約聖書（および旧約中のすべてのメシヤ預言）が前 450 年に完成したという事実を受け入れたくないというなら、次の事実を検討すべきである。七十人訳（ヘブル語旧約聖書のギリシャ語訳）はプトレマイオス・フィラデルフォスの治世（前 285〜246 年）において訳されたものである。前 250 年にギリシャ語訳があったのなら、元のヘブル語聖書がその前から存在していたことは明白である。このことからも、旧約のメシヤ預言とイエスにおける成就の間には、少なくとも 250 年の隔たりがあったことがわかる。

3　預言の成就によるメシヤ性の証明

3.1　誕生についての預言

1—女の子孫として生まれる

【預言】

「わたしは、おまえと女との間に、

また、おまえの子孫と女の子孫との間に、敵意を置く。

彼は、おまえの頭を踏み砕き、

おまえは、彼のかかとにかみつく。」

　　──創世記 3：15

【成就】

「しかし定めの時が来たので、神はご自分の御子を遣わし、この

　方を、女から生まれた者、また律法の下にある者となさいまし

　た。」

　　──ガラテヤ 4：4（マタイ 1：20 も参照）

　ユダヤ教の史料（タルグム）──オンケロスの創世記 3：15 に関する箇所はこうなっている。「わたしは、おまえと女との間に、また、おまえの子孫と女の子孫との間に、敵意を置く。女の子孫はおまえのことを、おまえが初めのときから（初めのときに）彼にしたことを忘れず、おまえは終わりには従わされる」（Ethridge, TOJ, 41）。

　ユダヤ教の史料（タルグム）──偽ヨナタンの創世記 3：15 はこうなっている。「わたしは、おまえと女との間に、また、おまえの子孫と女の子孫との間に、敵意を置く。女の子孫が律法の命令に従うとき、彼らは（おまえへの）的を外さず、おまえの頭を打つ。しかし、彼らが律法の命令を捨てるなら、おまえが（彼らへの）的を外さず、彼らのかかとを傷つける。しかし、彼らには救いがあるのに対し、おまえにはない。やがて王、メシヤの時代に彼らはかかとと和解する」（Bowker, TRL, 122）。

　この点について D・L・クーパーはおもしろい意見を述べている。

　「創世記3：15は『女の子孫』と呼ばれる救世主に関する最初の預言である。ここで神は、『女の子孫』と『蛇の子孫』の間で世々にわたって戦いが繰り広げられ、最終的に前者が勝つ、と予告している。このいにしえの約束は、イスラエルのメシヤであり世界の救い主である存在と、人間の敵であるサタンとの間に戦いがあることを示している。そして、最終的にメシヤが完全な勝利を手にすることを予告している。ある注解者たちの意見では、創世記4：1（長男のカインが生まれたときのエバのことば）が、エバがこの約束をどう理解していたかを反映しているという。『私はひとりの男子、いや、エホバを得た。』エバはこの古き預言を正しく理解したのだが、適用の段階で誤り、息子のカインによって成就したと思ってしまった。約束の子がエホバご自身だとエバが信じていたことは明らかである。昔のユダヤの注解者には、この箇所に『御使い』ということばを挿入して、エバがここで主張しているのは息子が『エホバの使い』だということだ、と言う者もある。しかし、この説には何の根拠もない」（Cooper, GM, 8, 9）。

　新米国標準訳聖書（The New American Standard Bible）は創世記4：1を「私は、主によってひとりの男子を得た」と訳している（訳者注——日本語の新改訳聖書もこの解釈を採用している）。

2—処女から生まれる

【預言】

「それゆえ、主みずから、あなたがたに一つのしるしを与えられる。見よ。処女がみごもっている。そして男の子を産み、その名

を『インマヌエル』と名づける。」

──イザヤ7：14

【成就】

「その母マリヤはヨセフの妻と決まっていたが、ふたりがまだいっしょにならないうちに、聖霊によって身重になったことがわかった。……ヨセフは……子どもが生まれるまで彼女を知ることがなく、その子どもの名をイエスとつけた。」

──マタイ1：18, 24, 25（ルカ1：26〜35も参照）

ヘブル語で「処女」を表す語はふたつある。

①ベトゥラー──厳密には未婚の処女を意味する（創世記24：16、レビ記21：13、申命記22：14, 23, 28、士師記11：37、Ⅰ列王記1：2）。アンガーによれば、ヨエル1：8も例外ではない。そこで語られているのは「夫ではなく婚約者」だからである。

②アルマー（覆いで覆われている）──若く結婚できる年齢の女性。イザヤ7：14で用いられているのはこちらである。「聖霊はイザヤをとおしてベトゥラーを用いることを避けた。当面の歴史的状況や『処女から生まれるメシヤ』という預言的要素を満たすためには、1語で処女の概念と結婚適齢の概念を表す必要があったからである」（Unger, UBD, 1159）。

「処女」はギリシャ語ではパルテノスという語（処女、結婚できる年齢の処女、結婚している若い女性、純粋な処女）で表される（マタイ1：23；25：1, 7, 11、ルカ1：27、使徒21：9、Ⅰコリント7：25, 28, 33、Ⅱコリント11：2）（Unger, UBD, 1159）。

七十人訳の翻訳者たちがイザヤ7：14をギリシャ語に訳したときはパルテノスを用いた。彼らにとってイザヤ7：14は、メシヤが処女から生まれることを意味していたのである。

3—神の御子

【預言】

「わたしは主の定めについて語ろう。

主はわたしに言われた。

『あなたは、わたしの子。

きょう、わたしがあなたを生んだ。』」

——詩篇2：7（I歴代誌17：11～14、IIサムエル7：12～16
も参照）

【成就】

「また、天からこう告げる声が聞こえた。『これは、わたしの愛す
る子、わたしはこれを喜ぶ。』」

——マタイ3：17（マタイ16：16、マルコ9：7、ルカ9：35；
22：70、使徒13：30～33、ヨハネ1：34,49も参照）

マルコ3：11——イエスが神の御子であることに悪霊たちが気づ
いている。

E・W・ヘングステンバーグは言う。「昔のユダヤ人たちはみな、
この詩篇（詩篇2篇）をメシヤ預言とみなしていた。これはまぎれ
もない事実であり、この詩篇がメシヤ詩篇であることを認めない者
たちの中でさえ、その事実を否定する者はいない」（Hengstenberg,
COT, 43）。

「受肉によって神の長子がこの世に現された（ヘブル1：6）。し
かし、御父のひとり子としてその神性が明らかにされ、神によって
公に証されたのは、復活のときが初めてであり、復活によってのみ
である。この方は『肉によればダビデの子孫として生まれ、聖い御

霊によれば、死者の中からの復活により、大能によって公に神の御子として示された方』（ローマ1：3, 4）である」（Fausset, CCEP, 107）。

4―アブラハムの子孫

【預言】

「あなたの子孫によって、地のすべての国々は祝福を受けるようになる。あなたがわたしの声に聞き従ったからである。」
　　――創世記22：18（創世記12：2, 3も参照）

【成就】

「アブラハムの子孫、ダビデの子孫、イエス・キリストの系図。」
　　――マタイ1：1
「ところで、約束は、アブラハムとそのひとりの子孫に告げられました。神は『子孫たちに』と言って、多数をさすことはせず、ひとりをさして、『あなたの子孫に』と言っておられます。その方はキリストです。」
　　――ガラテヤ3：16

　創世記22：18の出来事がいかに重要であるかは、「神が族長たちとの関係の中で、ご自分にかけて誓われたのがこのときだけである」と気づくならば、わかるであろう。
　M・ヘンリーは創世記22：18について次のように述べている。「あなたの子孫、あなたの家系に生まれるひとりの人物によって（というのは、使徒［ガラテヤ3：16］も言うように、大勢のことを言っているのではなく、ひとりのことを言っているからである）、地のすべての国々は祝福を受ける（または自らを祝福するようにな

る）。イザヤ 65：16」（Henry, MHCWB, 82）。

　この箇所はメシヤがヘブル民族から出ることを明示している。

5—イサクの子孫

【預言】

「すると、神はアブラハムに仰せられた。『……イサクから出る者
が、あなたの子孫と呼ばれるからだ。』」
　　——創世記 21：12

【成就】

「イエスは……イサクの子……。」
　　——ルカ 3：23, 34（マタイ 1：2 も参照）

　アブラハムにはふたりの息子があった。ここで神はアブラハムの
血筋を引く者の半数を除外している。

6—ヤコブの子孫

【預言】

「私は見る。しかし今ではない。
　私は見つめる。しかし間近ではない。
　ヤコブから一つの星が上り、
　イスラエルから一本の杖が起こり、
　モアブのこめかみと、すべての騒ぎ立つ者の脳天を打ち砕く。」
　　——民数記 24：17（創世記 35：10 ～ 12 も参照）

【成就】

「イエスは……ヤコブの子……。」
　　──ルカ 3：23, 34（マタイ 1：2、ルカ 1：33 も参照）

　ユダヤ教の史料（タルグム）──ヨナタンの創世記 35：11, 12 に
関する箇所は言う。「主はまた彼に仰せられた。『わたしは全能の神
である。生めよ。ふえよ。一つのきよい国民、預言者と祭司のつど
いが、あなたの腰から出て、また、あなたからふたりの王が出る。
そして、わたしはアブラハムとイツハク［イサク］に与えた地を、
あなたに与え、あなたの後の子孫にもその地を与えよう』」
（Ethridge, TOJ, 279）。

　ユダヤ教の史料（タルグム）──オンケロスの民数記 24：17 に
関する箇所は言う。「私は見る。しかし今ではない。私は見つめる。
しかし間近ではない。ヤコブから王が起こるとき、メシハ［メシ
ヤ］がイスラエルから油そそぎを受ける」（Etheridge, TOJ, 309）。

　以上のタルグムの記事から、これらの聖句にユダヤ人たちがメシ
ヤ的な意味を見出していたことがわかる。同様に、ミドラシュのバ
ミドバル・ラバの箇所でも、この聖句にメシヤ的な意味を見出して
いる。P・ハイニッシュは次のように説明する。「ハドリアヌス帝
の時代（後 132 年）にユダヤ人がローマに対する反乱を起こした。
彼らの指導者はバル・コクバ（星の子）と呼ばれた。このとき、ヤ
コブから出る星についてのバラムの預言が成就しようとしている、
また、この人物をとおして神がローマの力を完全に打ち砕こうとし
ている、と信じられていたからである」（Heinisch, CP, 44, 45）。

　ヘングステンバーグは著書『旧約聖書のキリスト論』の中でこう
指摘している。「最古の時代からずっとユダヤ人たちはこの指導者
がメシヤであると理解した（メシヤだけを指すと考えるか、メシヤ
とダビデの両方を指すと考えるかの違いはあるにせよ）。ある者た
ちはメシヤだけだと考えた。しかし、他の者たちは、まずこの預言

はダビデにおいて成就したと考えた。そして、ダビデおよびダビデがもたらした一時的勝利はどちらもキリストとその霊的勝利の予型であるとみなし、（この説明によると）これこそ預言者が伝えていることだと考えた」（Hengstenberg, COT, 34）。

　イサクにはふたりの息子（ヤコブとエサウ）があった。ここで神はイサクの血筋を引く者の半数を除外している。

7—ユダ部族

【預言】

「王権はユダを離れず、

　統治者の杖はその足の間を離れることはない。

　ついにはシロが来て、

　国々の民は彼に従う。」

　　——創世記49：10（ミカ5：2も参照）

【成就】

「イエスは……ユダの子……。」

　　——ルカ3：23, 33（マタイ1：2、ヘブル7：14も参照）

　ユダヤ教の史料（タルグム）——ヨナタンの創世記49：10, 11の箇所は言う。「エフダ［ユダ］の家から王も指導者も絶えることはない。律法を教えるサフェリームもその子孫から絶えない。ついには王、メシハ［メシヤ］、子孫の中でももっとも若い者が来る。彼のために国々の民はともに流れる。なんとうるわしいことよ、王、そしてエフダの家から出るメシハは！」（Ethehdge, TOJ, 331）。

　ユダヤ教の史料（タルグム）——偽ヨナタン創世記49：11ではこう書かれている。「なんと立派なことよ、ユダの家から出る王、

メシヤは」（Bowker, TRL, 278）。ヤコブには 12 人の息子があり、ヘブルの民の 12 部族は彼らから生まれた。ここで神はイスラエルの 12 部族のうち、11 部族を排除している。ヨセフの名を冠した部族はなく、代わりにヨセフのふたりの息子、エフライムとマナセが部族の頭となった。

8—エッサイの家系

【預言】

「エッサイの根株から新芽が生え、
　その根から若枝が出て実を結ぶ。」
　——イザヤ 11：1（イザヤ 1：10 も参照）

【成就】

「イエスは……エッサイの子……。」
　——ルカ 3：23, 32（マタイ 1：6 も参照）

ユダヤ教の史料（タルグム）——イザヤ書の箇所。「そしてエッサイの息子たちの中から王が出て、息子の息子たちから出た油そそがれた者（メシヤ）が大きくなる。そして、彼の上に主の前から出た霊がとどまる。それは知恵と理解の霊、助言と力の霊、知識と主への恐れの霊である」（Stenning, TI, 40）。

デリッチはこのように説明している。「エッサイの切り株から、つまり、没落してしまった王族の家系の子孫の中から小枝（ホテール）が出て、幹、すなわち王位を受け継ぐようになる。そして、はるか下では、地面に囲まれた根から、ネツェール、つまり緑の新芽（『輝く・花開く』を意味するナツァールからの派生語）が少しだけ顔を出している。この預言が実際に成就した記事では、預言で用い

られていることばの響きでさえも認められる——ネツェールは初め、とても控え目で小さな存在でしかないものだが、このネツェールは貧しく、また軽蔑されたナザレ人だったのだ」（マタイ2：23）（Delitzsch, BCPI, 281, 282）。

9—ダビデの家

【預言】

「見よ。その日が来る。
　——主の御告げ——
　その日、わたしは、ダビデに一つの正しい若枝を起こす。
　彼は王となって治め、栄えて、
　この国に公義と正義を行う。」
　——エレミヤ23：5

【成就】

「イエスは……ダビデの子……。」
　——ルカ3：23, 31（マタイ1：1；9：27；15：22；20：30, 31；21：9, 15；22：41〜46、マルコ9：10；10：47, 48、ルカ18：38, 39、使徒13：22, 23、黙示録22：16も参照）

　ユダヤ教の史料——タルムードのいたるところで、メシヤは「ダビデの子」と呼ばれている。
　ドライヴァーはⅡサムエル7：11について次のように述べている。「ここでナタンは預言の中心主題にふれている。それは、ダビデ自身に関する約束ではなく、その子孫に関する約束であり、ヤハウェのために家を建てるのがダビデなのではなく、逆にヤハウェがダビデのために家（＝家族・一家）を建てるという宣言である」（Driver,

NHT, 275)。

　『モーゼス・マイモニデスの世界』という本の中で J・ミンキン
は、書名にある学識の深い、このユダヤ人学者の見解を紹介してい
る。「マイモニデスはメシヤの素性、働き、その超人的な力などに
ついての神秘主義的な憶測を退け、メシヤはやがて死ぬ運命の人間
であり、他の人間よりとてつもなく偉大で、さらに賢く、さらにき
らびやかな存在である、と主張した。ダビデの子孫で、ダビデ同様、
律法を研究し、その命令を遵守する人物でなければならないのだ」
（Minkin, WMM, 63）。

　「見よ。その日が来る」はふつうメシヤ時代の開始をさして用い
られた表現である（エレミヤ 31：27〜34）（Laetsch, BCJ, 189）。

　エッサイには少なくとも 8 人の息子があった（I サムエル 16：
10, 11）。ここで神はダビデ以外のエッサイの息子たちをみな除外
し、ダビデひとりを残している。

10—ベツレヘムで生まれる

【預言】
　「ベツレヘム・エフラテよ。
　あなたはユダの氏族の中で最も小さいものだが、
　あなたのうちから、わたしのために、
　イスラエルの支配者になる者が出る。
　その出ることは、昔から、
　永遠の昔からの定めである。」
　——ミカ 5：2

【成就】
　「イエスが……ユダヤのベツレヘムでお生まれになった。」

——マタイ2：1（マタイ2：4、ルカ2：4〜7、ヨハネ7：42も参照）

マタイ2：6では学者たちがヘロデに、キリスト誕生の場所がベツレヘムであることを、かなりの自信をもって教えている。キリストがベツレヘムから出ることは、ユダヤ人によく知られていたことだった（ヨハネ7：22参照）。「パンの家」を意味するベツレヘムが「いのちのパン」である方の生誕の地となるのは、いかにもふさわしいことである（Henry, MHC, 1414）。

　ここで神はご自身の御子が人となって現れる場所として、ひとつの町を選んで世界にある他のすべての町を除外している。

11—贈り物を受ける

【預言】

「タルシシュと島々の王たちは贈り物をささげ、

　シェバとセバの王たちは、みつぎを納めましょう。」

　——詩篇72：10（イザヤ60：6も参照）

【成就】

「東方の博士たちがエルサレムにやって来て……ひれ伏して拝んだ。そして、宝の箱をあけて、黄金、乳香、没薬を贈り物としてささげた。」

　——マタイ2：1, 11

詩篇におけるこの箇所は歴史的にはソロモンのことを言っている。しかし、12〜15節（詩篇72篇）になると話題が広げられ、メシヤについても語っている。

セバとシェバの住民であるサバ人はアラビアに居住していた（Nezikin, BT, 941, 1006）。マタイ2章1〜11節の博士たちについてM・ヘンリーはこう説明している。「占いで知られる東方の学者たちであった（イザヤ2：6）。アラビアは東方の国と呼ばれ（創世記25：6）、アラブ人たちは東の人々と呼ばれていた（士師記6：3）。この学者たちが携えてきた贈り物もアラビア地方のものであった」（Henry, MHC, 16）。

12──ヘロデが子どもたちを殺す

【預言】

「主はこう仰せられる。
『聞け。ラマで聞こえる。苦しみの嘆きと泣き声が。
ラケルがその子らのために泣いている。慰められることを拒んで。
子らがいなくなったので、その子らのために泣いている。』」
──エレミヤ31：15

【成就】

「その後、ヘロデは、博士たちにだまされたことがわかると、非常におこって、人をやって、ベツレヘムとその近辺の二歳以下の男の子をひとり残らず殺させた。その年齢は博士たちから突き止めておいた時間から割り出したのである。」
──マタイ2：16

エレミヤ31：17はイスラエルの滅亡と離散のことを語っている。ヘロデがベツレヘムで幼児を虐殺することと、イスラエルが追放されることには、どんな関係があるのであろうか。マタイはまちがえて、エレミヤの預言がヘロデの凶行（マタイ2：17, 18）によって

成就したとか、子どもの虐殺がイスラエルやユダの滅亡の予型だとか言っているのだろうか。ラッチは言う。

「いや、そんなことを言っているのではない。31章は、30：20に始まり33：26まで続くセクションの中にあるが、この文脈全体にメシヤ的要素が見られる。この4章が取り扱う内容は、主の救いが近づいていること、メシヤが現れて新しい契約という形でダビデ王朝を再興すること、その王国の基盤に罪の赦しがあること（31：31〜34）、その王国ではすべての疲れた者や悲しむ者が完全な慰めを受けること（12〜14, 25節）などである。その慰めの一例として、キリストのために幼子（おさなご）の虐殺という大きな苦難を味わった母親たちにも慰めがもたらされる、と言っているのである」（Laetsch, BCJ, 250）。

3.2 性質についての預言

13—先在性

【預言】
「ベツレヘム・エフラテよ。
あなたはユダの氏族の中で最も小さいものだが、
あなたのうちから、わたしのために、
イスラエルの支配者になる者が出る。
その出ることは、昔から、永遠の昔からの定めである。」
——ミカ5：2

【成就】
「御子は、万物よりも先に存在し、万物は御子にあって成り立っ

ています。」
　——コロサイ1：17（ヨハネ17：5, 24、黙示録1：1, 2, 17：2：
8；8：58；22：13も参照）

　ユダヤ教の史料（タルグム）——イザヤ書の箇所にはこうある。
「預言者がダビデの家に告げる。『ひとりのみどりごが、私たちのた
めに生まれる。ひとりの男の子が、私たちに与えられる。この方は
律法をその身に負って守る。その名は「不思議な助言者、力ある神、
永遠に生きられる方、油そそがれた者（メシヤ）」と古くから呼ば
れる。この方が来られるとき、私たちの平和は増し加えられる』」
（イザヤ9：6）（Stenning, TI, 32）。
　ユダヤ教の史料（タルグム）——イザヤ書の箇所にはこうある。
「イスラエルの王である主、そしてこれを救われる方、万軍の主は
こう仰せられる。『わたしがそれである。わたしは昔からいる者で
ある。そうだ、永遠の世々はわたしのものである。わたしのほかに
神はない』」（イザヤ44：6）（Stenning, TI, 148）。
　ヘングステンバーグはミカ5：2について語る。「メシヤは、歴史
の中でベツレヘムの地に生まれる前からすでに存在しておられた、
ということは明らかである。つまり、ここではメシヤが時間を超越
した存在であることが示されているのである」（Hengstenberg,
COT, 573）。

14—主と呼ばれる

【預言】
「主は、私の主に仰せられる。
　『わたしがあなたの敵をあなたの足台とするまでは、
　わたしの右の座に着いていよ。』」

——詩篇 110：1（エレミヤ 23：6 も参照）

【成就】

「きょうダビデの町で、あなたがたのために、救い主がお生まれ
になりました。この方こそ主キリストです。」

——ルカ 2：11

「イエスは彼らに言われた。『それでは、どうしてダビデは、御霊
によって、彼を主と呼び、

「主は私の主に言われた。

『わたしがあなたの敵を、あなたの足の下に従わせるまでは、

わたしの右の座に着いていなさい。』」

と言っているのですか。

ダビデがキリストを主と呼んでいるのなら、どうして彼はダビデ
の子なのでしょう。』」

——マタイ 22：43 〜 45

ユダヤ教の史料——ミドラシュ・テヒリーム（後 200〜500 年に
書かれた詩篇の注解）は詩篇 21：1 について言う。「神は王なるメ
シヤをその名で呼んでいる。しかし、その名とは何か。答え——ヤ
ハウェは戦士である」（出エジプト記 15：3）（Laetsch, BCJ, 193）。

ユダヤ教の史料——後 200〜500 年に書かれたエカ・ラバテイ
（五書と 5 つの巻物についての大注解書の哀歌の部分）は哀歌 1：
16 について言う。「『メシヤの名は何か。』アバ・ベン・カハナ師
（後 200〜300 年）は言った。『エホバがその名前である。このこと
は「これがその名である」ということばによって証明されている』」
（エレミヤ 23：6）（Laetsch, BCJ, 193）。

「主は私の主に言われた。『エホバはアドナイ（私の主）に言われ
た。』このアドナイとは、ダビデの主である。ここでダビデは個人

的立場で語っているのではなく（文字どおりの意味でも霊的意味でも）イスラエルを代表する者として語っている。3 福音書の中でキリストがこのことばを引用しているのは、ダビデがキリストをイスラエルの、そして教会の主と呼んでいるからである。『ダビデがキリストを主と呼んでいる』のであって、単にダビデ個人の主として呼んでいるのではない」（Fausset, CCE, 346）。

15—インマヌエル（神は私たちとともにおられる）と名づけられる

【預言】

「それゆえ、主みずから、あなたがたに一つのしるしを与えられる。見よ。処女がみごもっている。そして男の子を産み、その名を『インマヌエル』と名づける。」

——イザヤ 7：14

【成就】

「『見よ、処女がみごもっている。そして男の子を産む。その名はインマヌエルと呼ばれる。』（訳すと、神は私たちとともにおられる、という意味である。）」

——マタイ 1：23（ルカ 7：16 も参照）

ユダヤ教の史料（タルグム）——イザヤ 7：14 についての箇所にはこうある。「それゆえ、主みずから、あなたがたに一つのしるしを与えられる。見よ。少女がみごもっている。男の子を産み、その名を『インマヌエル』と名づける」（Stenning, TI, 24）。

イザヤ 9：6 に関してデリッチはこう述べている。「このメシヤの名の中のエルをインマヌ ［＝私たちとともに］ ＋エル ［＝神］ のエ

ル以外の意味にとらなければならない理由は何もない。イザヤ書の
エルは常に神の御名であり、また、31：3（ホセア 11：9 参照）か
ら明らかであるように、この預言者がエルとアダムの対照を常に強
く意識していたことは言うまでもない」（Delitzsch, BCPI, 252）。

16—預言者となる

【預言】

「わたしは彼らの同胞のうちから、彼らのためにあなたのような
　ひとりの預言者を起こそう。わたしは彼の口にわたしのことばを
　授けよう。彼は、わたしが命じることをみな、彼らに告げる。」
　——申命記 18：18

【成就】

「群衆は、『この方は、ガリラヤのナザレの、預言者イエスだ』と
　言った。」
　——マタイ 21：11（ルカ 7：16、ヨハネ 4：19；6：14；7：40
　も参照）

　ユダヤ教の史料——ユダヤ人学者マイモニデスは、イエメンの共
同体への手紙の中で、メシヤと自称する者を非難している。「メシ
ヤは実に偉大な預言者であり、私たちの師モーセをのぞくすべての
預言者にまさる方であろう。……この方の身分は預言者たちよりも
高く、また名誉ある者であろう。ただし、モーセだけは例外である。
創造主は——この方をほめたたえよ——モーセを選んだときとは異
なる特徴でメシヤをお選びになる。メシヤについてこう書かれてい
るからである。『この方は主を恐れることを喜び、その目の見ると
ころによってさばかず、その耳の聞くところによって判決を下さず

……』」（イザヤ11：3）（Cohen, TM, 221）。

キリストをモーセと比較対照すると──

① どちらも幼少期に虐殺の危機から救い出された。

② どちらも自分の民の救済者になろうとした（出エジプト記3：10）。

③ どちらもヤハウェとイスラエルの仲介者の役割を果たした（出エジプト記19：16；20：18）。

④ 罪深い人々のためにとりなしをした（出エジプト記32：7〜14, 33、民数記14：11〜20）。

「先生。あなたは預言者だと思います」（ヨハネ4：19）。

クリガマンは言う。「イエスの時代のユダヤ人たちによる『預言者』ということばの用い方は、メシヤが申命記18：18に約束された預言者であるだけでなく、これらの奇跡を行った方はまさに『約束されていた預言者』であると期待していたことを示している」（Kligerman, MPOT, 22, 23）。

「というのは、律法はモーセによって与えられ、恵みとまことはイエス・キリストによって実現したからである」（ヨハネ1：17）。

17—祭司

【預言】

「主は誓い、そしてみこころを変えない。
『あなたは、メルキゼデクの例にならい、
とこしえに祭司である。』」

　　　──詩篇110：4

【成就】

「そういうわけですから、天の召しにあずかっている聖なる兄弟

たち。私たちの告白する信仰の使徒であり、大祭司であるイエス
のことを考えなさい。」——ヘブル3：1
「同様に、キリストも大祭司となる栄誉を自分で得られたのでは
なく、彼に、『あなたは、わたしの子。きょう、わたしがあなた
を生んだ』と言われた方が、それをお与えになったのです。別の
個所で、こうも言われます。『あなたは、とこしえに、メルキゼ
デクの位に等しい祭司である。』」
——ヘブル5：5,6

　「世とサタンに対するメシヤの民の最終的な勝利は……確実で
ある。神がこの誓いをされたときはまだ、アロン系の祭司の存在
はなかった。しかし、『肉についての戒めである律法にはよらな
いで、朽ちることのない、いのちの力によって祭司となった』と
いうメルキゼデクの位に等しい祭司は存在した。『メルキゼデク
の位に等しい』はヘブル7：15で『メルキゼデクと同じような』
と説明されている。御父から御子への約束はメシヤの民の慰めの
ためである。ウジヤが職権を乱用し祭司の役割を果たそうとして
罰せられたことは、ここで描写されている『王』兼『祭司』がダ
ビデではありえないことを示している（Ⅱ歴代誌26：16 〜 21）。
この神の誓いは全く特別で、この王なる祭司が他にない存在であ
ることを示している。ダビデは死んだ。しかし、このメルキゼ
デク的祭司は永遠に生きておられる。ゼカリヤ6：9 〜 15、特に13
節も、同様にメシヤについて、この方は『その王座に着いて支配
する。そしてその王座において祭司となられる』と述べている」
（Fausset, CCE, 347）。

18—さばく方

【預言】

「まことに、主は私たちをさばく方、
主は私たちの立法者、主は私たちの王、
この方が私たちを救われる。」
——イザヤ 33：22

【成就】

「わたしは、自分からは何事も行うことができません。ただ聞く
とおりにさばくのです。そして、わたしのさばきは正しいのです。
わたし自身の望むことを求めず、わたしを遣わした方のみこころ
を求めるからです。」
——ヨハネ 5：30（Ⅱテモテ 4：1 も参照）

　ユダヤ教の史料（タルグム）——イザヤ 33：22 の箇所にはこう
ある。「主は私たちをさばく方、この方がその御力によって私たち
をエジプトから連れ出してくださった。主は私たちの教師。この方
がシナイから律法の教えをくださった。主は私たちの王。この方が
私たちを救われ、私たちのためにゴグの軍隊に義なる報復を加えら
れる」（Stenning, TI, 110）。
　「さばく方……立法者……王——神権政治の完全な理想型であり、
メシヤの下でのみ実現するものである。メシヤは王として、自らが
司法・立法・行政をつかさどられる（イザヤ 11：4；32：1、ヤコ
ブ 4：12)」（Fausset, CCE, 666）。

19—王

【預言】

「しかし、わたしは、わたしの王を立てた。

わたしの聖なる山、シオンに。」
　——詩篇2：6（エレミヤ23：5、ゼカリヤ9：9も参照）

【成就】

「また、イエスの頭の上には、『これはユダヤ人の王イエスである』と書いた罪状書きを掲げた。」
　——マタイ27：37（マタイ21：5、ヨハネ18：33〜38も参照）

20—聖霊による特別な油そそぎ

【預言】

「その上に、主の霊がとどまる。
　それは知恵と悟りの霊、はかりごとと能力の霊、
　主を知る知識と主を恐れる霊である。」
　——イザヤ11：2（詩篇45：7、イザヤ42：1；61：1, 2も参照）

【成就】

「こうして、イエスはバプテスマを受けて、すぐに水から上がられた。すると、天が開け、神の御霊が鳩のように下って、自分の上に来られるのをご覧になった。また、天からこう告げる声が聞こえた。『これは、わたしの愛する子、わたしはこれを喜ぶ。』」
　——マタイ3：16, 17（マタイ12：17〜21、マルコ1：10, 11、ルカ4：15〜21, 43、ヨハネ1：32も参照）

　ユダヤ教の史料（タルグム）——イザヤ11：1〜4の箇所にはこうある。「エッサイの子孫から王が出、その子孫の中から油そそがれた者（メシヤ）が育つ。その上に、主の霊がとどまる。それは知恵と悟りの霊、はかりごとと能力の霊、知識と主への恐れの霊であ

る。主は、この方が主を恐れるようにされる。その目の見るところによってさばかず、その耳の聞くところによって判決を下さない。真理をもって貧しい者をさばき、誠実をもって民のうちの寄るべのない者のために判決を下す」（Stenning, T1, 40）。

ユダヤ教の史料——バビロニヤ・タルムードのサンヘドリン編2章にはこうある。「メシヤは、このような方である。その上に、主の霊がとどまる。それは知恵と悟りの霊、はかりごとと能力の霊、主を恐れる知識の霊である。この霊は、この方が主を恐れて、速やかに悟ることのできる者（ワ・ハリホ）とされる。ラビ・アレクサンドリは『このことは、粉ひき器に重石が載せられるように、主がこの方に善行と苦しみを載せられたことを教えている』と言っている」（Nezikin, BT, 626, 627）。

21—神に対する熱心な思い

【預言】

「それは、あなたの家を思う熱心が私を食い尽くし、
　あなたをそしる人々のそしりが、
　私に降りかかったからです。」
　　——詩篇 69：9

【成就】

「細なわでむちを作って、羊も牛もみな、宮から追い出し、両替人の金を散らし、その台を倒し、また、鳩を売る者に言われた。『それをここから持って行け。わたしの父の家を商売の家としてはならない。』」
　　——ヨハネ 2：15 〜 16

　A・R・フォーセットは言う。「あなたの家を思う熱心が私を食い
尽くし——炎のように私を激しく焼きつくす（詩篇 119 :139）。『あ
なたのために』（詩篇 69：7）という表現の内容が新約でどのよう
に発展したかについては、ヨハネ 2：17 を参照のこと。そこに神の
家を思うメシヤの熱心の例を見ることができる。あなたをそしる
人々のそしりが、私に降りかかったからです——あなたのほまれを
思う燃えるばかりの『熱心』の結果として、あなたに向けられたそ
しりが私に降りかかるのです」（Fausset, CCE, 245）。

3.3　公生涯についての預言

22—予告者の存在

【預言】
「荒野に呼ばわる者の声がする。
『主の道を整えよ。
荒地で、私たちの神のために、大路を平らにせよ。』」
　　——イザヤ 40：3（マラキ 3：1 も参照）

【成就】
「そのころ、バプテスマのヨハネが現れ、ユダヤの荒野で教えを
宣べて、言った。『悔い改めなさい。天の御国が近づいたから。』」
　　——マタイ 3：1, 2（マタイ 3：3；11：10、ヨハネ 1：23、ルカ
1：17 も参照）

　ユダヤ教の史料（タルグム）——イザヤ 40：3 の箇所にはこう
ある。「叫ぶ者の声がする。『荒地で、主の民の前に道を整えよ。

不毛の地で、私たちの神の会衆の前に、踏み歩いて道を作れ』」
(Stenning, TI, 130)。

23—公生涯はガリラヤから始まる

【預言】

「しかし、苦しみのあった所に、やみがなくなる。先にはゼブル
ンの地とナフタリの地は、はずかしめを受けたが、後には海沿い
の道、ヨルダン川のかなた、異邦人のガリラヤは光栄を受けた。」
──イザヤ9：1

【成就】

「ヨハネが捕らえられたと聞いてイエスは、ガリラヤへ立ちのか
れた。そしてナザレを去って、カペナウムに来て住まわれた。ゼ
ブルンとナフタリとの境にある、湖のほとりの町である。……こ
の時から、イエスは宣教を開始して、言われた。『悔い改めなさ
い。天の御国が近づいたから。』」
──マタイ4：12, 13, 17

24—奇跡

【預言】

「そのとき、目の見えない者の目は開き、
耳の聞こえない者の耳はあく。
そのとき、足のなえた者は鹿のようにとびはね、
口のきけない者の舌は喜び歌う。」
──イザヤ35：5, 6（イザヤ32：3, 4も参照）

【成就】

「それから、イエスは、すべての町や村を巡って、会堂で教え、
御国の福音を宣べ伝え、あらゆる病気、あらゆるわずらいをいや
された。」

——マタイ 9：35（マタイ 9：32, 33；11：4 〜 6、マルコ 7：33
〜 35、ヨハネ 5：5 〜 9；9：6 〜 11；11：43, 44, 47 も参照）

25—たとえによる教え

【預言】

「私は、口を開いて、たとえ話を語り、
昔からのなぞを物語ろう。」

——詩篇 78：2

【成就】

「イエスは、これらのことをみな、たとえで群衆に話され、たと
えを使わずには何もお話しにならなかった。」

——マタイ 13：34

26—神殿への訪問

【預言】

「あなたがたが尋ね求めている主が、突然、その神殿に来る。」

——マラキ 3：1

【成就】

「それから、イエスは宮に入って、宮の中で売り買いする者たち
をみな追い出し、両替人の台や、鳩を売る者たちの腰掛けを倒さ

れた。」
　　──マタイ 21：12（ヨハネ 1：14；2：19〜21 も参照）

27──ろばに乗ってのエルサレム入城

【預言】

「シオンの娘よ。大いに喜べ。
エルサレムの娘よ。喜び叫べ。
見よ。あなたの王があなたのところに来られる。
この方は正しい方で、救いを賜り、柔和で、ろばに乗られる。
それも、雌ろばの子の子ろばに。」
　　──ゼカリヤ 9：9

【成就】

「そしてふたりは、それをイエスのもとに連れて来た。そして、
そのろばの子の上に自分たちの上着を敷いて、イエスをお乗せし
た。イエスが進んで行かれると、人々は道に自分たちの上着を敷
いた。イエスがすでにオリーブ山のふもとに近づかれたとき
……。」
　　──ルカ 19：35 〜 37（マタイ 21：6 〜 11 も参照）

28──ユダヤ人にとっての「つまずきの石」

【預言】

「家を建てる者たちの捨てた石。
それが礎の石になった。」
　　──詩篇 118：22（イザヤ 8：14；28：1 も参照）

【成就】

「したがって、より頼んでいるあなたがたには尊いものですが、より頼んでいない人々にとっては、『家を建てる者たちが捨てた石、それが礎の石となった』のであって……。」
——Ⅰペテロ 2：7（ローマ 9：32, 33 も参照）

ユダヤ教の史料（タルグム）——イザヤ 8：13〜15 の箇所にはこうある。「万軍の主はこの方を聖なる者と呼ぶ。この方をあなたがたの恐れとし、この方をあなたがたの力とせよ。もしあなたがたが耳を傾けないならば、この方のメムラ（ことば、ロゴス）があなたがたのうちにあり、報復となり、石打ちの石となる。そして、イスラエルの君のふたつの家にはつまずきの岩となる。破壊となり、つまずきとなる。イスラエルの家が、エルサレムに住むユダの家から離れたからである。多くの者がそれにつまずき、倒れて砕かれ、わなにかけられて捕らえられる」（Stenning, TI, 28）。

29—異邦人の「光」

【預言】

「国々はあなたの光のうちに歩み、
王たちはあなたの輝きに照らされて歩む。」
——イザヤ 60：3（イザヤ 49：6 も参照）

【成就】

「『なぜなら、主は私たちに、こう命じておられるからです。「わたしはあなたを立てて、異邦人の光とした。あなたが地の果てまでも救いをもたらすためである。」』異邦人たちは、それを聞いて喜び、主のみことばを賛美した。」

161

——使徒13：47, 48（使徒26：23；28：28 も参照）

3.4　埋葬後の出来事についての預言

30—復活

【預言】
「まことに、あなたは、私のたましいをよみに捨ておかず、
　あなたの聖徒に墓の穴をお見せにはなりません。」
　　——詩篇16：10

【成就】
「それで後のことを予見して、キリストの復活について、『彼はハ
　デスに捨てて置かれず、その肉体は朽ち果てない』と語ったので
　す。」
　　——使徒2：31（マタイ28：6、マルコ16：6、ルカ24：46、使
　徒13：33 も参照）

　ユダヤ教の史料——フリードランダーは言う。「イブン・エズラ
は死者の復活を固く信じているとたびたび口にしている」
（Friedlaender, EWA, 100）。
　ユダヤ教の史料——バビロニヤ・タルムードのサンヘドリン編2
章は次のように述べている。「ミシュナ。全イスラエルはやがて来
る世において相続を受ける。こう書かれているからである。『あな
たの民はみな義なる者である。彼らはみな、私が植えた枝であり、
私の手のわざである地を永遠に受け継ぐ。私が栄光を受けるためで
ある。』しかし、一方、次の者が相続を受けることはない。復活が
聖書の教えでないとか、トーラーが神による啓示を受けていないと

162

か、と言う者である」（Nezikin, BT, 601）。

31—昇天

【預言】

「あなたは、いと高き所に上り……。」
——詩篇 68：18

【成就】

「こう言ってから、イエスは彼らが見ている間に上げられ、雲に
包まれて、見えなくなられた。」
——使徒 1：9

32—神の右の座に座す

【預言】

「主は、私の主に仰せられる。
『わたしがあなたの敵をあなたの足台とするまでは、
わたしの右の座に着いていよ。』」
——詩篇 110：1

【成就】

「また、罪のきよめを成し遂げて、すぐれて高い所の大能者の右
の座に着かれました。」
——ヘブル 1：3（マルコ 16：19、使徒 2：34, 35 も参照）

3.5　1日で成就した預言

　これから挙げる 29 の旧約預言は主イエス・キリストが体験した

裏切り、受難、埋葬についてであり、前1000〜500年の500年間に
さまざまな人物をとおして語られたものである。なんと、そのすべ
てが文字どおり、24時間の間にイエスにおいて成就したのである。

33—仲間に裏切られる

【預言】

「私が信頼し、私のパンを食べた親しい友までが、

私にそむいて、かかとを上げた。」

　　——詩篇41：9（詩篇55：12〜14も参照）

【成就】

「イエスを裏切ったイスカリオテ・ユダである。」

　　——マタイ10：4（マタイ26：49, 50、ヨハネ13：21も参照）

　詩篇41：9「文字どおりには『私の平安の者』。（ユダがしたよう
に）平安の口づけで私にあいさつした者」（マタイ26：49。同様の
例についてはエレミヤ20：10参照）（Fausset, CCE, 191）。

34—銀貨30枚で売られる

【預言】

「私は彼らに言った。『あなたがたがよいと思うなら、私に賃金を
払いなさい。もし、そうでないなら、やめなさい。』すると彼ら
は、私の賃金として、銀三十シェケルを量った。」

　　——ゼカリヤ11：12

【成就】

「『彼をあなたがたに売るとしたら、いったいいくらくれますか。』
すると、彼らは銀貨三十枚を彼に支払った。」
　　──マタイ 26：15（マタイ 27：3 も参照のこと）

35─金が神の家に投げ込まれる

【預言】

「そこで、私は銀三十を取り、それを主の宮の陶器師に投げ与え
た。」
　　──ゼカリヤ 11：13

【成就】

「それで、彼は銀貨を神殿に投げ込んで立ち去った。」
　　──マタイ 27：5

36─陶器師の畑の代金

【預言】

「そこで、私は銀三十を取り、それを主の宮の陶器師に投げ与え
た。」
　　──ゼカリヤ 11：13

【成就】

「彼らは相談して、その金で陶器師の畑を買い、旅人たちの墓地
にした。」
　　──マタイ 27：7

以上の４つの預言に関しては、次のことが予告され、成就したと

いえよう。

① 　裏切り
② 　その裏切りは仲間による
③ 　その裏切りの見返りは銀貨30枚（29枚ではない）
④ 　お金は銀貨（金貨ではない）
⑤ 　そのお金は投げ込まれる（何かの上に置かれるのではない）
⑥ 　投げ込まれた場所は神殿
⑦ 　そのお金は陶器師の畑を買うために用いられる

37—弟子たちに見捨てられる

【預言】
「牧者を打ち殺せ。
そうすれば、羊は散って行き……。」
　——ゼカリヤ13：7

【成就】
「すると、みながイエスを見捨てて、逃げてしまった。」
　——マルコ14：50（マタイ26：31、マルコ14：27も参照）

　ラッチは言う。ゼカリヤ13：7は「キリストが襲われたときに弟子たちがとった無礼な行動を明確に預言している。そのようにキリストご自身も解釈している（マタイ26：31、マルコ14：27）。この預言は成就した（マタイ26：56、マルコ14：50以降参照）。しかし、主は羊を見捨てない。主ご自身が、この『同志』（キリスト）のうちに、また、キリストをとおして働かれ（ヨハネ5：19, 20, 30）、その御手を動かされ、小さき者たち、落胆と恐れに支配されたご自分の弟子たちを助けに来られるのである（ルカ24：4, 5, 11, 17以

166

降，37、ヨハネ 20：2, 11 以降，19, 26)。この弱虫たち、脱走兵たちが、メシヤの王国のために勇敢かつ無敵の使者となったのである」(Laetsch, BCMP, 491, 492)。

38─偽の証人が告発する

【預言】

「暴虐な証人どもが立ち
私の知らないことを私に問う。」
　　──詩篇 35：11

【成就】

「さて、祭司長たちと全議会は、イエスを死刑にするために、イエスを訴える偽証を求めていた。偽証者がたくさん出て来たが、証拠はつかめなかった。」
　　──マタイ 26：59, 60

39─告発者の前で沈黙を守る

【預言】

「彼は痛めつけられた。
彼は苦しんだが、口を開かない。」
　　──イザヤ 53：7

【成就】

「しかし、祭司長、長老たちから訴えがなされたときは、何もお答えにならなかった。」

——マタイ 27：12

40—傷つき打たれる

【預言】

「しかし、彼は、私たちのそむきの罪のために刺し通され、
私たちの咎のために砕かれた。
彼への懲らしめが私たちに平安をもたらし、
彼の打ち傷によって、私たちはいやされた。」
　　——イザヤ 53：5（ゼカリヤ 13：6 も参照）

【成就】

「そこで、ピラトは彼らのためにバラバを釈放し、イエスをむち
打ってから、十字架につけるために引き渡した。」
　　——マタイ 27：26

　「体に傷を受けるという意味で、単なる心の悲しみではない。
メホラル（ハラルから）は文字どおり『刺し貫かれる』の意。詳
細にいたるまでメシヤに当てはまる。メシヤは手足とわき腹を刺
し貫かれた（詩篇 22：16）」（Fausset, CCE, 730）。
　「いばらの冠をかぶせられた頭のてっぺんから、十字架に打ち
つけられた足の裏まで、刺し傷と打ち傷以外には何も見当たらな
かった」（Henry, MHC, 826）。

41—ぶたれ、つばを吐きかけられる

【預言】

「打つ者に私の背中をまかせ、

ひげを抜く者に私の頬をまかせ、

侮辱されても、つばきをかけられても、

私の顔を隠さなかった。」

　　——イザヤ50：6（ミカ5：1も参照）

【成就】

「そうして、彼らはイエスの顔につばきをかけ、こぶしでなぐり

つけ、また、他の者たちは、イエスを平手で打って……。」

　　——マタイ26：67（ルカ22：63も参照のこと）

　ユダヤ教の史料（タルグム）——イザヤ50：6の箇所にはこうある。「打つ者に私の背をまかせ、毛を抜く者に私の頬をまかせ、屈辱を受けても、つばきをかけられても、私の顔を隠さなかった」(Stenning, TI, 170)。

　ヘンリーは言う。「キリストはあえて相手の言いなりになられたが、ここで甘受されたことは①むちで打たれること……、②殴打されること……、③つばを吐きかけられること……。このすべてをキリストは私たちのために、進んで耐え忍ばれた。それは、私たちを救うためには何もいとわないことを私たちに確信させるためであった」(Henry, MHC, 816)。

42—嘲笑される

【預言】

「私を見る者はみな、私をあざけります。

彼らは口をとがらせ、頭を振ります。

『主に身を任せよ。彼が助け出したらよい。

彼に救い出させよ。彼のお気に入りなのだから。』」

169

——詩篇 22：7, 8

【成就】

「それから、いばらで冠を編み、頭にかぶらせ、右手に葦[あし]を持たせた。そして、彼らはイエスの前にひざまずいて、からかって言った。『ユダヤ人の王さま。ばんざい。』」

——マタイ 27：29（マタイ 27：41 〜 43 も参照のこと）

43—十字架の下で倒れる

【預言】

「私のひざは、断食のためによろけ、
私の肉は脂肪がなく、やせ衰えています。
私はまた、彼らのそしりとなり、
彼らは私を見て、その頭を振ります。」

——詩篇 109：24, 25

【成就】

「彼らはイエスを受け取った。そして、イエスはご自分で十字架を負って、『どくろの地』という場所（ヘブル語でゴルゴタと言われる）に出て行かれた。」

——ヨハネ 19：17

「彼らは、イエスを引いて行く途中、いなかから出て来たシモンというクレネ人をつかまえ、この人に十字架を負わせてイエスのうしろから運ばせた。」

——ルカ 23：26（マタイ 27：31, 32 も参照）

イエスの衰弱はひどく、十字架の重みに堪えて歩き続けることは

できなくなっていたと思われる。それで、他の者に十字架を背負わせることになった。

44—手足が刺し貫かれる

【預言】

「私の手足を引き裂きました。」
　　——詩篇 22：16（ゼカリヤ 12：10 も参照）

【成就】

「『どくろ』と呼ばれている所に来ると、そこで彼らは、イエスと
　犯罪人とを十字架につけた。」
　　——ルカ 23：33（ヨハネ 20：25 も参照）

　イエスの処刑はローマの通常の方式で行われた。手足は先の鈍い
大型のくぎで刺し貫かれ、からだは木の十字架（または杭）に打ち
つけられた。

45—泥棒たちとともに十字架につけられる

【預言】

「彼が自分のいのちを死に明け渡し、
　そむいた人たちとともに数えられたからである。」
　　——イザヤ 53：12

【成就】

「そのとき、イエスといっしょに、ふたりの強盗が、ひとりは右
　に、ひとりは左に、十字架につけられた。」

──マタイ 27：38（マルコ 15：27, 28 も参照のこと）

　ブリンズラーは言う。「十字架刑はユダヤの処刑法にはないものであった。ユダヤの律法では、偶像礼拝者や冒瀆の罪を犯した者を石打ちの刑に処した後で木につるすことはあっても、つるす行為そのものは死刑でなかった。これは、申命記 21：23（七十人訳）の『木につるされた者は、神にのろわれた者だからである』ということばにしたがい、処刑された者が神にのろわれた存在であるという刻印を押すために、死んだ後で加えられる罰則なのである。ユダヤ人たちはこのことばを十字架刑に処された者にも適用した。十字架刑は異教徒の目から見ても、もっとも屈辱的で凄惨な処刑方法だったが、イエスの時代のユダヤ人たちは、さらに処刑された者を神にのろわれた者とみなしたのである」（Blinzler, TJ, 247, 248）。
『大米百科事典』はこのように記している。「犯罪に対する処罰手段としての十字架刑の歴史は、ローマの法体系の一部として学ぶ必要がある。……たとえば、ヘブル人たちはローマに強制されて初めて十字架刑を受け入れ、採用した。パレスチナがローマ領となる前のヘブル人独自の法体系では、死刑は石打ちによって行われた」（EA, 8：253）。
　「前 63 年、ポンペイウスの軍隊がユダヤの首都に入城した。その結果、パレスチナはローマの属領となった。ただ、名前だけの傀儡王朝は残された」（Wilson, DDWD, 262）。
　したがって、イザヤ 53 章や詩篇 22 篇に描写されているような死は、この記事が書かれた何百年も後までユダヤの制度に存在しなかったのである。

　　46─迫害者のためにとりなしをする

【預言】

「彼は多くの人の罪を負い、

そむいた人たちのためにとりなしをする。」

——イザヤ 53：12

【成就】

「父よ。彼らをお赦しください。彼らは、何をしているのか自分

でわからないのです。」

——ルカ 23：34

「イエスはこの務めを十字架の上で始められ（ルカ 23：34）、今

も天で続けておられる（ヘブル 9：24、Ⅰヨハネ 2：1）」（Fausset,

CCE, 733）。

47—ご自分の民に拒絶される

【預言】

「彼はさげすまれ、人々からのけ者にされ、

悲しみの人で病を知っていた。

人が顔をそむけるほどさげすまれ、

私たちも彼を尊ばなかった。」

——イザヤ 53：3（詩篇 69：8；118：22 も参照）

【成就】

「兄弟たちもイエスを信じていなかったのである。……『議員と

かパリサイ人のうちで、だれかイエスを信じた者があったか。』」

——ヨハネ 7：5, 48（マタイ 21：42, 43、ヨハネ 1：11 も参照）

「これはキリストにおいて成就した。兄弟たちはキリストを信じなかった（ヨハネ7：5）。ご自分の民のもとに行かれても、民は受け入れなかった（ヨハネ1：11）。実の兄弟と同じぐらい気の置けない関係になった弟子たちも見捨ててしまった」（Henry, MHC, 292）。

　注――イザヤのこの箇所はユダヤ人のメシヤについて語っている、というのがキリスト以前のユダヤ人注釈者たちの通常の教えだった。イザヤ53章に預言的要素があることは、このことからも確認できる（S. R. Driver, et al., *The Fifty-Third Chapter of Isaiah According to Jewish Interpreters* 参照）。この箇所は苦難の中にあるユダヤの国を表現している、とラビたちが教えるようになったのは、初期のクリスチャンたちがこの箇所をキリストの受難として強調するようになってからである。イザヤがユダヤの民を指すときは1人称複数形（「私たち」）を用いるのがふつうであり、メシヤをさすときは常に3人称単数形（「彼」）を用いた事実を考慮するならば、このラビたちの見解は的外れである（イザヤ53章は3人称単数形）。（「イザヤがユダヤの民を指すときは1人称複数形を用いるのがふつう」だったというのは、もちろん、彼がユダヤの民を指すときに**必ず**1人称複数形を用いたという意味ではない。イザヤ5章ではイスラエルを指して3人称複数形を用いている）（Geisler, BECA, 612）。

48―理由なく憎まれる

【預言】

「ゆえなく私を憎む者は私の髪の毛よりも多く……。」
　――詩篇69：4（イザヤ49：7も参照）

【成就】

「これは、『彼らは理由なしにわたしを憎んだ』と彼らの律法に書かれていることばが成就するためです。」
　　——ヨハネ 15：25

49—仲間が遠巻きにする

【預言】

「私の愛する者や私の友も、私のえやみを避けて立ち、
　私の近親の者も遠く離れて立っています。」
　　——詩篇 38：11

【成就】

「しかし、イエスの知人たちと、ガリラヤからイエスについて来ていた女たちとはみな、遠く離れて立ち、これらのことを見ていた。」
　　——ルカ 23：49（マタイ 27：55, 56、マルコ 15：40 も参照）

　「私が苦しみのただ中にあり、今まで以上にすぐ近くにいてほしい、と思うまさにそのときに、人は関わりあって危険を招くことを恐れる。敵が近くにいるときに、味方はそばにいない。メシヤの場合もそうであった」（マタイ 26：56；27：55、ルカ 23：49、ヨハネ 16：32）（Fausset, CCE, 184）。

50—人々が首を振る

【預言】

「私はまた、彼らのそしりとなり、
　彼らは私を見て、その頭を振ります。」

175

——詩篇 109：25（詩篇 22：7 も参照）

【成就】

「道を行く人々は、頭を振りながらイエスをののしって……。」
——マタイ 27：39

　「これは、苦しみのただ中にある者に何の望みもないことを告げる仕草である。軽蔑の念をもってあざけっている」（ヨブ 16：4、詩篇 44：14）（Etheridge, TOJ, l48）。
　「まるで私がもうだめであるかのように。私も、私が唱えていたことも、取り返しがつかないほど望みのない状態になってしまった」（詩篇 22：7、マタイ 27：39）（Etheridge, TOJ, 345）。

51 ーじろじろ見られる

【預言】

「私は、私の骨を、みな数えることができます。
彼らは私をながめ、私を見ています。」
——詩篇 22：17

【成就】

「民衆はそばに立ってながめていた。」
——ルカ 23：35

52ー衣が分けられ、くじが引かれる

【預言】

「彼らは私の着物を互いに分け合い、

私の一つの着物を、くじ引きにします。」
　——詩篇 22：18

【成就】

「さて、兵士たちは、イエスを十字架につけると、イエスの着物を取り、ひとりの兵士に一つずつあたるよう四分した。また下着をも取ったが、それは上から全部一つに織った、縫い目なしのものであった。そこで彼らは互いに言った。『それは裂かないで、だれの物になるか、くじを引こう。』」
　——ヨハネ 19：23, 24

　詩篇 22 篇の表現はほとんど矛盾しているように見える。しかし、十字架の場面の記事を読むときに、その謎はとける。着物は兵たちの間で分けられたが、下着はくじ引きでひとりだけのものとなったのである。

53—のどの渇きを覚える

【預言】

「私が渇いたときには酢を飲ませました。」
　——詩篇 69：21

【成就】

「この後、イエスは……『わたしは渇く』と言われた。」
　——ヨハネ 19：28

54—苦味と酢を口に受ける

「彼らは私の食物の代わりに、苦味を与え、

私が渇いたときには酢を飲ませました。」

　　——詩篇 69：21

【成就】

「彼らはイエスに、苦みを混ぜたぶどう酒を飲ませようとした。

イエスはそれをなめただけで、飲もうとはされなかった。」

　　——マタイ 27：34（ヨハネ 19：28, 29 も参照）

　A・R・フォーセットは言う。「イエスが激しい苦痛にあえぐ姿は、敵の心を軟化させたと思われるかもしれない。ただ、敵はコーディアル（アルコール）ではなく、苦味と酢を与えようとした。二度にわたって十字架上の救い主に酢が差し出された——まず苦味（マタイ 27：34）、そして没薬（もつやく）を混ぜたもの（マルコ 15：23）であった。しかし、イエスはそれをなめただけで、飲もうとされなかった。没薬には神経を麻痺（まひ）させる効果があるが、イエスは苦痛を真正面から受けとめようとされたのである。敵側には、慈悲の行為であっただろう。しかし、人の罪を背負う義人にとっては侮辱行為だったのである。次いで、イエスはこの聖書のことばを成就させるために『わたしは渇く』と言われた。すると、酢が与えられた」（ヨハネ 19：28、マタイ 27：48）（Fausset, CCE, 246）。

55—孤独な叫び

【預言】

「わが神、わが神。どうして、私をお見捨てになったのですか。」

　　——詩篇 22：1

178

【成就】

「三時ごろ、イエスは大声で、『エリ、エリ、レマ、サバクタニ』と叫ばれた。これは、『わが神、わが神。どうしてわたしをお見捨てになったのですか』という意味である。」

——マタイ 27：46

詩篇 22 篇「『わが神』という叫びが意味深長に二度くり返されている（1 節）。この叫びは、この方が苦しみの最中にありながら、（状況は反対のように見えたにもかかわらず）神はそれでも自分の神であるという確信を失ってはおられないことを表している。それがこの方の絶望への態度であり、神がやがて解放者として介入してくださるという宣言であった」（Fausset, CCE, 148）。

　この叫びは民の注意を詩篇 22 篇に引き戻す役割をした。キリストはこの詩篇の最初の節を引用されたが、この詩は明らかに十字架を預言したものである。

56—自身を神にささげる

【預言】

「私の霊を御手にゆだねます。」

——詩篇 31：5

【成就】

「イエスは大声で叫んで、言われた。『父よ。わが霊を御手にゆだねます。』」

——ルカ 23：46

57—骨は折られない

【預言】

「主は、彼の骨をことごとく守り、

その一つさえ、砕かれることはない。」

——詩篇 34：20

【成就】

「しかし、イエスのところに来ると、イエスがすでに死んでおられるのを認めたので、そのすねを折らなかった。」

——ヨハネ 19：33

メシヤの骨に関する預言は、上記以外にもふたつある。そのふたつは、それが成就したことが聖書に明確に書かれているわけではない。それでも、まちがいなくそのとおりに成就したことが確認できる。

①「私の骨々はみな、はずれました」（詩篇 22：14）。十字架についている間に骨の関節がはずれるというのはよくあることである。これは、からだが地面に横たわっている間に十字架に打ちつけられたのなら、なおさらのことである。

②「私は、私の骨を、みな数えることができます。彼らは私をながめ、私を見ています」（詩篇 22：17）。十字架上でぶら下がっているとき、骨は見えやすくなる。十字架刑でからだが引っ張られることで、骨が通常よりも突き出した状態になるのである。

58—心臓が破れる

【預言】

「私の心臓［心］は、ろうのようになり、私の内で溶けました。」
　　──詩篇 22：14

【成就】

「しかし、兵士のうちのひとりがイエスのわき腹を槍で突き刺した。すると、ただちに血と水が出て来た。」
　　──ヨハネ 19：34

刺されたわき腹から血と水が分離して出て来たことは、心臓が文字どおり破裂した証拠である。

59──わき腹を刺される

【預言】

「彼らは、自分たちが突き刺した者、わたしを仰ぎ見……。」
　　──ゼカリヤ 12：10

【成就】

「しかし、兵士のうちのひとりがイエスのわき腹を槍で突き刺した。」
　　──ヨハネ 19：34

　T・ラッチは言う。「ここで驚くべきことばが発せられる。主のことばによると、人間が神の子のからだを突き刺す、というのだ。そして、その者たちがやがて主を目にし、嘆くとも。
　『突き刺す』ということばは、剣か槍で刺し通す意味で 9 回用いられている（民数記 25：8、士師記 9：54、Ⅰ サムエル 31：4、Ⅰ 歴代誌 10：4、イザヤ 13：15、エレミヤ 37：10『重傷を負った』；

51：4、ゼカリヤ 12：10：13：3)。ある箇所では、飢えの苦しみに
突き刺されるのは剣よりも苦痛である、という表現で用いられてい
る」（哀歌 4：9）（Laetsch, BCMP, 483)。

60—暗闇が地を覆う

【預言】

「その日には、――神である主の御告げ――
わたしは真昼に太陽を沈ませ、日盛りに地を暗くし……。」
　　――アモス 8：9

【成就】

「さて、十二時から、全地が暗くなって、三時まで続いた。」
　　――マタイ 27：45

　〔原語では「6 時から」と「9 時まで」となっているが〕これは
ユダヤ人が日の出から日の入りまでを 12 時間として計算したため
である。したがって、「6 時」は正午近く、「9 時」は 3 時ごろとな
る。

61—金持ちの墓に葬られる

【預言】

「彼の墓は悪者どもとともに設けられ、
彼は富む者とともに葬られた。」
　　――イザヤ 53：9

【成就】

「夕方になって、アリマタヤの金持ちでヨセフという人が来た。
……イエスのからだの下げ渡しを願った。……ヨセフはそれを取
り降ろして、きれいな亜麻布に包み、岩を掘って造った自分の新
しい墓に納めた。」
——マタイ 27：57 ～ 60

4　預言の成就によるメシヤ性の検証

4.1　反論——預言の成就は意識的に操作されたもの

『過越の陰謀』という本の中で急進的新約学者 H・J・ションフ
ィールドは、イエスは単にメシヤになることを願って預言の「成
就」を演出したにすぎない、という説を唱えている（Schonfield,
H.J., 35-38）。

まず第 1 に、この説は、前述のように、イエスが誠実な方であっ
た事実と矛盾する。イエスが史上最大級の詐欺師であることを前提
とし、福音書が記しているような完全な人間でないばかりか、単な
る善人であることさえも否定するのである。

第 2 に、メシヤ預言の成就に必要な出来事の多くは、イエスが自
分でコントロールすることのできないものだった。たとえば、生ま
れた場所（ミカ 5：2）、処女から生まれること（イザヤ 7：14）、死
ぬ時期（ダニエル 9：25）、どの部族（創世記 49：10）のどの家系
に生まれるか（Ⅱサムエル 7：12）などである。これらは預言と一
致する。しかし、いずれも、イエスが自分で操作できるものではな
い。

第 3 に、預言すべてが成就しているかのように見せかけるために、
人や出来事を操作することは、超自然的な力なしには不可能である。
たとえば、ヨハネが前ぶれをすること（マタイ 3 章）、告発者の反
応の仕方（マタイ 27：12）、衣を分けるために兵たちがくじを引く

こと（ヨハネ19：23, 24）、わき腹を槍で突き刺すこと（ヨハネ19：34）などである。

ローマ人たちは、本当にキリストのわき腹を突き刺してしまった。それほど預言の成就は完璧であった。そこまで人と状況とをコントロールする力があるとすれば、その人は神にほかならない。それらをコントロールできると信じるほうが、聖書預言の成就と認めるよりも、より多くの奇跡を必要とする。奇跡がなければ、陰謀の達成は不可能だからである（Geisler, BECA, 585）。

結論──上記の反論は、メシヤ預言の多くが人間のコントロールできる範囲を完全に超えたものであると気づいたとたん、成り立たなくなる。人間のコントロールを超えたものとしては以下のものがある。

① 誕生の場所（ミカ5：2）
② 誕生の時期（ダニエル9：25、創世記49：10）
③ 生まれ方（イザヤ7：14）
④ 裏切り
⑤ 死に方（詩篇22：16）
⑥ 人の反応（あざける、つばをかける、じろじろ見る、など）
⑦ 刺され方
⑧ 埋葬

4.2 反論──預言の成就は偶然

「ケネディ、キング、ナセル、その他、偉人と呼ばれる人たちが死んだときにも、この預言のいくつかは成就したと言えるではないか」と批判的学者たちは異議を唱える。

答え──確かに、ほかの人物の人生においても、ひとつやふたつの預言が成就したと言えるかもしれない。しかし、61の中心的預言がすべて成就したと言える人物はほかにいない。実際、F・J・

メルドー著『旧・新約聖書におけるメシヤ』にリストアップされているメシヤ預言の半分でも成就した人物を、イエス以外で見つけることができたら、（故人でも存命中でも）千ドルの賞金を出すとデンバーのクリスチャン・ビクトリー出版が何年にもわたって告知しているが、見つけた人はいない。学者の中にはこの賞金で助かる人たちがたくさんいるであろうに。

　ゴシェン大学アメリカ科学連盟の H・H・ハーツラーは、P・ストーナーの著書の前書きでこう述べている。「アメリカ科学連盟のメンバーで構成された委員会と執行部は、『科学は語る』の原稿を注意深く検討しました。その結果、本書中の科学的記述は全面的に正確で信頼できるものであるという結論に至りました。本書における数学的分析は実に健全な確率の法則に基づいたものであり、ストーナー教授はその法則を適切に、また説得力のある形で適用しておられます」（Hartzler, "F" ——Stoner, SS における引用）。

　以下に述べる確率は、ストーナーの『科学は語る』から引用したものである。このことから、確率論によれば、預言成就が偶然である可能性が排除されることがわかる。ストーナーによれば、現代の確率理論を 8 つの預言（①預言 10、②預言 22、③預言 27、④預言 33・44、⑤預言 34、⑥預言 35・36、⑦預言 39、⑧預言 44・45 ［十字架刑］）に適用することで、以下のことがわかる、という。

　　「現在までに生存した人の中で 8 つの預言をすべて成就する確率は 10^{17} 分の 1 である。［つまり、100000000000000000（1 の後に 0 が 17 個）分の 1 である。この驚異的な確率を理解する助けとしてストーナーは次のような例を使って説明している。］テキサス州全土に 10^{17} 個の 1 ドル銀貨を敷きつめる。すると、テキサス州全体を約 60 センチの高さでおおうことになる。［訳者注——テキサスは日本の約 3 倍の面積。］ここで、1 ドル銀貨の 1 枚に

印をつけて、他の銀貨の山の中に入れ、全体を完全にかき混ぜる。目隠しをしたひとりの人にこう告げる。『どこに行ってもいいので、印のついた銀貨の場所を当ててください。』この人が印のついた銀貨を見つける確率はどれぐらいであろうか。預言者たちが自分の思いつくまま勝手に8つの預言をして、それが当時から今に至るまで存在した誰かひとりの人生に全部実現するのとちょうど同じ確率である。

さて、この8つの預言は霊感によって与えられたものであるか、預言者たちが思いつくままに書いたものであるか、そのどちらかである。もし後者であるなら、それがひとりの人に全部成就する確率は10^{17}分の1でしかない。しかし、その全部がキリストにおいて実現した。それは何を意味しているのだろうか。このわずか8つの預言だけでも成就したとすれば、それが神によって与えられた預言だということである」(Stoner, SS, 100-107)。

ストーナーは48の預言を調べた上で次のように報告している。

「誰かが48の預言をすべて成就する確率は10^{157}分の1である。これは天文学的数字なので、極小の確率となる。これを視覚化してみよう。私たちがここまで用いてきた1ドル銀貨は大きすぎるので、もっと小さなものを選ばなければならない。最小の物質のひとつに電子がある。電子は実に小さな物質なので、横に並べて1インチ［約2.54センチ］の直線にするには2.5×10^{15}個が必要になる。この1インチの直線に含まれる電子を1分間に250個、1日24時間数え続けるなら、1900万年かかる。もしこの電子が1立方インチあって、それを休むことなく1分間250個のペースで数えようとするなら、1900万 × 1900万 × 1900万年、すなわち6.9×10^{21}年かかることとなる。

　では、10^{157} 分の 1 の確率に話を戻そう。10^{157} 個の電子の中の一つに印をつけ、全部の電子といっしょにしてかき混ぜる。そして目隠しをした人に電子を 1 個選んでもらう。それが印のついた電子である確率はどれぐらいであろうか。これほどの数の電子というのはどれぐらいの量になるのだろうか。想像もつかない」(Stoner, SS, 109, 110)。

　48 の預言を誰かが成就する確率というのは、こういうことなのである。

4.3　反論——超能力者も同じような予言をしている

　現代の聖書預言の批判者たちは、超能力者の予言も同じようなものだという。聖書の預言者と超能力者の間には実に大きな違いがある（『奇跡か奇術か』参照）。預言者が本当に預言者かどうかを確かめる方法がある。実現しなかった預言がひとつでもあれば、預言者とは認められないのだ（申命記 18：22）。預言をはずした者は石打ちの刑に処された（18：20）。——だから、語ろうとするメッセージが神からのものであるという全き確信がなければ、おいそれと語ることはできなかった。しかし、何百もある聖書預言の中で、はずれたものは今のところひとつもない。1975 年から 1981 年まで続いた超能力者の予言に関する研究によると、72 の予言の中で何らかの形で実現したと言えるものは 6 つしかなかった。しかも、そのうちのふたつはあいまいなものであり、他のふたつは驚くに値しないものだった（「アメリカとロシアは主要国であり続ける」「第 3 次世界大戦はない」というもの）。1976 年版『国民年鑑』(*The People's Almanac*) が大物と呼ばれる超能力者 25 人の予言を調査したところ、総数 72 の予言中 62（92％）が完全にはずれるという結果に終わった（Kole, MM, 69）。的中した 8％は簡単に説明がつくものだ

った。ひとつは偶然。もうひとつはだいたいの状況を知っていたことによる。1993年に起こった予期できぬ主要事件（マイケル・ジョーダンの引退、米国中西部の洪水、イスラエル・PLO間の和平協定など）を予言した超能力者は1人もいなかった。はずれた予言としては「イギリス女王が修道女になる」「キャシー・リー・ギフォードがジェイ・レノの代わりに『トゥナイト・ショー』の司会者になる」などがあった（*Charlotte Observer* 12/30/93）。

かのノストラダムスの「予言」も決してびっくりするようなものではない。世の評判とは異なり、カリフォルニア大地震の場所も年も予言していなかった。彼の「有名」な予言のほとんど（ヒットラーの台頭など）は曖昧なものである。他の超能力者たちと同様に、予言がはずれることも多く、聖書の基準からすれば偽預言者である。

──ガイスラー（BECA, 615）

同様に、かのノストラダムスの「予言」も決してびっくりするようなものではない。世の評判とは異なり、カリフォルニア大地震の場所も年も予言していなかった。彼の「有名」な予言のほとんど（ヒットラーの台頭など）は曖昧なものである。他の超能力者たちと同様に、予言がはずれることも多く、聖書の基準からすれば偽預言者である（Geisler, BECA, 615）。

4.4　メシヤ来臨のタイミング

4.4.1　王権の排除

「王権はユダを離れず、
統治者の杖はその足の間を離れることはない。
ついにはシロが来て、

国々の民は彼に従う」(創世記 49：10)。

この箇所で「王権」と訳されている語は「部族の杖」を意味する。イスラエルの 12 部族は部族ごとにそれぞれ、その名が刻み込まれた「杖」を持っていた。したがって、ユダの「部族の杖」または「部族の独自性」はシロが来るまで失われないことになる。何世紀にもわたり、ユダヤ人注解者もクリスチャン注解者も「シロ」という語がメシヤの名のひとつであると解してきた。

ユダは、70 年間のバビロン捕囚の時代、国家としての主権を奪われていた。しかし、その間も「部族の杖」「民族の独自性」を失いはしなかった。捕囚中の期間でさえも独自の立法者・裁判官を持っていた（エズラ 1：5, 8 参照）。

したがって、この箇所の預言によれば、メシヤの来臨のすぐ後でふたつのしるしが見られることになる。

① ユダの杖（独自性）の消滅

② 司法権の制限

ユダの杖の消滅の始まりが目に見えるようになったのは、ユダヤ人の血を引かないヘロデ大王が王となった時である。このヘロデが王となったのは、エルサレムに君臨したユダヤ人の王としては最後となるレビ族出身のマカバイの王朝が終わったときである（Sanhedein, folio 97, verso.）（Ⅱマカバイ記）。

ルマンは著書『サンヘドリンにおけるイエス』第 2 章に「キリストの裁判の 23 年前にサンヘドリンの法的権限が制限される」というタイトルをつけている。制限されたことの中には死刑宣告を下す権限も含まれていた。そうなったのは、後 11 年、ヘロデの息子で後継者であるアケラオが廃位されたときである（ヨセフス『ユダヤ古代誌』第 17 巻 13：1〜5）。アウグストの名によって統治したローマ総督たちは、自分たちが生殺与奪の権を行使できるよう、サン

ヘドリン（議会）が持っていた最高議決権を剥奪した。ローマ帝国が征服した国はみな死刑を宣告する権限を失った。タキトゥスは言う。「ローマ人は剣を使う権利は自分たちのものとしたが、他のことは一切顧みなかった。」

しかし、サンヘドリンも一定の権限は保持した。

① 会堂からの追放（ヨハネ 9 : 22）

② 投獄（使徒 5 : 17, 18）

③ 体罰（使徒 16 : 22）

タルムードも「神殿破壊の 40 年以上前に死刑宣告の権限はユダヤ人から取り去られた」と認めている（*Talmud,* Jerusalem, Sanhedrin, fol. 24, recto.）。しかし、その時点まで、ユダヤ人が生殺与奪の権を握っていたということではなく、この権限剥奪はおそらく後 7 年、コポニオの時代になされたものであろう（*Essai sur l' histoire et la geographie de la Palestine, d' apres les Talmuds et la geographie de la Palestine, d' apres les Talmuds et les autres sources Rabbinique,* p. 90 : Paris, 1867）。ラビ・ラクモンは言う。

司法権がいったん制限されると、サンヘドリンは消滅してしまった。そう、杖は取り去られ、ユダは王権を失ってしまったのである。

「サンヘドリンのメンバーは生殺与奪の権を失ったと知ると、全員が驚愕した。みな頭に灰をかぶり、荒布をまとって叫んだ。『災いだ。王権がユダから取り去られたのに、メシヤはまだ来られていない』」（LeMann, JBS, 28-30）。

この民族の衰退を目にしたヨセフスはこう書いている。「州総督フェストの死後、アルビノがその後任に当たろうとしているころ、大祭司アナニヤは議会（サンヘドリン）招集の好機であると考えた。そこで、緊急に議会を招集し、キリストと呼ばれたイエスの弟に当

たるヤコブらをその前に引き出し、石打ちによる死刑を宣告した。エルサレムにいた賢人や法の遵守を重んじる者たちはみな、この行為に難色を示した。……ある者たちはアレクサンドリアに向かったアルビノのところまで出向き、この違法行為、およびアナニヤがローマの承認なく議会を招集した事実を告げ知らせるに及んだ」（ヨセフス『ユダヤ古代誌』第20巻9：1）。

　ユダヤ人たちは面目を保つために、死刑廃止が必要となった理由をあれこれ考え出した。たとえば、タルムード（Bab., *Aboda Zarah,* or *Of Idolatry,* fol. 8, recto.）はこのように言っている。「サンヘドリンの議員たちは、イスラエルに殺人者の数が増え、全員死刑にするのが不可能なまでになったことに気づき、この結論に達した。『もう我々が死刑を宣告しなくてもすむように、通常議会の場所を変更するのがよい。』」これに関してマイモニデス（*Const. Sanhedrin,* 14章）がこう説明している。「第2神殿崩壊の40年前、神殿はまだ立っていたのだが、刑事裁判はイスラエルから消滅した。これは、サンヘドリンの議員たちが切り石の間を立ち退き、その場所で会議を開くことをやめたからである」（LeMann, JBS, 30-33）。

　ライトフット（*Evangelium Matthaei, heroe hebraicoe,* pp. 275, 276, Cambridge, 1658）はさらに説明を加えている。

　「サンヘドリンの議員たちは……イスラエルの地がローマ帝国に支配され、イスラエル国民がその脅威の下にある限り、死刑の宣告は下さない、という決議をした。ユダヤが完全に侵略され、ローマ軍の足もとで身震いしているときに、アブラハムの子らに死刑を宣告するなどということは、古代の族長たちの顔に泥を塗ることではなかろうか。イスラエルの中でもっとも小さな者も、アブラハムの子孫であるという事実だけで、異邦人にまさる人間ではなかろうか。だからこそ、切り石の間を立ち退こうではない

か。その外では誰も死に定められることがない。私たちが自発的に立ち退き、正義の声を沈黙させることによって抗議し、『ローマがたとえ世界を支配しようとも、ユダヤ人や律法の上に立つことはできない』ことを示そうではないか」（Lightfoot, EM——LeMann, JBS, 33, 34, 38 における引用）。

タルムード（Bab., Sanhedrin, Chap. 4, fol. 51b）はいう。「サンヘドリンが死刑相当の犯罪に対する権限を失ってしまったため、この裁定には実際的な効力がない。メシヤの時代が到来したときに初めて効力を持つ」（Nezikin, BT, 346）。

司法権がいったん制限されると、サンヘドリンは消滅してしまった。そう、杖は取り去られ、ユダは王権を失ってしまったのである。メシヤがナザレ出身の青年の姿ですでに来られていたことに気づきもせずに。

4.4.2　神殿の破壊

「あなたがたが尋ね求めている主が、突然、その神殿に来る」（マラキ3：1）。

この聖句および他の4つの聖句（詩篇118：26、ダニエル9：26、ハガイ2：7〜9、ゼカリヤ11：13）によると、メシヤはエルサレムの神殿がまだ立っている間に現れる必要があった。神殿が後70年に破壊され、以後**一度も**再建されたことがないことを考えると、このことは非常に重要な意味を持ってくる。

「その六十二週の後、油そそがれた者は断たれ、彼には何も残らない。やがて来たるべき君主の民が町と聖所を破壊する」（ダニエル9：26）。

これは驚くべきことばである。ここで預言されていることを年代順に並べると、次のようになる。

192

①　メシヤ（油そそがれた者）が現れる（前提）

②　メシヤが断たれる（死ぬ）

③　町（エルサレム）と聖所（神殿）が破壊される

　神殿と町は後70年にテトスのローマ軍によって破壊された。したがって、メシヤがすでに現れたか、この預言がはずれたか、どちらかひとつである。

4.4.3　1日もたがわない成就

　ダニエル9：24～27はメシヤに関する預言を3部構成で語っている。この預言には「70の7」（年）、すなわち490年という数字が登場する。最初の部分では、メシヤが69「週（＝7）」の終わりにエルサレムに現れると言っている。（「7の7」と「62の7」は合わせて、この文脈における「70年」［ダニエル9：2］に対しての69×7年という期間として解釈することができる。）この「69×7＝483年」の始まりは25節に見られるエルサレム再建の命令である。

　第2の部分では、メシヤが登場後に断たれる（死を意味する表現）と言っている。そして、やがて現れる君主がエルサレムおよび神殿を破壊し、「70×7＝490年」の最後の7年間を完了すると言っている。

　以上のすべての出来事は、ダニエル9：24～26によると、「69週」が過ぎた後で起こることになる。しかし、ダニエル9：24は69週でなく、「70週」（7＋62＋1）について語っている。最後の「週」については9：27で説明している。多くの学者は、9：27では9：26と異なる人物・時について語っている、と考える。どちらも「君主」について語っているが、27節ではおそらく後の歴史に登場する別の君主について語っていると思われる（ひとつの表現がふたつのものを指すことは、預言においてよくあることである。たとえば、ダビデ王を指すと同時に、後に来られるキリストのことを

指す、という表現がある）。このことは「君主」が何をしているかを見ることによってもわかる。9：27 の君主はユダヤの神殿礼拝をやめさせているが、9：26 ではすでに神殿を破壊しているのだ。したがって、この君主は神殿が再建された後の時代（現在から見ても未来）に来る人物を指していると思われる。「70 週」（この預言で語られている最後の 7 年間）をどう解釈するとしても、預言の最初のふたつの部分については、歴史と照合することができる。このダニエルの預言についてもっと調べたい読者は『キリストの生涯の年代的考察』（*Chronological Aspects of the Life of Christ*）を参照のこと（Hoehner, CALC, 17）。

4.4.3.1 聖書

「あなたの民とあなたの聖なる都については、七十週が定められている。それは、そむきをやめさせ、罪を終わらせ、咎を贖い、永遠の義をもたらし、幻と預言とを確証し、至聖所に油をそそぐためである。それゆえ、知れ。悟れ。引き揚げてエルサレムを再建せよ、との命令が出てから、油そそがれた者、君主の来るまでが七週。また六十二週の間、その苦しみの時代に再び広場とほりが建て直される。その六十二週の後、油そそがれた者は断たれ、彼には何も残らない。やがて来たるべき君主の民が町と聖所を破壊する。その終わりには洪水が起こり、その終わりまで戦いが続いて、荒廃が定められている。彼は一週の間、多くの者と堅い契約を結び、半週の間、いけにえとささげ物とをやめさせる。荒らす忌むべき者が翼に現れる。ついに、定められた絶滅が、荒らす者の上にふりかかる。」（ダニエル 9：24 ～ 27）

4.4.3.2 預言の解釈

4.4.3.2.1　この預言のおもな特徴

（タルボット神学校［カリフォルニア］のジェームズ・ロスカップ博士の講義ノートから）

ダニエルの民であるイスラエルと、ダニエルの町であるエルサレム（24 節）

2 人の君主

　　①　メシヤ（25 節）

　　②　来たるべき君主（26 節）

70 週の期間（24 節）

　　①　1 つのまとまった期間として（24 節）

　　②　3 つの部分——7 週・62 週・1 週（25・27 節）

70 週の始まり（25 節）

69 週の終わりにあるメシヤの来臨（25 節）

来たるべき君主の民による町と神殿の破壊（26 節）

最後の週の初めに、イスラエルと来たるべき君主の間に結ばれる契約（27 節）

週の半ばに起こる契約破棄（27 節）

70 週の末にイスラエルにもたらされる永遠の義（24 節）

4.4.3.2.2　70 週が表す時間の長さ

ユダヤにおける「週」の概念

①「週」にあたるヘブル語シャヴアは文字どおりには「7」を意味する。（ここでガブリエルが用いている「週」の概念は、私たちがふつう用いている「週」の概念と切り離して考えなければならない。）そういうわけで、70 週という概念は、ヘブル語では「70 の 7」［＝ 70 × 7］となる。

②　ユダヤ人にとっては、日単位の「7」の概念も年単位の「7」の概念もごく当たり前のものだった。年単位の「7」は「いくつか

の点において、いっそう重要なものであった」（McClain, DPSW, 19）。

　③　以上の事実はレビ記25：2〜4が例証している。レビ記25：8は年単位の週という概念があったことと、それを単位として用いていたことを示している。

　ここまで述べたことを心に留めて話を進めると、ダニエルで言われている70週が年単位の70週であるとする根拠がいくつかある。

　①　ダニエルはこの章の初めで、年単位で話を進めており、また7の倍数である数字を用いている（ダニエル9：1, 2）。

　②　ダニエルはバビロン捕囚が安息年の違反に基づくものであると知っていた。ユダヤ人の捕囚は70年間続いたので、安息年の違反は490年にわたって行われたものと思われる（レビ記26：32〜35、Ⅱ歴代誌36：21、ダニエル9：24）。

　③　70週を年単位で理解すると、意味が通じ、矛盾がない。

　④　シャヴアはダニエル10：2, 3にも用いられている。そこでは文脈から「日単位の週」であることが明らかである。文字どおりには「日の3つの7」と言っている。9：24〜27でも日単位を意図していたのなら、なぜ10章と同じような表現が用いられていないのだろうか。9章で年が意図されていたことは明らかである。

4.4.3.2.3　預言における1年の長さ

　聖書がどんな暦を用いていたかは、聖書自体で確定しなければならない。

　①　歴史的——創世記7：11と創世記8：4を比較せよ。その両者を創世記7：24および創世記8：3と比較せよ。

　②　預言的——多くの箇所がいろいろな表現で大患難時代について語っているが、すべて1年を360日と考えていることで共通している。

ダニエル 9：27——第 70 週の「半週」（明らかに 3 年半）

ダニエル 7：24〜25——「ひと時とふた時と半時」（3 つの時と半分）

黙示録 13：4〜7——「四十二か月間」（3 年半）

黙示録 12：13〜14——「一時と二時と半時」

黙示録 12：6「千二百六十日」（3 年半）

4.4.3.2.4　70 週の始まり

イスラエルの歴史で、この 70 週の始まりのときではないかと考えられる命令（布告）がいくつかある。それは以下のものである。

①　クロスの布告——前 539 年（エズラ 1：1〜4）。

②　ダリヨスの布告——前 519 年（エズラ 6：1〜12）。

③　アルタシャスタからエズラへの命令——前 457 年（エズラ 7：11〜26）。

④　アルタシャスタからネヘミヤへの命令——前 444 年（ネヘミヤ 2：1〜8）（Hoehner, CALC, 131）。

しかし、データに正確に当てはまるものは④のアルタシャスタからネヘミヤへの命令だけのようである。

J・D・ウィルソンはこの預言の始まりの時について、こう解説している。

「この布告のことはネヘミヤ 2 章に書かれている。これはアルタシャスタの第 20 年であった。布告のことばそのものは記録されていないが、内容は容易に推測できる。ネヘミヤはエルサレムの荒廃を耳にし、深く悲しむ。すると、王が彼の悲しみのわけを問う。ネヘミヤは答えて『私の先祖の墓のある町が廃墟となり、その門が火で焼き尽くされている』と語る。王が、願いは何かと聞くと、ネヘミヤは『私をユダの地、私の先祖の墓のある町へ送

　そうなると、この布告は『エルサレム再建の命令』である。この町の再建を許可する布告はほかにない。再建を許可したのはこの布告であり、ネヘミヤ書は、その仕事がどのように進められたかを記録している。
　——J・D・ウィルソン

って、それを再建させてください』と即答し、それに伴う命令を出してくれるように願う。その後、ネヘミヤは送り出され、エルサレムを再建するのである。

　そうなると、この布告は『エルサレム再建の命令』である。この町の再建を許可する布告はほかにない。再建を許可したのはこの布告であり、ネヘミヤ書は、その仕事がどのように進められたかを記録している。これ以外の別の布告を計算の始点とする諸説があるが、どうしてそんなことが何の根拠もなくできるのか、私にはよくわからない。このネヘミヤ２章の布告こそエルサレム再建の命令である。町の再建を許可した布告はほかにはない。他の布告はみな、神殿の建設に関するものであり、神殿だけなのである」（Wilson, DDWD, 141, 42）。

　この布告は以下のような理由から前444年に出されたものと断定できる。
　①「アルタシャスタ王の第二十年のニサンの月」（ネヘミヤ２:1）。
　②　アルタシャスタの即位は前465年。
　③　何日であるかは記されていない。その場合、ユダヤの慣習によると、その月の第１日と解される。すなわち、前444年のニサンの月の第１日である。
　④　現代の暦では前444年３月５日である。

4.4.3.2.5　最初の 7 週の終わり

① 　町の再建には 49 年かかった（ダニエル 9：25）。

② 　ヘブル民族への預言が終結し、旧約聖書の正典がマラキで完結したことは注目に価する。これは前 444 年から数えて 49 年後である。

ダニエルが正しいなら、エルサレム再建の布告（前 444 年ニサンの月の第 1 日）からメシヤがエルサレムに現れるまでの時間は 483 年（69 × 7）である。ここでの 1 年はユダヤの預言年である 360 日に価する（したがって計 173,880 日）。

「69 週」を締めくくる出来事は、ゼカリヤ 9：9 で預言されているように、キリストがイスラエルの前にメシヤとして出現することである。H・ホウナーはこのダニエルの預言に関係する時間を徹底的に調べ上げた上で、この出来事の日時を割り出している。

「7 年を 69 倍し、それをさらに 360 倍することによって 173,880 日という数字が得られる。前 444 年と後 33 年との間隔は太陽暦で 476 年である。476 年を 1 年 365.24219879 日（= 365 日と 5 時間 48 分 45.975 秒［1 年は 365 と 4 分の 1 日]）として日数に換算すると、173,855 日と 6 時間 52 分 44 秒となる。すると、前 444 年と後 33 年との間で 25 日だけのあまりが生じるということである。3 月 5 日（前 444 年の）に 25 日を加えると、3 月 30 日（後 33 年の）となるが、これは後 33 年のニサンの月の第 10 日である。イエスがエルサレムへの勝利の入城を果たしたのは、この日である」（Hoehner, CALC, 138）。

4.4.3.2.6　69 週と 70 週の間隔

「69 週」が終わった後、第 70 週が始まるまでにはふたつの出来事が起こる必要がある。

①　メシヤが「断たれる」（ダニエル9：26）。

キリストは後33年4月3日、エルサレムへの勝利の入城の後の金曜日に十字架にかけられた。

②　エルサレムと神殿が破壊される（ダニエル9：26）。

預言のこの部分についてウィルソンは次のように論じている。

「その後、ローマの『君主』［テトス］が軍隊を派遣し、エルサレムの町も神殿も完全に破壊した。その破壊のしかたは徹底したものだった。アンティオコス・エピファネスのときのように、単に汚したというのではない。破壊したのである。以来、エルサレム神殿の再建は行われていない。ユダヤの宗教儀式は終焉を迎えたのである。儀式の復活は一度もない。復活させることは不可能なのだ。エルサレム陥落以来、祭司職もなくなってしまった。アロンの子孫がみな殺されてしまったからである。祭司がいけにえをささげることはもうない。大祭司による罪の贖いもない。この大惨事によって古い契約も終わりを告げたからである。神の小羊がカルバリでいけにえにされたことで、宗教儀式はその生命も効力も失われてしまったが、外側の殻だけは40年間残っていた。その殻も後70年のエルサレムの破壊で取り除かれてしまったのである」（Wilson, DDWD, 148, 149）。

4.4.3.3　要約

したがって、ダニエルは「70週」の預言でメシヤについて正確な予告をしたことになる。たとえダニエル書が書かれたのが前165年であるという説が正しいとしても、これらの出来事はみな少なくともその約200年後に起こったことになる。

その出来事をまとめると以下のようになる。

①　メシヤの到来

時間表

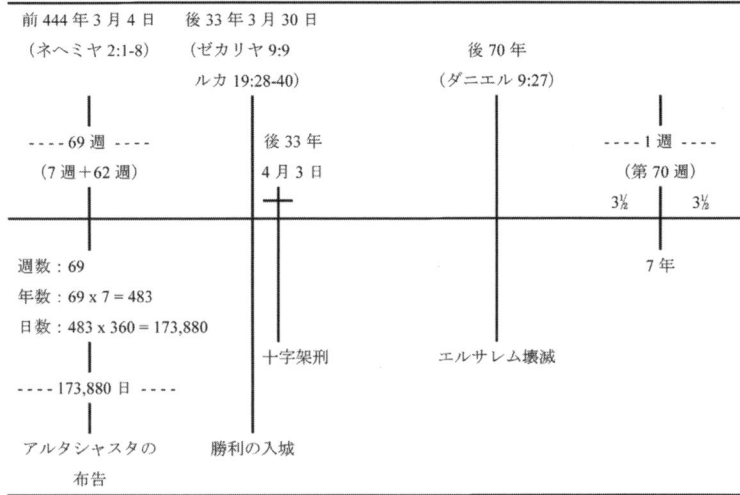

②　メシヤの死

③　エルサレムと神殿の破壊

　預言の第3の部分（第70週に関する部分）は未来に起こること
である。

5　キリストにおいて文字どおり成就した預言の要約

　F・ハミルトンは『キリスト教信仰の基盤』（現代キリスト教弁
証論）にこう記している。「キリストによって文字どおり成就した
旧約の預言を数えると332に上ると述べたのはC・リドンである」
（Hamilton, BCF, 156）。ペインは『聖書預言百科』で191をリスト
アップしている（Payne, EBP, 665-670）。

5.1 初臨

出来事——創世記 3：15、申命記 18：15、詩篇 89：20、イザヤ 9：6；28：16；32：1；35：4；42：6；49：1；55：4、エゼキエル 34：24、ダニエル 2：44、ミカ 4：1、ゼカリヤ 3：8。

とき——創世記 49：10、民数記 24：17、ダニエル 9：24、マラキ 3：1。

神性——詩篇 2：7, 11；45：6, 7, 11；72：8；89：26, 27；102：24〜27；110：1、イザヤ 9：6；25：9；40：10、エレミヤ 23：6、ミカ 5：2、マラキ 3：1。

人性——創世記 12：3；18：18；21：12；22：18；26：4；28：14；49：10、IIサムエル 7：14、詩篇 18：4〜6, 50；22：22, 23；29：36；89：4；132：11、イザヤ 11：1、エレミヤ 23：5；33：15。

5.2 予告者

イザヤ 40：3、マラキ 3：1；4：5。

5.3 降誕と少年期

出来事——創世記 3：15、イザヤ 7：14、エレミヤ 31：22。

場所——民数記 24：17, 19、ミカ 5：2。

マゴス（博士たち）による礼拝——詩篇 72：10, 15、イザヤ 60：3, 6。

エジプトへの逃避——ホセア 11：1。

幼児の虐殺——エレミヤ 31：15。

5.4 使命と職務

使命——創世記 12：3；49：10、民数記 24：19、申命記 18：18, 19、詩篇 21：1、イザヤ 59：20、エレミヤ 33：16。

メルキゼデクのような祭司——詩篇 110：4。

モーセのような預言者——申命記 18：15。

異邦人の改宗——イザヤ 11：10、申命記 32：43、詩篇 18：49；19：4；117：1、イザヤ 42：1；45：23；49：6、ホセア 1：10；2：23、ヨエル 2：32。

ガリラヤ宣教——イザヤ 9：1, 2。

奇跡——イザヤ 35：5, 6；42：7；53：4。

霊的な恵み——詩篇 45：7、イザヤ 11：2；42：1；53：9；61：1, 2。

説教——詩篇 2：7；78：2、イザヤ 2：3；61：1、ミカ 4：2。

神殿のきよめ——69：9。

5.5　受難

ユダヤ人と異邦人による拒絶——詩篇 2：1；22：12；41：5；56：5；69：8；118：22, 23、イザヤ 6：9, 10；8：14；29：13；53：1；65：2。

迫害——詩篇 22：6；35：7, 12；56：5；71：10；109：2、イザヤ 49：7；53：3。

エルサレムへの勝利の入城——詩篇 8：2；118：25, 26、ゼカリヤ 9：9。

友の裏切り——詩篇 41：9；55：13、ゼカリヤ 13：6。

銀貨 30 枚による裏切り——ゼカリヤ 11：12。

裏切り者の死——詩篇 55：15, 23；109：17。

陶器師の畑の買い取り——ゼカリヤ 11：13。

弟子の逃亡——ゼカリヤ 13：7。

偽の告発——詩篇 2：1, 2；27：12；35：11；109：2。

告発者の前での沈黙——詩篇 38：13、イザヤ 53：7。

あざけり——詩篇 22：7, 8, 16；109：25。

侮辱・虐待・つばかけ・むち打ち——詩篇 35：15, 21、イザヤ

50：6。

苦難の中での忍耐――イザヤ53：7～9。

十字架――詩篇22：14, 17。

苦味と酢――詩篇69：21。

敵のための祈り――詩篇109：4。

十字架上での叫び――詩篇22：1；31：5。

若くしての死――詩篇89：45；102：24。

犯罪者たちといっしょの死――イザヤ53：9, 12。

死亡時の天変地異――アモス5：20、ゼカリヤ14：4～6。

衣のためのくじ引き――詩篇22：18。

折られなかった骨――詩篇34：20。

突き刺される――詩篇22：16、ゼカリヤ12：10；13：6。

自ら進んで受けた死――詩篇40：6～8。

身代わりの苦しみ――イザヤ53：4～6, 12、ダニエル9：26。

金持ちと同じ場所での埋葬――イザヤ53：9。

5.6　復活

詩篇2：7；16：8～10；30：3；41：10；118：17。

5.7　昇天

詩篇16：11；24：7；68：18；110：1；118：19。

5.8　再臨――詩篇50：3～6、イザヤ9：6, 7；66：18、ダニエル7：13, 14、ゼカリヤ12：10；14：4～8。

永遠にわたる全世界的支配―― I 歴代誌17：11～14、詩篇2：6～8；8：6；45：6, 7；72：8；110：1～3、イザヤ9：7、ダニエル7：14。

9　神性の証明

——復活は虚偽か事実か

復活の説明としては不十分な諸説
　　失神説
　　窃盗説
　　幻覚説
　　誤認説（女性たちもほかの者も墓をまちがえたとする説）

結論——イエスは確かによみがえられた！

1 はじめに

　私は700時間以上を費やしてこの問題を追究し、復活の根拠を徹底的に調べ上げた。その結果、次のような結論に達した。可能性はふたつ。(1)イエス・キリストの復活は、これまで人の心に植えつけられた虚偽の中でも**最も邪悪で悪質で冷酷なもの**のひとつである。または(2)最もすばらしい歴史上の事実である。

　イエスが信頼に値することを証明するものは基本的に3つある。①イエスの人生が（その教えや奇跡などによって）歴史に与えた影響、②イエスの人生における預言の成就、③イエスの復活。イエス・キリストの復活とキリスト教は不可分に結びついており、どちらか一方が倒れてしまえば、もう一方も倒れてしまう。ウルグアイ大学のある学生から「キリスト教を議論で打ち負かすことができないのはなぜですか」と聞かれたことがある。私はこう答えた。「その理由はとても単純です。イエスの復活は歴史的事実であるとしか説明のしようがないからです。」

　マタイ28：1〜11に記録されている復活の記事（マルコ16章・ルカ24章・ヨハネ20〜21章も参照のこと）

　1 さて、安息日が終わって、週の初めの日の明け方、マグダラのマリヤと、ほかのマリヤが墓を見に来た。

　2 すると、大きな地震が起こった。それは、主の使いが天から降りて来て、石をわきへころがして、その上にすわったからである。

　3 その顔は、いなずまのように輝き、その衣は雪のように白かった。

　4 番兵たちは、御使いを見て恐ろしさのあまり震え上がり、死人のようになった。

5 すると、御使いは女たちに言った。「恐れてはいけません。あなたがたが十字架につけられたイエスを捜しているのを、私は知っています。

6 ここにはおられません。前から言っておられたように、よみがえられたからです。来て、納めてあった場所を見てごらんなさい。

7 ですから急いで行って、お弟子たちにこのことを知らせなさい。イエスが死人の中からよみがえられたこと、そして、あなたがたより先にガリラヤに行かれ、あなたがたは、そこで、お会いできるということです。では、これだけはお伝えしました。」

8 そこで、彼女たちは、恐ろしくはあったが大喜びで、急いで墓を離れ、弟子たちに知らせに走って行った。

9 すると、イエスが彼女たちに出会って、「おはよう」と言われた。彼女たちは近寄って御足を抱いてイエスを拝んだ。

10 すると、イエスは言われた。「恐れてはいけません。行って、わたしの兄弟たちに、ガリラヤに行くように言いなさい。そこでわたしに会えるのです。」

11 女たちが行き着かないうちに、もう、数人の番兵が都に来て、起こった事を全部、祭司長たちに報告した。

2　キリストのからだが復活することの重要性

イエスが死からよみがえった証拠のひとつは、「復活のからだは正真正銘の肉体であった」ことである。それはイエスが自らのからだをもって示したことであり、そのまま「神が人となって現れた」ことの証明になる。逆に、「復活のからだは本当の肉体ではなかった」のなら、「キリストは神である」という根拠も危うくなる。墓が空であったという事実自体は、死体置き場から死体が消えたということぐらいの意味しかなく、復活の証明にはならない。キリスト

　復活を信じることがなければ、キリスト教の信仰が生まれることはなかった。弟子たちはただ絶望と挫折の中にいたことであろう。イエスを最愛の師として記憶にとどめたとしても、十字架での死が「イエスはメシヤ」という希望を永久にぬぐい去ってしまったはずである。十字架はイエスの生涯の最後を飾る悲しい不名誉として残ったにちがいない。しかし、キリスト教は誕生した。それは、初期の弟子たちが「神がイエスをよみがえらせた」と信じていたからこそなのである。
——ウィリアム・レイン・クレイグ

教の真実性は、キリストが肉体をもって復活したかどうかにかかっているのである。

　N・ガイスラー博士——「よみがえったキリストのからだは、墓の中に置かれたからだと同一ではなかったとしよう。すると、復活は『神である』ことの証明としては、なんの価値もないものとなってしまう（ヨハネ 8：58；10：30）。十字架につけられたからだで復活しない限り、復活が『神である』ことの証明にはならない。そのからだは文字どおりの肉体でなければならない。イエスが肉体をもってよみがえらないかぎり、復活を実証する方法はない。歴史的観点からは、なんの説得力もないものになってしまう」（Geisler, BR, 36）。

3　復活の意義

　いわゆる世界宗教は、4宗教を除いて、すべて単なる哲学的な命題の上に立っている。哲学的なシステムでなく、人物を土台としている4宗教の中で、その人物の墓が空であると主張するのはキリスト教だけである。ユダヤ教の生みの親であるアブラハムは前1900年頃に死んだが、アブラハムが復活したという主張はない。

W・M・スミスは自著（*Therefore Stand*）の中でこう述べている。
「釈迦に関する初期の記録には、釈迦がよみがえったという記述は
一切ない。実際、釈迦の死に関する最古の記録（『マハパリニッバ
ナ・スッタ』）によると、釈迦の死は『完全な消滅で、後には何も
残らなかった』とある」（Smith, TS, 385）。

「チャイルダー教授いわく、『パーリ語の経典や注釈書（また私の
知る限りパーリ語の書物すべて）の中で、釈迦がその死後も存在し
たとか、弟子たちに現れたとかいう記録はどこにもない。』ムハン
マドは後632年6月8日、61歳のときにメディナで死んだが、そ
こにある墓には毎年何千人もの熱心なイスラム教徒が訪れる。自分たちの宗教の始祖が地の塵の中からよみがえっていないと聞かされても、何億、十億人にも上るユダヤ教徒、仏教徒、イスラム教徒から異議を唱える者はひとりも出てこない」
（Smith, TS, 385）。

> 　復活が歴史的事実でないなら、死の力も罪の
> 影響力も打ち砕かれることなく、そのまま残っ
> ていることになる。また、キリストの死の意味
> は明らかにされず、そのため信者たちは今なお
> 罪の中に、すなわちイエスの名を耳にする前と
> まったく同じところにとどまっていることにな
> る。
> 　　　　——W・J・スパロウ＝シンプソン

　W・L・クレイグ——「復活を信じることがなければ、キリスト
教の信仰が生まれることはなかった。弟子たちはただ絶望と挫折の
中にいたことであろう。イエスを最愛の師として記憶にとどめたと
しても、十字架での死が『イエスはメシヤ』という希望を永久にぬ
ぐい去ってしまったはずである。十字架はイエスの生涯の最後を飾
る悲しい不名誉として残ったにちがいない。しかし、キリスト教は
誕生した。それは、初期の弟子たちが『神がイエスをよみがえらせ

た』と信じていたからこそなのである」(Craig, KTR, 116-17)。

　T・ハルナック——「私に言わせるならば、復活を受け入れるかどうかは、もはや神学レベルの問題ではない。キリスト教そのものが復活の真偽にかかっているのである」(Harnack——Smith, TS, 437 における引用)。

　W・ミリガン——「私たちの主の復活の証拠について語るついでに、もうひとつ付け加えよう。それは、復活が事実であると認めたとき、主の生涯に関する他の事実すべてのつじつまが合うようになるということである」(Milligan, RL, 71)。

　W・M・スミス——「主は『エルサレムに上った後、殺され、3日目に墓からよみがえる』ことを、詳しく、しかもきわめて明瞭に、繰り返し語られたが、果たしてそのとおりに成就した。とすると、主が言われたほかのこともすべて真実であるとしか、私には思えない」(Smith, TS, 419)。

　W・J・スパロウ＝シンプソン——「イエス・キリストの復活がどうして神の子の証拠となるのか。それは第1に、イエスが自らの力でよみがえられたからである。イエスにはいのちを捨てる権威があり、またもう一度いのちを得る権威があった（ヨハネ 10：18）。他の箇所では、イエスの復活は父なる神の力によると語られているが、両者は矛盾しない。なぜなら、父なる神が行われることは子なる神も同様に行われるからである。創造をはじめ、神が被造物に対して行われることは、すべて父・子・聖霊の働きである。第2に、イエスは『神の子である』と公言されていたが、復活はその公言が真実であることを神が保証しているからである。キリストが死の力に屈したままなら、『神の子である』という宣言を神が許されることはない。しかし、神は、イエスを復活させることで『神の子である』ことを公認された。つまり、『あなたはわたしの子。今日この日、わたしはあなたがそのようなものであることを宣言する』と言

われたのである」(Sparrow-Simpson, RCF, 287-88)。

　また、ペンテコステ（五旬節）の日のペテロの説教は「徹頭徹尾、復活を根拠としたものである。復活が単に説教の中心テーマだというのではない。復活の事実が取り除かれたなら、この説教には教理が一切なくなってしまうのである。というのは、この説教で復活は①イエスの死に関する説明であり、②メシヤが体験することとして預言されており、③使徒たちによって目撃されており、④聖霊が注がれたことの要因であり、⑤ナザレのイエスがメシヤであり王であることを証明するものだ、とされるからである。したがって、一連の議論および結論が成り立つかどうかは、復活の事実にかかっているのである。復活ぬきにして、イエスがメシヤであり王であることを議論の余地なく立証することはできない。復活がなかったならば、聖霊降臨という新しい出来事も、説明不可能な『謎』として残ったであろう。また、復活なしでは、使徒たちの証言は実質のないものになってしまう。したがって、復活をペテロの教えから取り除いてしまうなら、残るのは詩篇 16 篇のメシヤ的説明だけとなり、しかも、将来に現れるメシヤが体験すると語るだけのことになってしまう。『イエスは神によって承認された』という事実は、イエスの行いによって証明されたとして残ったかもしれない。だとしても、生前の行いにのみ当てはまる承認である。イスラエルが受け入れずに抹殺した他の預言者たちと、まったく同じ終わり方をしたことになるからである。というわけで、キリスト教会最初の説教は、復活によって決定的になったイエスの地位を前提に語られたのである」(Smith, TS, 230)。

　キリスト教会の復活信仰を拒否している A・ハルナックでさえも、次のことは認めている。「イエスに対する弟子たちのゆるぎない確信は、イエスが神によって死からよみがえらされたという信仰に根ざしていた。キリストの復活は、弟子たちがキリストのうちに

214

体験したことによって、キリストの死の事実と同様に確かなものとなったのであり、キリストに関する説教の中心となったのである」（Harnack, HD——Day, ER, 3 における引用）。

H・P・リッドン——「復活に対する信仰はキリスト教信仰の中心を占めるまさに要（かなめ）であり、復活を否定すれば必然的にすべてが灰塵（かいじん）に帰する」（Liddon——Smith, TS, 577 における引用）。

D・グルーサイス——「イエスの復活が実際に起こったという確信は新約聖書全体に浸透している。福音書には『人の子（わたし）は裏切られ、殺され、よみがえらなければならない』というイエスの教えが記録されている。そして全福音書はイエスの墓が空であったこと、またイエスが前もって言われたとおりに弟子たちに姿を現されたことを証言している。『使徒の働き』は復活されたキリストを中心にすえた説教を記録している。復活したイエスを抜きにしては、新約聖書の諸書簡や黙示録も無意味なものとなる。4つの福音書、初期の教会の歴史（『使徒の働き』）、パウロの手紙、ペテロの手紙、ヨハネの手紙、ヤコブの手紙、ユダの手紙、ヘブル人への手紙において、復活は事実として受け入れられている。このように、信頼できる証言は多岐にわたっている。新約聖書の各書の歴史性はきわめて確かなものであり……復活を客観的な歴史的出来事として受け入れる根拠として十分なものである」（Groothuis, JAC, 273）。

キリストの復活は、例外なく常に教会の中心的教えだった。W・スミスが言うように「神によって生を受けた最初の日からこのかた、キリスト教会は一致して復活信仰を公言してきた。復活はキリスト教の偉大な根本的教理・信条のひとつである。また、新約聖書の各書のすみずみにまで浸透した教えなので、復活に言及している箇所をすべて排除してしまうならば、断片的で理解不可能な書物になってしまうだろう。復活は、初期のクリスチャンたちの人生に深く深く浸透していた。彼らの墓標にも、カタコンベの壁に発見された絵

の中にも、復活が言及されている。復活は賛美歌にも深く浸透している。教会史の最初の4世紀に書かれた弁証論の最重要テーマのひとつでもあった。ニケア公会議前後の時代には、説教の中で常に取り上げられていた。復活はすぐさま教会の信仰告白の中に取り入れられた。使徒信条にも取り入れられている。以後の偉大な信仰告白にも例外なく言及されている。

　福音の核となるメッセージは『この師に従い、最善をつくせ』というものではない。新約聖書は、福音の核が『イエスと復活』にあることを示している。キリスト教から復活を取り去れば、キリスト教は根本的に変容し、本質そのものが破壊されてしまう」（Smith, TS, 369-70）。

　ミリガン教授——「このように、キリスト教会はその始まりから主の復活を信じただけでなく、その確信は教会の全域に織り込まれていた」（Milligan, RL, 170）。

　W・R・ニコールはプレッサンセのことばを引用して「キリストの空の墓は教会にとってのゆりかごであった」と述べている（Smith, TS, 580）。

　W・J・スパロウ＝シンプソン——「復活が歴史的事実でないなら、死の力も罪の影響力も打ち砕かれることなく、そのまま残っていることになる。また、キリストの死の意味は明らかにされず、そのため信者たちは今なお罪の中に、すなわちイエスの名を耳にする前とまったく同じところにとどまっていることになる」（Sparrow-Simpson——Hastings, DCG, 514 における引用）。

　R・M・エドガーはその著書『よみがえった救い主の福音書』（*The Gospel of a Risen Saviour*）で以下のように語っている。

　「ここにひとりの宗教指導者が『わたしの教えの正当性は、わたしが殺された後に墓の中からよみがえる力によって証明され

る』と事もなげに公言しているわけである。そんなことを言って
のけた人間は後にも先にもないだろう。そんなものは神秘主義の
予言研究家らによる作り話で、後世に福音書中に挿入されたもの
だ、とする意見もある。人々が簡単に空想話を信じる時代だった
というのである。しかし、それは古代人の妄信的傾向を強調しす
ぎている。復活の力を期待することのできる人物は、指導者の中
でも最もユニークな存在である。その人生そのものが、その人物
の信頼性の証明となるのである」（Edgar, GRS——Smith, TS,
364 における引用）。

W・L・クレイグは復活が弟子たちに何を意味していたかを説明
している。

「弟子たちの信仰にとって、イエスの十字架の死は実に壊滅的
な打撃であった。それがどれほどの打撃であったかはどんなに誇
張しても足りない。弟子たちには、メシヤの復活はおろか、メシ
ヤの死の概念さえなかった。メシヤは永遠に王として君臨するも
のと思われていたからである（ヨハネ 12：34 参照）。しかし、復
活は破局を勝利に変えた。神がイエスを復活させたことによって、
イエスはメシヤである、と宣言できるようになったのである（使
徒 2：32, 36）。十字架の意義についても同様である——イエスの
恥辱に満ちた死を、罪の贖いであると解釈することを可能にした
のは復活であった。復活がなければ、イエスの死は単に屈辱と神
の呪いを意味するものでしかなかった。しかし、復活があったか
らこそ、イエスの死は罪の赦しを与える出来事であった、と言え
るのである。復活なしでは、キリストの『道』は決して存在する
ことはなかった。弟子たちがイエスを『愛する師』として記憶に
とどめることはあっても、イエスをメシヤとして、ましてや神と

して、信じることはありえなかった」（Craig, DJRD——Wilkins, JUF, 159 における引用）。

『使徒的教会辞典』（*The Dictionary of the Apostolic Church*）には次のように書かれている。

「D・F・ストラウス等、教会の復活信仰を最も冷酷かつ辛辣に批判する者たちは、復活は『イエスばかりでなくキリスト教そのものの試金石』であり、『キリスト教の急所』であり、『キリスト教批判に決定的な役割を果たすもの』である（*New Life of Jesus* ＜英訳全2巻＞ London, 1865, i. 41, 397）。もし復活を否定すれば、キリスト教に必要不可欠なものはすべて失われてしまう。復活が残るならば、ほかのすべてのものも残る。だからこそセルスス以後、復活は常にキリスト教信仰に対する攻撃目標であり続けたのである」（Hastings, DAC, 330）。

B・B・ウォーフィールド——「ほかでもなくキリスト自身が、自分の真実性の根拠を復活の一事に託された。しるしを求められたとき、キリストは復活だけで十分にご自分の信任状の役割を果たすと言われたのである」（Warfield——Anderson, CWH, 103 における引用）。

E・ケヴァンは著名なスイス人神学者 F・ゴデーに言及し、こう語っている。「［彼は］著書『キリスト教信仰擁護論講義』（1883, p. 41）の中でキリストの復活の重要性について語り、キリストがご自身の主張と権威を証明するものとして挙げられた唯一のものがこの奇跡であった、と指摘している」（Kevan, RC, 3）。

M・グリーンはこの点を雄弁に論じている。

「キリスト教では、復活は多くの教理の中のひとつであるとは考えない。復活信仰がなければ、**キリスト教そのものが存在しないのだ**。キリスト教会が誕生することも決してなかった。イエスの処刑とともに、このイエスの名をかかげた運動は湿った花火のように消えてしまったであろう。復活の真偽いかんで、キリスト教の真偽も定まる。ひとたび復活が事実でないことが証明されれば、キリスト教そのものも葬り去られるのである。

キリスト教は歴史的事実に基づく宗教である。キリスト教は、神ご自身が人類の歴史の中に身を置くという危険を冒された、と唱える。そして、それに関する事実は私たちの手の届くところにあり、徹底的に吟味できる。それらの事実はどんな批判的研究にさらされても堪えられるものである」（Green, MA, 61）。

ジョン・ロック（イギリス人哲学者）——「私たちの救い主の復活は……キリスト教において真に重要なものである。その重要性はイエスがメシヤであるかどうかを決定づけるほどのものである。したがって、このふたつの条項は不可分であり、事実上ひとつのものである。というのは、キリストの時代以来、一方を信じることは両方を信じることであり、一方を否定すればどちらも信じることができないからである」（Smith, TS, 423）。

P・シャフ（教会史研究者）——「したがって、キリスト教の真偽はまちがいなくキリストの復活にかかっている。復活は史上最大の奇跡であるか、史上最悪の妄想であるか、そのどちらかである」（Schaff, HCC, 173）。

W・M・スミス（著名な学者・教授）——「この画期的事件の歴史記録に対する理性的確信を破壊する兵器が作り出されることはこれまでなかった。……これからもないであろう。キリストの復活はキリスト教信仰のとりでである。復活こそ、1世紀の世界に大変革

をもたらした事件であり、キリスト教をユダヤ教や地中海世界の異教よりもすぐれたものとして引き上げた教理なのである。もし復活が事実でなければ、キリスト教はほかの重要かつユニークな要素も必然的にすべて失ってしまう。『もしキリストがよみがえらなかったのなら、あなたがたの信仰はむなし（い）』（Ⅰコリント15：17)」のである（Smith, SR, 22)。

　P・クリーフトとR・タセリは復活がもたらす信じられないほどの衝撃をこのように説明している。

　「復活は私たちの救いを完成させるものである。したがって、実際面できわめて重要な意味を持つ。イエスは罪とその結果である死から私たちを救い出すために来られた（ローマ6：23)。復活はまた、イエスと他宗教の創始者たちとの間に一線を画すものである。アブラハム、ムハンマド（マホメット）、釈迦、孔子、老子、ゾロアスターの骨はいまだ地中に埋もれたままである。一方、イエスの墓には何も残っていない。

　復活は、人間の実存的問題にこれ以外にない究極の答えを出す。実に、復活は以下のことに対して、事実と経験に基づく具体的証明となる──『人生には意味があり希望がある』『愛には死にも勝る力がある』『善と力は究極的には（敵どうしではなく）盟友である』『最後はいのちが勝利する』『神は今この場所で私たちにふれてくださり、私たちの最終的な敵を打ち負かしてくださった』『私たちは、現代の非宗教的世界観が主張するような「宇宙に取り残された孤児」などではない』。そして復活が実存的問題にもたらした結果は、復活前と後の弟子たちのありさまを比較することで確認できる。復活前の弟子たちは、逃亡し、恐れと混乱の中、鍵の閉ざされた部屋で縮こまっていた。しかし復活後は、うさぎのような臆病者から、大胆な聖徒、世界に一大変革をもた

らす宣教師、勇敢な殉教者、喜びに満ちたキリストの大使に変貌したのである」（Kreeft, HC, 177）。

4　キリストの「死人の中からよみがえる」という発言

4.1　発言の重要性

W・B・スミスは次のように主張している。

　「キリストであるイエスは数々の驚くべき発言をしたが、その中でも特に人々を驚かせる内容の発言（復活の予告）を繰り返した。それが別の人物の口から出たら、即刻、高慢の極みにあるエゴイストか情緒不安定な危険人物であると宣告されたであろう。死ぬためにエルサレムに行こうとしている、という発言は、さほど驚くには当たらない。しかし、十字架につけられてから３日目に**死人の中からよみがえる**、という発言は別次元のものである。弟子たちがずっと自分に従おうとしているときに、このような発言をするのは愚か者である──自分が復活することを確信しているのでなければ。歴史上、どんな世界宗教の創始者もこのような大胆な発言をすることはなかった」（Smith, GCWC, 10-11）

　キリストは自分の復活について、率直に誤解の余地なく預言された。この預言の内容を弟子たちは理解できずに苦しんだが、たわごととして一蹴することはなかった。
　この点に関して、J・N・D・アンダーソンは次のように述べている。

　「以前、英国にフランク・モリソンという名の若い法廷弁護士がいた。モリソンはキリスト教を信じていなかった。そして長い

221

間、いつか復活の虚偽を完全に証明する本を書こう、と心に決めていた。やがて、その時間が与えられる日が来た。モリソンは誠実な人だったので、必要な調査を行った。

しかし、十字架につけられてから3日目に死人の中からよみがえる、という発言は別次元のものである。弟子たちがずっと自分に従おうとしているときに、このような発言をするのは愚か者である——自分が復活することを確信しているのでなければ。歴史上、どんな世界宗教の創始者もこのような大胆な発言をすることはなかった。
——ウィルバー・スミス

　最終的にモリソンは［キリストを信じるようになり］本を出した。その本は今ではペーパーバック版で手に入れることができる。『動いた墓石（Who Moved the Stone?）』（邦訳・みくに書店）という題名である。モリソンはその本の中で新約聖書の文献に対して最も批判的な立場から始めながら、『イエスの裁判と有罪判決は、イエスが自らの死と復活を予告したのでなければ説明がつかない』という結論に至っている」（Anderson, RJC, 9）。

さらにスミスはこうも述べている。

　「私が友人に、『自分はある定まった時に、自然にか人の手にかかってかで死ぬが、死の3日後によみがえる』などと言おうものなら、友人は静かに私の手を引いて病院に連れて行き、私の頭が正常に戻るまで閉じ込めてしまうだろう。それは当然だ。『死から3日目によみがえる』と言って回るなどということは、頭の変な人間だけがすることだからである。ただし、それが本当に起こることを知っているなら、話は別である。そして、この世界で自

分の運命を知りえた者は、神の子キリストを除いては、だれひとりいないのである」（Smith, TS, 364）。

B・ラムは言う。「福音書の記録が正確であるなら、キリストが自身の死と復活を予期していたこと、そしてそれを弟子たちにはっきりと伝えたことはまちがいない……。その予告は、復活が現実になるまでは、弟子たちに理解されることはなかった。それは福音書記者が率直に認めている（ヨハネ20：9）。しかし、3日後に死人の中からよみがえる、と主が語られたことは福音書で確認できる。主は、ご自分が憎しみを受けて残酷な死を遂げ、3日目によみがえられることを弟子たちに語られ、そのすべてが実現したのである」（Ramm, PCE, 191）。

J・R・W・ストットはこう述べている。「イエスがご自分の死を預言するときには、後によみがえると必ず付け加えられた。そして、自分の復活は『しるし』であると説明された。パウロはローマ人への手紙の冒頭で、イエスは『死者の中からの復活により、大能によって公に神の御子として示された方』であると述べ、また『使徒の働き』にある初期の説教で、復活をとおして神が人による宣告を破棄し、御子のことばが真理であることを立証している」（Stott, BC, 47）。

イエスによる復活の預言

マタイ 12：38 ～ 40；16：21；17：9, 22, 23；20：18, 19；26：32；27：63
マルコ 8：31 ～ 9：1；9：10, 31；10：32 ～ 34；14：28, 58
ルカ 9：22 ～ 27
ヨハネ 2：18 ～ 22；12：34；14 ～ 16 章

4.2　イエス自身の発言

　イエスは復活を預言されただけではなく、復活はご自分がメシヤであることを証明する「しるし」であることも強調された（マタイ12章、ヨハネ2章）。

　マタイ16：21「その時から、イエス・キリストは、ご自分がエルサレムに行って、長老、祭司長、律法学者たちから多くの苦しみを受け、殺され、そして三日目によみがえらなければならないことを弟子たちに示し始められた。」

　マタイ17：9「彼らが山を降りるとき、イエスは彼らに、『人の子が死人の中からよみがえるときまでは、いま見た幻をだれにも話してはならない』と命じられた。」

　マタイ17：22, 23「彼らがガリラヤに集まっていたとき、イエスは彼らに言われた。『人の子は、いまに人々の手に渡されます。そして彼らに殺されるが、三日目によみがえります。』すると、彼らは非常に悲しんだ。」

　マタイ20：18, 19「さあ、これから、わたしたちはエルサレムに向かって行きます。人の子は、祭司長、律法学者たちに引き渡されるのです。彼らは人の子を死刑に定めます。そして、あざけり、むち打ち、十字架につけるため、異邦人に引き渡します。しかし、人の子は三日目によみがえります。」

　マタイ26：32「しかしわたしは、よみがえってから、あなたがたより先に、ガリラヤへ行きます。」

　マルコ9：10「そこで彼らは、そのおことばを心に堅く留め、死人の中からよみがえると言われたことはどういう意味かを論じ合った。」

　ルカ9：22〜27「『人の子は、必ず多くの苦しみを受け、長老、祭司長、律法学者たちに捨てられ、殺され、そして三日目によみがえらねばならないのです。』イエスは、みなの者に言われた。

『だれでもわたしについて来たいと思うなら、自分を捨て、日々自分の十字架を負い、そしてわたしについて来なさい。自分のいのちを救おうと思う者は、それを失い、わたしのために自分のいのちを失う者は、それを救うのです。人は、たとい全世界を手に入れても、自分自身を失い、損じたら、何の得がありましょう。もしだれでも、わたしとわたしのことばとを恥と思うなら、人の子も、自分と父と聖なる御使いとの栄光を帯びて来るときには、そのような人のことを恥とします。しかし、わたしは真実をあなたがたに告げます。ここに立っている人々の中には、神の国を見るまでは、決して死を味わわない者たちがいます。』」

ヨハネ2：18〜22「そこで、ユダヤ人たちが答えて言った。『あなたがこのようなことをするからには、どんなしるしを私たちに見せてくれるのですか。』イエスは彼らに答えて言われた。『この神殿をこわしてみなさい。わたしは、三日でそれを建てよう。』そこで、ユダヤ人たちは言った。『この神殿は建てるのに四十六年かかりました。あなたはそれを、三日で建てるのですか。』しかし、イエスはご自分のからだの神殿のことを言われたのである。それで、イエスが死人の中からよみがえられたとき、弟子たちは、イエスがこのように言われたことを思い起こして、聖書とイエスが言われたことばとを信じた。」

5　歴史的アプローチ

5.1　歴史的事実としてのキリストの復活

キリストの復活は、神がまちがいなくこの3次元の世界で実現された歴史上の出来事である。これに関してW・スミスは言う。

「復活の**意味**は神学に関することがらであるが、復活の事実は

歴史に関することがらである。復活したイエスのからだの性質については神秘としか言えないが、イエスのからだが墓から消えたかどうかは歴史の証拠によって決定すべきことがらである。

復活の舞台は地理的に特定できる現実の場所である。墓の所有者は1世紀前半に実在した人物である。その墓はエルサレム近郊の山腹の岩壁に掘られたものであり、どこかの神話に出てくるような繊細な糸や雲のかけらでできたものではなく、実体のある現実の場所である。墓の前に配置された番兵たちはオリンポス山からやって来た神話的な生き物ではない。サンヘドリンはエルサレム市内で会議をたびたび行ったグループである。大量の文献が証言するとおり、イエスはまちがいなく歴史的実在の人物であり、

> エルサレム市内およびその近郊におけるイエスの死にまつわる出来事の詳細については、古代世界のどんな人物の死よりも多くのことがわかっている。
> ——ウィルバー・スミス

復活された主について語り続けた弟子たちも実在し、飲み食いし、睡眠をとり、苦難を味わい、仕事をし、死を体験したのである。こうしたことのどこが『神学的』だというのか。これは歴史に関する問題である」(Smith, TS, 386)。

アンテオケの司教イグナティオス（50〜115年）はシリア出身で使徒ヨハネの弟子であったが、「ローマのコロセウムで野獣たちに投げ与えられた。彼の書簡はアンテオケから殉教の地に向かう途上で書かれたものである」(Moyer, WWCH, 209)。イグナティオスは自らの死が差し迫った状況の中でキリストについて語っている。

「この方はポンテオ・ピラトのもとで十字架にかかって死なれた。この方が十字架にかけられたと言うとき、それはただ見かけ

上そうだったという
のではなく、現実に
十字架につけられた
のである。また、こ
の方が死なれたと言
うとき、天と地と地
の下のあらゆる存在
から見て死なれたの
である。

　この方はまた、3
日のうちによみがえ

　ガラテヤ教会、コリント教会、ローマ教会に宛てられた手紙は、真正性や執筆年代についてはほとんど議論の余地がなく、パウロの宣教旅行中の後 55 〜 58 年ごろに書かれたものとされる。だとすると、キリストが復活された年代から 25 年ほどしか離れておらず、信頼性の高い証拠を提供してくれることになる。

　　──アーネスト・ケヴァン

られた……。そして、過越（すぎこし）の備え日の第3時にピラトから判決を受けられた。御父がそれを許されたのである。第6時には十字架につけられ、第9時に息を引き取られた。そして、日が暮れる前に葬られた。安息日の間は、アリマタヤのヨセフが用意した墓の中におられた。

　この方は私たちと同じように通常の期間、母親の胎内におられ、私たちと同じように実際に生まれ、私たちと同じように乳を飲み、ふつうの肉を食べ、飲み物を飲まれた。そして 30 年間人々と生活をともにされた後、ヨハネによってバプテスマを受けられたのだが、それも見かけ上の話ではなく現実に起こったことである。福音を 3 年にわたって語り、しるしと不思議を行われた。その後、『さばき主（ぬし）』であるこの方は、ユダヤ人たち（誤ってそう言われるのであるが）によって、そして総督ピラトによってさばきを受けられた。むち打たれ、ほおをぶたれ、つばをかけられた。いばらの冠をかぶり、緋色の上着を着せられた。そして、有罪の判決が下され、現実に十字架にかけられたのである。それは見かけの話ではなく、想像やトリックでもない。現実に死に、葬られ、死

人の中からよみがえられたのである」（Ignatius, IET——Roberts, ANCL, 199-203 における引用）。

偉大な歴史学者 A・イーダーシャイムはキリストの死と復活が起こったタイミングについてこう語っている。

　「この春の短い 1 日に『安息日の夜』が迫っていた。一般的に、律法は犯罪者の死体が夜通し埋葬されずに放置されることを許さなかった。しかし、十字架刑は死が訪れるまで何時間どころか何日にもわたって続くことも多かった。したがって、通常の状況であったならば、おそらくユダヤ人も、十字架上の人間の苦痛を短くすることを、大胆にピラトに願い出ることはなかったかもしれない。しかし、この安息日はただの安息日ではなかった。これから始まろうとしている安息日は特別な『祭日』だった——この日は安息日であるばかりでなく過越の祭りの第 2 日であった。過越の祭り第 2 日はあらゆる点で第 1 日と同等に、いやそれ以上に神聖であるとみなされていた——特別な奉献物が主にささげられる日だからである」（Edersheim, LTJM, 612-13）。

W・スミスが言うように、「エルサレム市内およびその近郊におけるイエスの死にまつわる出来事の詳細については、古代世界のどんな人物の死よりも多くのことがわかっている」のである（Smith, TS, 360）。

　「殉教者ユスティノス（100〜165 年）は哲学者であり殉教者であり弁証論者であった……。真理を熱心に追い求め、次々とストア派、アリストテレス派、ピタゴラス派、プラトン派の門を叩いた（しかし、エピクロス派は毛嫌いしていた）……。この熱心なプラトン主義者がクリスチャンになったのである。ユスティノスは『無

害かつ有益なのはこの教えだけであることがわかった』と述べている」(Moyer, WWCH, 227)。

　実際、殉教者ユスティノスは、さまざまな知的命題を提供してくれる哲学体系は世界に種々あれど、イエス・キリストという方をとおして時空に介入なさる神ご自身を提供してくれるのはキリスト教だけだ、と悟ったのである。彼は実に率直にこう断言する。「キリストは今から150年前にお生まれになった。それはクレニオの時代であった。そして次にポンテオ・ピラトの時代になった」(殉教者──Roberts, ANCL, 46 における引用)。

　アフリカ北部カルタゴのテルトゥリアヌス (160〜220 年) はこう記している。「しかし、ユダヤ人たちは自分たちの指導者たちを真理によって断罪したイエスに憤慨していた。特に、多くの者がイエスについて行ったからである。それゆえ、ユダヤ人たちは、当時ローマがシリア総督に任じたポンテオ・ピラトの前にイエスを引き出した。そして絶叫しながら、イエスを十字架刑につける判決を強要したのである」(Tertullian, WQSFT──Roberts, ANCL, 94 における引用)。

　キリストの昇天に関してテルトゥリアヌスは「あなたがたのプロクロスたちがロムルスについて主張していることよりもはるかに確かな事実」であると伝えている[プロクロスはローマの元老院議員であり、ロムルスが死後に自分のところに現れたと断言した人物である]。

　これらすべてのことをピラトはキリストに対して行った。そして

──

　「事実、あるクリスチャンは自分自身の確信のために当時の皇帝テベリオ(ティベリウス)にイエスを伝えた。そして皇帝が世に必要ないか、あるいはクリスチャンが皇帝になれるのであった

ならば、皇帝らもキリストを信じたことであろう。世界中に増え広がったイエスの弟子たちも、神なる主が命じたとおりのことをした。そして自分たちもユダヤ人たちに迫害され、大いに苦しんだ。ついには、ネロの冷酷な剣によって、ローマで殉教の血の種を喜んで蒔くことになったのである」（Tertullian, WQSFT——Roberts, ANCL, 95 における引用）。

ユダヤ人歴史家ヨセフスも 1 世紀末に著した『ユダヤ古代誌』18.3.3 で次のような魅力的な記述を残している。

「さてこのころ、イエススという賢人——実際に、彼を人と呼ぶことが許されるならば——が現われた。彼は奇跡を行う者であり、また、喜んで真理を受け入れる人たちの教師でもあった。そして、多くのユダヤ人と少なからざるギリシア人とを帰依させた。彼こそはクリストスだったのである。

ピラトスは、彼がわれわれの指導者たちによって告発されると、十字架刑の判決を下したが、最初に彼を愛するようになった者たちは、彼を見捨てようとはしなかった。すると彼は三日目に復活して、彼らの中にその姿を見せた。すでに神の預言者たちは、これらのことや、さらに、彼に関するその他無数の驚嘆すべき事柄を語っていたが、それが実現したのである。なお、彼の名にちなんでクリスティアノイと呼ばれる族は、その後現在にいたるまで、連綿として残っている」（ヨセフス『ユダヤ古代誌』秦剛平訳、筑摩書房、2000 年、18.3.3）。

この箇所がヨセフスの手によるものではないと、何度か主張されてきた。しかしながら、M・グリーン著『生きておられる方』によると、「この箇所は 4 世紀のエウセビオスが引用したヨセフスの書

にはすでに含まれていた。」また、この箇所は「最新のロウブ版の
ヨセフス著作集にも含まれている。ヨセフスがクリスチャンに好意
的であったどころか、ローマ人の歓心を買おうとしたユダヤ人であ
ることを思うと、驚くべきことである。こんな話はローマ人を少し
も喜ばせないからである。事実でないならば、このような記述はあ
えて残さなかったであろう」（Green, MA, 35-36）。

　リーニーは、初代教会の信仰が歴史に基づいていた、という点に
関してこう述べる。

　「新約聖書は以下のような説明以外、全く残してはない。——
イエスは十字架にかけられ、葬られた。弟子たちはまったく意気
消沈してしまった。しかし、しばらくして彼らは確信を回復し、
きわめて意気盛んになった。その確信は強く、その後ずっとイエ
スに献身し、ついには殉教を遂げるほどであった。もし弟子たち
に『なぜそんなに変わったのか』とたずねるなら、『私たちは死
ぬ運命にあるが、十字架にかかり葬られた方は生きておられると
いう確信がだんだん強くなってきたからだ』という答えではなく、
『死なれたはずのイエスの生きた姿を我々の仲間の何人かが目撃
したからだ。あとの者は彼らの証言を信じたのだ』という答えが
返って来よう。これは歴史的信仰告白である。『主は確かによみ
がえられた』という歴史的宣言と同じ意味で、特筆すべき事実で
ある」（Leaney——Hanson, A., VEHBC, 108 における引用）。

　新約聖書の記録の法的性格について、B・ラムは以下のように記
している。「使徒1章でルカは、イエスが数多くの確かな証拠（ギ
リシャ語『エン・ポロイス・テクメリオイス』）をもってご自分が
生きていることを示されたと告げているが、これは法的証拠として
最も強力なものである」（Ramm, PCE, 192）。

また、C・ピノックはこうも言っている。

「使徒たちの証言が確かであるのは、彼らが現実世界で体験したものだからだ。イエスは使徒たちに『数多くの確かな証拠をもって』ご自分が生きておられることを示された（使徒1：3）。ここでルカが用いている語はテクメリオンで、これは証明可能な証拠であることを示している。彼らが復活信仰に至ったのは、実体験に基づく、否定不可能な証拠による。この弟子たちがふれた証拠は、私たちも彼らの証言記録をとおしてふれることができる。キリスト教の真理の裏づけが求められる時代にあって、その求めには確かな歴史的考察で応えることが肝要である。復活の出来事は歴史の領域に属するものであり、人がキリストを救い主と信じる絶好の契機となるからである」（Anderson, DCR, 11）。

さらに、E・ケヴァンはこれら証言の「証拠としての質の高さ」を論じている。

「『使徒の働き』は、後63年とエルサレム陥落が起こった70年の間でルカが書いたものである。ルカは福音書の序文で、自分は証人たちから情報を集めた、と説明している。したがって、『使徒の働き』も同じ方法で書いたものと結論づけられる。さらに、この書の途中から代名詞が『私たち』に替わることからもわかるように、記録した出来事にはルカ自身がかかわっていたものもあった。初期の説教を聞き、その当時の重要な出来事に参加していたのだ。したがって、ルカは同時代を生きていただけでなく、直接の目撃者だった……。初代教会が自らの歴史に無知であったとは考えられない。そして、教会がこの書を受け入れたという事実こそがその正確さの証となる」（Kevan, RC, 4-5）。

ケヴァンは著名なクリスチャンの学者のことばを引用しながら「教会は、腐った土台の上に立つには清すぎる存在である。同様に、神話を土台とするにはあまりにもリアルな存在である」と指摘している（Kevan, RC, 4-5）。

「史実とされる出来事を立証するには、同時代に書かれた手紙ほど高い価値を持つ文献はない」（Kevan, RC, 6）。

ケヴァン教授は新約聖書の書簡について次のように語っている。

　「使徒パウロが書いた手紙は証拠として申し分のないものである。これら書簡は最高級の歴史的証拠である。ガラテヤ教会、コリント教会、ローマ教会に宛てられた手紙は、真正性や執筆年代についてはほとんど議論の余地がなく、パウロの宣教旅行中の後55 〜 58 年ごろに書かれたものとされる。だとすると、キリストが復活された年代から 25 年ほどしか離れておらず、信頼性の高い証拠を提供してくれることになる。パウロ自身、手紙の内容は、それぞれの教会で語ったのと同じものであることを明らかにしている。よって、『復活の最古の証拠』と『復活の出来事』の時間の差は一層小さいことになる」（Kevan, RC, 6）。

B・ラムは「福音書を一読しただけでも、キリストの公生涯の中でもっとも詳しく取り扱われているのは、死と復活であることがわかる。復活の詳細な記述は、受難に関する記事から人為的に切り離されてはならない」と述べている（Ramm, PCE, 191-92）。

キリストは復活後に何度も姿を現された。それは特定の人物の特定の時に起こったことであり、さらには特定の場所に限られた出来事である。

「［W・パネンベルクは］バルトやヤスパースの下で学び、ミュ

ンヘン大学で組織神学を教えた人であるが、おもに信仰と歴史の関係を取り扱ってきた。そして、ハイデルベルク在住の精鋭の神学者らとともに、キリスト教の起源に関する史料を精査する神学を構築してきた」（Anderson, DCR, 9）。その天才的な学者が「イエスが実際に復活したかどうかは、歴史性における問いであり、歴史的議論によって判定すべきである」と述べている（Anderson, DR, 10）。

新約学者のC・H・ドッドは「復活は今もなお歴史上の出来事である」と記している（Straton, BLR, 3）。

J・N・D・アンダーソンはケンブリッジの教授であるC・F・D・モウルを引用し、次のように主張している。

「初代クリスチャンの信仰の根底には、『イエスが死からよみがえられた』という確信があった。この確信だけが、クリスチャンを存在せしめた……。新約聖書には、クリスチャンが彼ら独自の人生哲学や倫理観のために戦ったという記述は見当たらない。彼らの役割はイエスの復活について証言することである……。『神のご計画どおりイエスは死人の中からよみがえられた』という信仰、それゆえイエスは『特別な意味において神の子であり理想的な人である』という確信、そして『イエスが神との和解にいたる道である』という真理——これらのことのためにクリスチャンは戦ったのだ」（Anderson, CWH, 100-101）。

J・スパロウ＝シンプソンは言う。

「キリストの復活は**使徒的キリスト教の土台**である。それは教理においても、その裏づけにおいてもそう言える……。復活がキリスト教の根幹であることは、復活が使徒の証言で重要な位置を占めていることからもわかる。使徒とは、復活の証人として遣わ

された者である（使徒1：22）。使徒たちは、『使徒の働き』の初めの部分で『このイエスを神はよみがえらせました。私たちはみな、そのことの証人です』と繰り返して語り、また聖パウロがアテネで伝えたキリスト教の中身も『イエスと復活』であった（同17：18）」（Anderson, CWH, 32）。

> 私は別の時代の歴史の研究に、また、その時代の研究書を吟味・検討することに何年もいそしんできたが、公正な視点で言えば、『キリストが死んでよみがえられた』という『しるし』ほど、すばらしく良質で豊富で多様な証拠で裏づけられた事実は他に知らない。
> ——トマス・アーノルド
> 　　　オックスフォード大学

「歴史的事実として『イエスは人類の上の高く上げられた方』と信じることができるのは、イエスの復活があるからである。単に、イエスの人格、模範的行い、教えが人間の道徳観に影響を与えてきたというのではない。現在、クリスチャンたちがイエスを贖い主として服従しているのは、復活に対する信仰があるからであり、復活なくしては説明できない。実際、イエスの復活を否定する人たちは、聖パウロが言う意味でのイエスの神性や贖いのわざをまず拒否するであろう」（Sparrow-Simpson——Hastings, DCG, 513-14 における引用）。

5.2　史学・法学の証言

ある歴史的出来事が起こったとしよう。それを目撃するか、実際にかかわった人々が相当数生存しており、さらにその出来事の情報が文書で公表された場合、その出来事が本当に起こったかどうかは確認できる（状況証拠）。

Ｗ・Ｌ・フェルプスは、40 年以上エール大学英文学部で教授とし
て教え、著作も 20 冊に上る。同大学代表的存在でもある。そのフ
ェルプスが言う。

　「イエス・キリストに関する全記録の中で、最も重要な出来事
は復活である。キリスト教信仰はこの復活にかかっている。全四
福音書が復活について明確な記録を残し、パウロの証言も確認で
きる。これはうれしいことである。死に勝利したイエスを目撃し
た人々の名は記録に残されている。そして、復活の歴史的証拠は、
他のどの奇跡の証拠よりも確かなものである。というのは、パウ
ロが述べているように、キリストが復活されなかったのなら、私
たちの宣教は実質のないものになり、あなたがたの信仰も実質の
ないものになるのだ」（Phelps——Smith, GCWC, 18 における引
用）。

　ロンドン大学電子工学科名誉教授の Ａ・フレミングはケンブリ
ッジのセント・ジョンズ・カレッジの名誉校友であり、1928 年の
ファラデー賞受賞者であり、英国が誇る科学者のひとりである。そ
の人が新約聖書の記録についてこう語っている。

　「この記録の年代や真正性については、専門家が提供する証拠
を受け入れなければならない。それは、天文学者が提供する証拠
が、互いに矛盾しないかぎり天文学上の事実として受け入れられ
ているのと同じである。その上で、次のように問うてみよう。約
30 ～ 40 年前に起こった出来事を描写する書物が、そこに記され
ている尋常ではない諸事件が嘘や伝説であるにもかかわらず、受
け入れられ愛読されている——そんなことがありえるだろうか、
と。しかし、生き残った人々の 30 ～ 40 年前の出来事の記憶は、

ウェストとリトルトンという有能な青年ふたりがオックスフォードに向かった。両者とも社交界のつながりでジョンソン博士とA・ポープと親しい間柄だった。彼らはキリスト教信仰が根幹部分でまちがっていることを示そうと心に決めていた。そこでリトルトンはタルソのサウロによるキリスト教への改宗がなかったことを証明する研究に取りかかり、ウェストの方はイエスの復活が起こらなかったことを論証しようとした。

しばらくしてふたりは互いの研究結果を話し合うために落ち合ったのだが、双方ともばつの悪そうな顔をしていた。自分が到達した結論に、それぞれ困惑していたからである。リトルトンは、タルソのサウロがキリスト教への回心をとおして完全に変えられたことは**まちがいない**という結論になり、ウェストは、イエスが死人の中からよみがえったことは事実であるという結論にたどり着いていた。ウェストの著書は大きな図書館で今でも閲覧することができる。『イエス・キリストの復活の歴史と証拠に関する所見』（*Observations on the History and Evidences of the Resurrection of Jesus Christ*）と題した本で1747年の出版である。この本の遊び紙の部分に、ウェストは集会の書（シラ書）11：7のことばを印刷している。このことばは現代の不可知論者にとっても有益だろう。「よく調べないうちに、とがめてはならない」（Green, MA, 55-56）。

みな申し分なく明瞭であった。したがって、嘘や伝説ということはありえない。

数十年前に死亡したヴィクトリア女王の誤りだらけの伝記を今出版することは不可能である。事実と異なることはすぐに明らかにされる。事実無根のエピソードが広く受け入れられ、事実として伝えられることはまずない。同様に、他の福音書の記録と本質

的に一致しているマルコの福音書の復活の記事が、捏造であるという可能性は低い。『復活は神話である』とする説は精査に耐えない。よって、放棄すべきである」(フレミング――Smith, TS, 427-28 における引用)。

　福音書に記録されている奇跡に科学者が問題に感じるような要素はない、とフレミングは主張し、知性への誠実を訴えてこう断言する。「すぐれた法律の専門家が言う『オープンな心』で研究するなら、キリスト教会は虚構を土台に始まったのでもなく、妄想や『うまく考え出した作り話』(Ⅱペテロ1：16) を重ねて発展してきたわけでもなく、実際に起こった出来事――(たとえ風変わりな出来事であっても) 世界史上で最も偉大な出来事を土台にしている、という深い確信が生まれるだろう」(フレミング――Smith, TS, 427-28 における引用)。

　弁護士F・モリソンは、ベストセラー『動いた墓石』で、「私は理性重視の環境で育ったゆえ、『イエスの復活物語は、彼の類まれな生涯の記録を改変し、おとぎ話的なハッピー・エンドを付け加えたものにすぎない』という見解に到達した」と語っている。「そこでモリソンは、イエスの生涯最後の数日間に関する本を書き、イエスに対してなされた恐ろしき不法行為と、それと同時にイエスの勇敢さを最大限に描写しようと考えた。もちろん、奇跡物語はすべて削除し、復活は完全に無視するつもりだった。ところが、事実を注意深く観察していくうちに、当初の考えを改めざるを得なくなった。そして、反対の立場の本を書いたのである。その第1章の題はなんと『著されることを拒んだ本』である。そして2章以降は、イエスに関する記録の分析が、私の知る限り最高の洞察と表現力で提供されている」(Green, MA, 54-55)。

　W・スミスによると、T・アーノルドは14年間ラグビー校の校

長を務め、『ローマの歴史』全3巻を著し、オックスフォードの現
代史学科の部長になった人物である。その人が言う。

　　「主の生涯と死と復活に関する証拠が説得力のあることはこれ
　までも証明されてきたし、今も証明可能である。良い証拠と悪い
　証拠とを区別するための一般的規則によれば、これらの証拠は良
　い証拠である。そのひとつひとつを何千、何万という人々が、重
　要事件で要点説示を行う裁判官のように注意深くチェックしてき
　た。私自身、人を説得するためではなく自分が納得するために何
　度もチェックしたことがある。私は別の時代の歴史の研究に、ま
　た、その時代の研究書を吟味・検討することに何年もいそしんで
　きたが、公正な視点で言えば、『キリストが死んでよみがえられ
　た』という『しるし』ほど、すばらしく良質で豊富で多様な証拠
　で裏づけられた事実を他に知らない」（Arnold——Smith, TS,
　425-26 における引用）。

　　ハーバード大学法学部特任教授であったS・グリーンリーフ
（1783〜1853 年）は、1846 年、J・ストーリー判事の死後、その後
継教授となった人である。

　　H・W・H・ノットは「ストーリーとグリーンリーフの貢献があ
ってこそハーバード法科大学院は米国の法律学校における現在の名
誉ある地位を確立できた」と語っている（Knott——Smith, TS,
423 における引用）。

　　グリーンリーフは『証拠の法則に関する一考察』と題した名著を
残した。この書は「今でも法的手続きに関する本の中で、証拠に関
しては最高の権威とみなされている」（Smith, TS, 423）。

　　1846 年、グリーンリーフはまだハーバードの法学教授であった
ときに『四福音書の証言を法廷における証拠性判定の規則によって

3日目にイエスがよみがえった事実は、証拠がはっきりと指し示している。英国高等法院王座部の元首席裁判官ダーリング卿もそのような結論に達した人物である。ある私的な晩餐会で会話が、キリスト教の歴史性、特に復活を扱ったある本の話になった。ダーリング卿は指先を合わせ、裁判官らしいポーズをとり、穏やかながらも厳かな語調でこう言った。「我々クリスチャンは信じることをずいぶんと求められるものです。たとえば、イエスの教え、奇跡。全部を信じなければならないとしたら、私の場合、懐疑的になってしまいます。イエスがご自身で言われたとおりの方かどうかは、復活が事実かどうかにかかっているのは確かです。でも、この一番重要な復活については、信じるかどうかを超えた、圧倒的な量の証拠が存在するのです。復活は生きている真理です。その証拠には、肯定的に事実を示すものもあれば、ある種の主張を否定するものもあります。事実を示す証拠もあれば、状況証拠もあります。世界中の聡明な陪審員たちで、復活が事実であるという結論に達しない人はいないでしょう」（Green, MA, 53-54）。

吟味する』という書を著し、キリストの復活に関する使徒の証言の信用性を判定している。

　「使徒たちが伝えた偉大な真理は、『キリストが死人の中からよみがえられた』、そして『人は悔い改めてキリストを信じることによってのみ救われる』ということであった。この真理を、使徒たちは声を合わせ、至る所で語った。落胆させられても、これ以上ないほどの無理解に直面しても、伝え続けた。彼らの指導者は犯罪者として、公的な裁判で死刑の判決を受け、処刑されたばかりである。この指導者は全世界の諸宗教を排除することを求め、

その弟子たちの教えは各国の法律に敵対するものであった。世界の支配者たちや権力者たちも極めて敵対的であり、世界の潮流そのものが敵対していた。

この新しい信仰は、たとえ平和的で穏当な手段で伝えられたとしても、侮辱、妨害、罵倒、迫害、むち、投獄、拷問、悲惨な死以外の何も期待できなかった。それでも、彼らはこの信仰を熱心に広めた。そして苦難に臆することなく、むしろ喜んで耐え忍んだ。仲間が次々と悲惨な死を遂げても、残った者たちはさらに固い決意をもって、力強く自分たちの務めを遂行した。どんな戦記にも、これほど勇敢で強靭で不屈の戦いをした例はそうは見当たらない。そんな彼らが、信仰の土台、自分が伝える偉大な事実と真理の裏づけを確認しなかったはずはない。自分たちの周りで悲劇が起こるたびに、心探られたにちがいない。

したがって、イエスが実際に死人の中からよみがえられたことを確かな事実として知っているのでなければ、確信をもって語ることはできなかったであろう。もし彼らに事実誤認があったとしても、真理に対する誠実さと勇気がその誤りに気づかせたはずである。誤謬に気づいても押し通したなら、生涯、罪責感に苦しめられ、人からも突っつかれることになっただろう。いつまでたっても心の休まることはなく、『やましさはない』という解放感もなく、人から尊敬や栄誉を受けることもなく、この世でも後の世でも幸せになれるという望みもないことになるのだ。

……彼らの生涯を見るとき、世のすべての人々と同じ人間であったことがわかる。人々と同じような動機に駆り立てられ、同じような希望によって励まされ、同じようなことで喜び、同じようなことで悲しみ、同じようなことを恐れ、同じような感情、誘惑、病気にさらされてきたのだ。使徒たちが書いたものを読むと、彼らが理性的な人々であったことがわかる。彼らが事実に反するよ

うな作り話をする動機はまったく見当たらない」(Greenleaf, TE, 28-30)。

英国のJ・ロックはおそらく17世紀最大の哲学者だろう。著作集に収められている『キリスト教の合理性に関する第2の弁明』で、彼はこう述べている。

「私たちの救い主の生涯を見ると、まさにメシヤであり、メシヤの特徴が無数に見られる。……中でも重要なのは死人の中からの復活である。これはイエスがメシヤである重要証拠として証明可能であり、イエスの復活を信じる者は『イエスはメシヤである』と信じていると言える。『イエスが復活した』と宣言することは『イエスがメシヤである』と宣言することだったからである」(Locke, SVRC——Smith, TS, 422-23における引用)。

1870年にケンブリッジの欽定講座教授のB・F・ウェストコット(1825～1901年)は言った。「実際、すべての証拠を合わせてみるならば、キリストの復活ほど裏づけとなる証拠が多様で良質な事件はないと言える。『証拠がたりない』と言う者は『復活はありえない』と前もって決めつけた者だけである」(Little, KWhyB, 70)。

ハーバード大学教授C・H・ムーアのことばは的を射ている。「キリスト教の救い主であり贖い主である方は、神話の中だけで語られる原始的で野蛮で、不快感さえ感じさせる神とは異なっている……。イエスは伝説上の人物ではなく、実在した人物である。クリスチャンは、太古の神話や陳腐な伝説を押しつけられたわけではない。この信仰は歴史上の否定しがたい事実に基づいていたのだ」(Moore——Smith, GCWC, 48における引用)。

プリンストンのB・ウォーフィールドは「キリストの復活——目

撃証言によって裏づけられた史実」という論説でこう述べている。「……神が神のあり方を捨てて人になる瞬間を見た者はないし、それが事実であることを証言できる者もいない。しかし、それが事実でないならば、私たちの信仰はむなしいものである。私たちは今もなお、罪の中にいることになる。一方、キリストの復活は事実である。人の五感で認識できる範囲で起こった出来事であり、他者の証言によって事実であることを確認することもできる。この復活こそ、キリスト教の中心教理なのである。他のすべての教理がこの復活に依存しているのだ」（Warfield, RCHF ── Smith, TS, 361-62 における引用）。

W・スミスは 20 世紀が誇るある学者のことを書いている。

　　「イリノイ大学シカゴ校化学部の A・C・アイヴィ博士は、この時代が生み出した最高の生理学者のひとりである。1939 ～ 1949 年の間、米国生理学会の会長を務め、多くの学術論文を著し、1946 年から 1953 年にかけてはシカゴ職業大学化学科の学科長を務めた。彼のことばは傾聴に値する。『私はイエス・キリストが肉体をもって死からよみがえったことを信じている。これは個人的信仰の問題だが、私は自分が信じていることを世に知らせることを恥とは思わないし、自分の信仰を知的に弁証できることも知ってほしいと願っている……。ある種の科学的事実は 100 年前、キリストの復活と同程度に謎に包まれたものであったが、今では私の書斎で証明することができる。しかし、同じように復活を証明することは、私にはできない。科学精神に忠実であろうとする科学者が、現在入手可能な生物学上の知識に裏づけられた歴史的証拠をもって、『イエス・キリストが肉体をもって復活した』ことを疑おうと思えば疑える。しかし、否定することはできない。なぜなら、否定することは、復活が起こらなかったことを

証明できる、ということだからである。今私が言えることは、現在の生物学では死んで3日間墓の中にあったからだを復活させることはできない、ということだけである。現在の生物学的知識を土台にしてキリストの復活を否定することは、真の科学精神によれば、非科学的態度の表れである』」(Ivy——Smith, SR, 6, 22 における引用)。

ハーバード大医学部のA・ニコライはJ・N・D・アンダーソンについてこう語っている。「アンダーソン先生はイスラム法の世界的権威のひとりである……。ロンドン大学法学部の学部長であり、同大学の東洋アフリカ研究学院・東洋法学科の学科長および高等法学研究所の所長も務めておられる」(Nicholi——Anderson, RJC, 4)。

今日、国際法の分野で大きな影響力を持つアンダーソン教授は言う。「キリスト教信仰の歴史的根拠は、キリスト自身の人格や教えについての新約の証言の信頼性のゆえに、キリストによる贖いの死の事実およびその意義のゆえに、墓が空になったという物的証拠および復活に関する使徒たちの証言の史実性のゆえに、信仰の一歩を踏み出すには十分なものである」(Anderson, CWH, 106)。

5.3　初期の教父たちの証言

W・J・スパロウ＝シンプソンは言う。「初期のキリスト教文献の中でキリスト論に次いで重要な教理は、まちがいなく復活である。使徒の時代直後の文献には、復活への言及が数多く見られるが、2世紀に入るとこのテーマだけに絞った論文が登場する。アテナゴラスや殉教者ユスティノスの作とされる論文などがそれである」(Sparrow-Simpson, RCF, 339)。

B・ラムはこう説明する。「教会史においても教理史においても、復活の事実はごく初期の時代から認められている。教会史最古の文

献であるローマのクレメンスのコリント人への手紙（95年）でも
ふれられており、教父の時代全体にわたって常に言及されている。
現存するあらゆるバリエーションの使徒信条にも見出され、その事
実性が議論の対象になったことは一度もない」（Ramm, PCE, 192）。
　スパロウ＝シンプソンは言う。

　「イグナティオス［50〜115年頃］の福音の本質はイエス・キ
リストであると言ってよい。そしてキリスト教は『イエスに対す
る信仰とイエスに対する愛にあり、イエスの受難と復活に』ある
のだ。イグナティオスはクリスチャンたちに、『誕生と受難と復
活への全き確信を保つ』ように命じている。イエス・キリストは
『復活のゆえに、私たちの望み』と言われている。イエスの復活
は私たちの復活の保証でもあるのだ」（Sparrow-Simpson, RCF,
339）。

　「聖ポリュカルポスのピリピ人への手紙（110年頃）では、主
イエス・キリストは『私たちの罪のために死にも耐えられたが、
神が死の苦しみを弱められ、この方をよみがえらされた』と言っ
ている。また、神は『主イエス・キリストを死人の中からよみが
えらせ、栄光とご自身の右の座をお与えになった。この方に天と
地のすべてのものが従うのだ』とも言っている。よみがえられた
イエスは『生きている者も死んだ者もさばかれる方として来られ
る』。そして『私たちが神の御心を行い、神の戒めのうちに歩む
ならば、イエスを死人の中からよみがえらせた方が私たちをもよ
みがえらせてくださる』。
　聖ポリュカルポスにとって、高く上げられたイエスは『永遠の
大祭司』である。そしてこの高潔な司教が殉教前にささげた祈り
は『殉教者のうちに数えられて、キリストの杯の分け前にあずか

り、霊肉とも聖霊により朽ちることのない永遠のいのちの復活に達することができますように』というものであった」（Sparrow-Simpson, RCF, 341）。

スパロウ＝シンプソン教授は、殉教者ユスティノスの復活に関する論文（100〜165年頃）についてこう言っている。「［この論文は］キリスト教特有の教理を扱っている。当時、復活に対する次のような論理からキリスト教信仰が反対されてきた——復活は不可能である。罪は肉体から生じるゆえ、復活は望ましいものではない。今保有する臓器が存続することには何の意味もなく、復活があるとは考えられない、と。また、キリストの復活はそのように見えただけであって現実に起こったものではない、とする反論もあった。ユスティノスが［応答した］のは、このような反論や問題点に対してである」（Sparrow-Simpson, RCF, 342）。

『教会史主要人物録』で、E・モイヤーはもうひとりの教父クイントス・セプティミオス・フロレンス・テルトゥリアヌスについて語っている。「（160〜220年頃）西方教会の教父であり弁証者。北アフリカのカルタゴ生まれ……。英才教育を受け、ギリシャ語・ラテン語の両方の著作ばかりでなく、政治、法律、法廷弁論でも成功を収めた。30〜40年間は放蕩生活を送るものの、190年頃にキリスト教に深く帰依するようになる。異教徒・ユダヤ人・異端者を相手にキリスト教信仰を忠実に弁護することに残りの生涯をささげた。テルトゥリアヌスは……信仰の強力な擁護者であった」（Moyer, WWCH, 401）。

B・ラムはこう結論づける。「信仰を拒否することは教父たちの証言をすべて否定することである……。キリストの復活について探究する動機も歴史学的基準も、教父たちは持っていなかったと決めてかかることになる。教父たちは、東方正教会からもローマ・カト

リック教会からも英国国教会からも大いに信頼できるとされ、宗教改革者たちにも尊ばれ、現代までの神学者たちにも敬意を表されている。にもかかわらず、信仰を拒否する者は教父たちを一顧だにせず、実際の証拠としてはまったく採用しないのである。確かに彼らの立場からすれば、それはわかる。教父を採用したら、信仰を拒否できなくなってしまうからだ」（Ramm, PCE, 206）。

6 復活のシーン

6.1 復活前

6.1.1 イエスは死なれた

十字架刑執行前のむち打ちについて、J・マッティングリーはこう記している。「判決を受けた犯罪者は通常、まず服をはぎ取られ、法廷内の柱にくくりつけられる。次に処刑人が情け容赦なくむち打ちを加える。ヘブル人の律法ではむちの回数を 40 回までに制限していたが、ローマ人にはそのような制限はなかった。すべては処刑人次第であった。」

むち打ちに使用された道具はフラグルムと呼ばれた。この道具についてマッティングリーは「長いむちの先端部分につけた骨や金属片が、人肉を容易に切り裂くことは、見ればすぐにわかる」と解説している（Mattingly, COAC, 21）。

3 世紀の教会史家カイザリヤの司教エウセビオス（スミルナ教会への手紙）は、ローマ式のむち打ちについて、受刑者の「血管はむき出しになり……肉や腱や内臓さえも見えるようになった」と言っている（Mattingly, COAC, 73）。

マッティングリーは J・P・ランギを引用してこう述べている。「[キリストが] 受けられたむち打ちは通常のむち打ちをさらにしの

ぐものであったと推測される。通常のむち打ちはリクトル[古代ローマの下級官吏]が行ったが、ピラトのもとにはリクトルがおらず、兵士が代行した、とランギは言う。荒っぽく下品な兵士たちの性格からして、その残忍性はリクトルを超えていただろう」（Mattingly, COAC, 33）。

このような残酷極まる刑を受けた後、キリストはさらに刑場――ゴルゴタまで歩き続けなければならなかった。この段階においてキリストが味わった苦痛について、マッティングリーはこう語る。

それで、ピラトは群衆のきげんをとろうと思い、バラバを釈放した。そして、イエスをむち打って後、十字架につけるようにと引き渡した。兵士たちはイエスを、邸宅、すなわち総督官邸の中に連れて行き、全部隊を呼び集めた。そしてイエスに紫の衣を着せ、いばらの冠を編んでかぶらせ、それから、「ユダヤ人の王さま。ばんざい」と叫んであいさつをし始めた。また、葦の棒でイエスの頭をたたいたり、つばきをかけたり、ひざまずいて拝んだりしていた。彼らはイエスを嘲弄したあげく、その紫の衣を脱がせて、もとの着物をイエスに着せた。それから、イエスを十字架につけるために連れ出した（マルコ 15：15 ～ 20）。

「①この小旅行の準備だけでも激しい苦痛を味わったにちがいない。マタイ 27：31 には『こんなふうに、イエスをからかったあげく、その着物を脱がせて、もとの着物を着せ、十字架につけるために連れ出した』とある。侮辱するために着せられた王服を今度は荒々しく脱がされ、元の自分の着物を着せられたとき、むちで切り裂かれた皮膚にふれ、激痛が走ったはずだ（Mattingly, COAC, 35）。

②『そして、彼らはイエスをゴルゴタの場所（訳すと、「どく

ろ」の場所）へ連れて行った』（マルコ 15：22a）という表現も、キリストが自力で歩くことができず、刑場まで文字どおり抱えられて行ったことを示している。こうして、処刑前の苦痛に終止符が打たれ、実際の十字架刑が始まる」（Mattingly, COAC, 36）。

十字架刑についてマッティングリーは言う。「十字架上での苦痛が強烈で容赦のないものだったことはいくら強調してもしたりない。そのすさまじさを、ローマの政治家で哲学者のマルクス・テュリオス・キケロはよく理解していた。こう言っている。『十字架ということばさえも、ローマ市民の唇から遠く離れていなければならない。

そして、彼らはイエスをゴルゴタの場所（訳すと、「どくろ」の場所）へ連れて行った。そして彼らは、没薬を混ぜたぶどう酒をイエスに与えようとしたが、イエスはお飲みにならなかった。それから、彼らは、イエスを十字架につけた。そして、だれが何を取るかをくじ引きで決めたうえで、イエスの着物を分けた。彼らがイエスを十字架につけたのは、午前九時であった。イエスの罪状書きには、「ユダヤ人の王」と書いてあった。また彼らは、イエスとともにふたりの強盗を、ひとりは右に、ひとりは左に、十字架につけた。道を行く人々は、頭を振りながらイエスをののしって言った。「おお、神殿を打ちこわして三日で建てる人よ。十字架から降りて来て、自分を救ってみろ。」また、祭司長たちも同じように、律法学者たちといっしょになって、イエスをあざけって言った。「他人は救ったが、自分は救えない。キリスト、イスラエルの王さま。今、十字架から降りてもらおうか。われわれは、それを見たら信じるから。」また、イエスといっしょに十字架につけられた者たちもイエスをののしった。（マルコ 15：22-32）

唇ばかりでなく、目、耳、心からも』[Marcus Tullius Cicero, *Pro Rabirio*, V, 16]」（Mattingly, COAC, 26）。

M・グリーンはイエスが体験した苦痛を語る。「イエスは夜通し何の食物も与えられず、2回の不当裁判を耐え忍び、背中をローマ式むち打ちで切り裂かれ、一睡もできなかった。そして十字架刑に引き出された。十字架上の死の苦しみは想像を絶する。全神経が苦悶の叫びを上げたであろう」（Green, MA, 32）。

F・ファラーは十字架による死の様子を生々しく描写している。

「……肉体の激痛、めまい、痙攣（けいれん）、飢え、渇き、不眠、外傷による発熱、破傷風、屈辱、不名誉、終わりなき苦痛、傷の放置による壊疽（えそ）——そして死への恐れ、これらすべてが極限状況に達しようというそのとき、唯一の救済である気絶でさえ遠のいてし

さて、十二時になったとき、全地が暗くなって、午後三時まで続いた。そして、三時に、イエスは大声で、「エロイ、エロイ、ラマ、サバクタニ」と叫ばれた。それは訳すと「わが神、わが神。どうしてわたしをお見捨てになったのですか」という意味である。そばに立っていた幾人かが、これを聞いて、「そら、エリヤを呼んでいる」と言った。すると、ひとりが走って行って、海綿に酸いぶどう酒を含ませ、それを葦の棒につけて、イエスに飲ませようとしながら言った。「エリヤがやって来て、彼を降ろすかどうか、私たちは見ることにしよう。」それから、イエスは大声をあげて息を引き取られた。神殿の幕が上から下まで真っ二つに裂けた。イエスの正面に立っていた百人隊長は、イエスがこのように息を引き取られたのを見て、「この方はまことに神の子であった」と言った（マルコ 15：33～39）。

まうのである。

　不自然な体勢をとらされ、からだをどのようにねじっても痛み
が走り、脈を打つたびに、切れた静脈や腱_{けん}が絶え間なく攻め立て
る。からだの内部の傷が炎症となり、次第に壊疽を起こしていく。
大量の血液で（特に頭と胃の）動脈は膨張し圧迫される。そんな
苦痛に、焼けつくような渇きが激しさを増し加える。精神は錯乱
状態に陥る。そして死の訪れ——恐ろしいはずの敵である死——
が、かえってすべての苦しみから解放してくれる甘美で慕わしい
ものに思えてくる」（Farrar, LC, 440）。

　E・H・デイは語る。「聖マルコは、ピラトが、キリストがすでに
死なれたと聞いて驚き、十字架からからだを取り降ろす前に、百人
隊長に再確認したことを記録している。ローマの兵士たちは、十字
架刑による死の兆候がどんなものか、また死んだ人がどのように見
えるかを熟知していた」（Day, ER, 46-48）。

　M・グリーンが指摘するように、十字架刑は「パレスチナでは珍
しいものではなかった」（Green, MA, 32）。

　ピラトはキリストの死亡確認をするように命じた。グリーンは
「アリマタヤのヨセフが死体の下げ渡しを願ったが、その前に4名
の死刑執行人がイエスの死の確認をした」と述べている（Green,
MA, 32）。

　4人は、死の扱いに慣れたスペシャリストであった。「彼らは、
死人を見ればすぐにそれとわかった——そして指揮官自身がこの死
刑囚の最期の大声を聞き、総督ポンテオ・ピラトに、イエスが死ん
だのはまちがいない、と告げたのである」[「イエスの正面に立って
いた百人隊長は、イエスが息を引き取られる様を見て、『この方は
まことに神の子であった』と言った」（マルコ 15：39）。「ピラトは、
イエスがもう死んだのかと驚いて、百人隊長を呼び出し、イエスが

すでに死んでしまったかどうかを問いただした」（マルコ15：44）〕（Green, MA, 32-33）。

　J・R・W・ストットはこう述べる。「ピラトはイエスが死んだと聞いて本当に驚いた。しかし、百人隊長の『事実である』という報告に満足し、十字架からからだを取り降ろす許可をヨセフに与えたのである」（Stott, BC, 49）。

　デイは「マタイの福音書の墓の警備に関する記事は、とにかくユダヤ人たちが『イエスは死んだ』と信じていたことを示している。……イエスのからだを降ろした者、墓に納めた者たちの中に、いのちがまだ残っているかもしれないと考えた者は誰もいなかった」と指摘している（Day, ER, 46-48）。

　デイ教授は『キリストの死の身体的原因』という本に言及し、こう語る──「〔著者であるJ・トンプソンは〕キリストの死の原因が体力の消耗や十字架刑から来る苦痛にあるのではなく、精神的苦痛によって心臓が破裂したことにあると論じ

　歴史的証拠および医学的証拠によって『イエスがわき腹を突き刺される前に死んでいた』ことは明らかである。また『槍が右側の肋骨と肋骨の間に突き刺さった後、おそらく右肺だけでなく心膜と心臓にも穴をあけ、それにより死が確認された』とする伝統的見解を擁護している。
　　　──ウィリアム・D・エドワーズ
　　　　　　　　　　　　医学博士

ている。キリストが死に際にも精神的・身体的な力を残していたことから、その死が体力の消耗によるものでないことがわかる。兵士の槍は、イエスの死が心臓の破裂によるものであることをはっきりさせた」（Day, ER, 48-49）。

　『米国医学協会紀要』に掲載されたある論文は、イエスは十字架から降ろされる前に死んだと結論づけている。「歴史的証拠および

医学的証拠によって『イエスがわき腹を突き刺される前に死んでいた』ことは明らかである。また『槍が右側の肋骨（ろっこつ）と肋骨の間に突き刺さった後、おそらく右肺だけでなく心膜と心臓にも穴をあけ、それにより死が確認された』とする伝統的見解を擁護している」（Edwards, PDJC, 1463）。

ダブリン大学の生理学者S・ホウトン（医学博士）はキリストの外的死因に関してこう語っている。

ヨセフとニコデモはユダヤ人の葬送の習慣にしたがって死体を香料で包んだ。この事実は、イエスが死なれたこと、また、死んだと思われていたことの十分な証拠である。たとえいのちの息が残っていたとしても、十字架から降ろされたとき、没薬（もつやく）とアロエの刺激の強さやにおいや苦さで、またその香料といっしょに頭も顔もからだも全体を亜麻布で巻いたことなどで、そのいのちの残り分も完全に消え去ってしまったにちがいない。

──サムエル・チャンドラー

「兵士がわき腹を槍で突き刺したとき、キリストはすでに死んでいた。血と水が出て来たのは自然現象か奇跡か、そのどちらかである。聖ヨハネはこの現象に注目し、厳粛に、そして正確に描写している。それからしても、聖ヨハネがこの現象を奇跡と呼ばずとも、ふつうのことではないと考えていたことは明らかである。

私は人や動物の観察や実験を繰り返してきて、以下の結果を得た──死後にからだの左側をローマ式の槍と同等の大きさの刃物で突き刺すと、3つの異なるケースが認められる。

第1、傷口からは血がわずかにしたたり落ちる以外、何も流れ出さない。

第2、傷口から血液のみが大量に流れ出す。

第3、傷口からまず水だけが流れ出し、その後に数滴の血液が

続く。

このうち、通常のケースは第１のものである。第２のケースは溺死やストリキニーネという毒物による死の場合で、動物をこの毒で殺せばこの現象が確認できる。また、これは十字架刑で死ぬ人にもよく見られる。第３のケースは、肋膜炎、心膜炎、心臓の破裂による死の場合に見られる。以上３つのケースは、このテーマに関心のある解剖学者であれば、たいてい知っていることである。しかし、以下に挙げるふたつのケースは、生理学の原則に基づいて簡単に説明できることであるが、（ヨハネの福音書以外には）どの書にも記録されていない。私自身もそのようなケースに遭遇したことはない。

第４、傷口からまず水が大量に流れ出し、その後に血も大量に流れる。

第５、傷口からまず血液が大量に流れ出し、その後に水も大量に流れる。

十字架刑による死は、溺死やストリキニーネによる死の場合と似た状態を肺の中の血液に作り出す。第４のケースは、十字架刑に先だって肋膜炎による出血があった場合に起こるものである。そして第５のケースは十字架上で心臓が破裂したために死んだ場合に起こる。主イエスが十字架にかかる前の数日間の記録を見るかぎりでは、肋膜炎を患っていた可能性はまずない。（もし傷口からまず血が流れ、ついで水が出て来た場合でも、肋膜炎の可能性はない。）したがって、唯一の可能な説明は、**十字架刑と心臓の破裂が組み合わさった**ことによるものである。

キリストが心臓の破裂によって死んだという説は、ウィリアム・ストラウド博士も強く支持する。そして私も、キリストの心臓は本当に破裂したと固く信じる」（Houghton──Cook, CHB, 349-50 における引用）。

　使徒ヨハネはゴルゴタの出来事を実に詳細に記録している。ホウトンの結論 ――「これが重要であることは明らかである。ヨハネ 19 章の記述は捏造(ねつぞう)ではない。ヨハネの記録は、目撃者が実際に目にしたものでしかありえない。この目撃者の驚きはあまりにも大きく、その現象を奇跡だと考えたらしい ―― ということだ」(Houghton ―― Cook, CHB, 349-50 における引用)。

　M・グリーンは以下のように述べている。

　「イエスのわき腹が突かれたとき『血と水』が出てきたこと（ヨハネ 19：34, 35）を目撃した者が、この出来事を非常に重要視したことは明らかである。槍がわき腹を突き刺したときにイエスがまだ生きていたのなら、脈を打つたびに血が勢いよく噴き出したであろう。しかしその事実はなく、血漿(けっしょう)とは別に、半分固まった赤黒いかたまりがしみ出た。これは大動脈で血液の凝固が広範囲に起こっていたこと、つまり死亡を示す強力な医学的証拠である。そんな病理学的知識のない福音書記者の記録であるゆえ、この事実は重要性をさらに増す。『血と水』はイエスがすでに死んでいたことを示す確たる証拠である」(Green, MA, 33)。

　S・チャンドラーは言う。「ヨセフがイエスのからだの下げ渡しをピラトに願い出たこと、ピラトが百人隊長からイエスがすでに死んだことを聞いて下げ渡しを許可したこと、などは四福音書とも一致している」(Chandler, RJC, 62-63)。

　そしてチャンドラーはこう主張する。「ヨセフとニコデモはユダヤ人の葬送の習慣にしたがって死体を香料で包んだ。この事実は、イエスが死なれたこと、また、死んだと思われていたことの十分な証拠である。たとえいのちの息が残っていたとしても、十字架から

255

降ろされたとき、没薬（もつやく）とアロエの刺激の強さやにおいや苦さで、また その香料といっしょに頭も顔もからだも全体を亜麻布で巻いたことなどで、そのいのちの残り分も完全に消え去ってしまったにちがいない」（Chandler, RJC, 62-63）。

　A・ローパー教授が言うように「イエスの処刑はローマ法に従って、ローマ兵によって完璧に執行された」（Roper, JRD, 33）。

　結論として、使徒ヨハネのことばに同意する。「それを目撃した者があかしをしているのである。そのあかしは真実である。その人が、あなたがたにも信じさせるために、真実を話すということをよく知っているのである」（ヨハネ 19：35）。

6.1.2　墓
　W・M・スミスは「四福音書における復活の記録の中に『墓』に

「夕方になって、アリマタヤの金持ちでヨセフという人が来た。彼もイエスの弟子になっていた。この人はピラトのところに行って、イエスのからだの下げ渡しを願った。そこで、ピラトは、渡すように命じた」（マタイ 27：57, 58）。

「すっかり夕方になった。その日は備えの日、すなわち安息日の前日であったので、アリマタヤのヨセフは、思い切ってピラトのところに行き、イエスのからだの下げ渡しを願った。ヨセフは有力な議員であり、みずからも神の国を待ち望んでいた人であった。ピラトは、イエスがもう死んだのかと驚いて、百人隊長を呼び出し、イエスがすでに死んでしまったかどうかを問いただした。そして、百人隊長からそうと確かめてから、イエスのからだをヨセフに与えた」（マルコ 15：42 ～ 45）。

当たる語は 32 回登場する」と述べている (Smith, IFET, 38)。

アリマタヤのヨセフの墓で 3 日目の朝に何が起こったかは、福音書記者たちが最も関心を寄せたことである。

W・J・スパロウ＝シンプソンはキリストの埋葬についてこう述べている。

「ローマの慣習では、十字架による刑死者は鳥や獣の餌食（えじき）となるように放置さ

「さてここに、ヨセフという、議員のひとりで、りっぱな、正しい人がいた。この人は議員たちの計画や行動には同意しなかった。彼は、アリマタヤというユダヤ人の町の人で、神の国を待ち望んでいた。この人が、ピラトのところに行って、イエスのからだの下げ渡しを願った」（ルカ 23：50 〜 52）。

「そのあとで、イエスの弟子ではあったがユダヤ人を恐れてそのことを隠していたアリマタヤのヨセフが、イエスのからだを取りかたづけたいとピラトに願った。それで、ピラトは許可を与えた。そこで彼は来て、イエスのからだを取り降ろした」（ヨハネ 19：38）。

れた。しかし、この規則に例外がなかったわけではない。ヨセフス［『自伝』75 章・『ユダヤ戦記』4.5.2］は、皇帝テトスが 3 名の受刑者に対し、息ある間に十字架から降ろすよう命令したと記している。それはローマの規則に反するから歴史的事実ではないと断定することはできない。ユダヤでは律法の定めに従い、刑死者でもきちんと墓に納めた。しかし、ヨセフスによれば、ときにはユダヤ人たちも葬送に関する律法を破ったことはあった。『ユダヤ戦記』には、『ユダヤ人は死者の埋葬に当たっては特別な注意を払い、十字架につけられた者の死体は降ろして日没前に墓に納めるのが常であったにもかかわらず、死体を墓に納めずに投げ捨てる、という不敬行為を行った』と記されている」（Sparrow-

Simpson, RCF, 21-22)。

　H・レイサムの著書『よみがえられた主』はイエスの墓に関して
こう伝えている。

　　「墓そのものは見たところ、ほら穴状である。岩壁にくりぬか
　れたもので、他の遺体は納められていなかった。というのは、そ
　こはイエスの遺体のみを安置する必要があったからである（そう
　なったことは奇跡に値するが）。この岩は平地に孤立した状態で
　屹立しており、そこに穴がひとつしか掘られていないのは驚きで
　ある。たくさんの墓があったならば、死を克服された方の奇跡の
　意義が薄められたことであろう」（Latham, RM, 87-88）。

　ギニュベールは著書『イエス』の500ページで何の根拠もなく次
のような発言をしている。「実のところ、処刑人たちがイエスの遺
体を十字架から降ろした後、どこに捨てたかはわからない。弟子た
ちもわからなかったことだろう。新しい墓ではなく、刑死者の処理
のために掘られた穴に投げ捨てられた可能性が高い」（Guignebert,
J――Smith, TS, 372における引用）。

　6.1.2.1　ギニュベールは、その主張の根拠を一切示すことなく
断定している。

　6.1.2.2　1〜3世紀に教会関係者および外部者が残した文献に
ある証言を完全に無視している。

　6.1.2.3　福音書の単純明快な記事をまったく考慮に入れていな

い。

6.1.2.3.1　キリストの遺体をアリマタヤのヨセフが引き取ったのでなければ、その後の記事がどうして残されているのか。

各記事が十分に証となっている。キリストのからだが、刑死者の処理のために掘られた穴に放り込まれたということはありえない！

6.1.2.3.2　そして墓に納めるための準備に関する記事はどうか。

そのような準備がなかったとすれば、なぜこの記事が残っているのか。

「ヨセフはそれを取り降ろして、きれいな亜麻布に包み……」（マタイ 27：59）。

「そこで、ヨセフは亜麻布を買い、イエスを取り降ろしてその亜麻布に包み……」（マルコ 15：46）。

「さて、安息日が終わったので、マグダラのマリヤとヤコブの母マリヤとサロメとは、イエスに油を塗りに行こうと思い、香料を買った」（マルコ 16：1）。

「そして、［イエスとともにガリラヤからやって来た女たちは］戻って来て、香料と香油を用意した」（ルカ 23：56）。

「アリマタヤのヨセフが……来て……ニコデモも、没薬とアロエを混ぜ合わせたものをおよそ三十キログラムばかり持って、やって来た。そこで、彼らはイエスのからだを取り、ユダヤ人の埋葬の習慣に従って、それを香料といっしょに亜麻布で巻いた」（ヨハネ 19：38〜40）。

6.1.2.3.3　イエスに従っていた女性たちはどうか。この人たちは、アリマタヤのヨセフとニコデモがイエスのからだを墓に納めるのを見ていたのだ。

この女性たちは「ヨセフについて行って、墓と、イエスのからだの納められる様子を見届けた」（ルカ 23：55）し、「墓のほうを向いてすわっていた」（マタイ 27：61）し、「イエスの納められる所をよく見ていた」（マルコ 15：47）。

この人々は確かに墓の存在を知っていた。福音書の記録はこの点について非常に明確である。

6.1.2.3.4　墓自体に関する記録を無視することができるか。「ヨセフはそれ［イエスのからだ］を取り降ろして……自分の新しい墓に納めた」（マタイ 27：59, 60）。これは「岩を掘って造った」（マルコ 15：46）ものであり、また「まだだれをも葬ったことのない」（ルカ 23：53）ものであった。また、「イエスが十字架につけられた場所に園が」あった（ヨハネ 19：41）。

ギリシャ語学者 H・アルフォードは、福音書に記録された証拠についてこう述べる。「この墓が**ヨセフ自身の墓**であったことを明かしているのはマタイだけである。ヨハネは**イエスが十字架につけられた場所に園**があったと証言している。マルコ以外の 3 福音書は、墓が**新しい**ものであったことを指摘している。ヨハネは墓が**ヨセフのもの**であったことには言及していない」（Alford, GTCRT, 298-99）。

アリマタヤのヨセフについてはこう言う。「イエスのからだをそこに納めたのは**すぐそば**にあったからであり、また準備を急ぐ必要があったからである」（Alford, GTCRT, 298-99）。

アルフォードの解説からこう結論できる。「これらの情報から得られる［証拠］は、①墓が**自然**にできたほら穴ではなく、**人工的に**

岩を掘って作ったものであること、②下向きに掘られたものではな
く、水平方向に（またはそれに近い角度で）岩壁を切り取ったもの
である、ことである」（Alford, GTCRT, 298-99）。

6.1.2.3.5　キリストの墓が存在しなかったとすれば、ユダヤ
人たちがピラトに墓に番兵を出してほしいと請願したことをどう説
明するのか。

　「さて、次の日、すなわち備えの日の翌日、祭司長、パリサイ
　人たちはピラトのところに集まって、こう言った。『閣下。あの、
　人をだます男がまだ生きていたとき、「自分は三日の後によみが
　える」と言っていたのを思い出しました。ですから、三日目まで
　墓の番をするように命じてください。そうでないと、弟子たちが
　来て、彼を盗み出して、「死人の中からよみがえった」と民衆に
　言うかもしれません。そうなると、この惑わしのほうが、前の場
　合より、もっとひどいことになります。』ピラトは『番兵を出し
　てやるから、行ってできるだけの番をさせるがよい』と彼らに言
　った。そこで、彼らは行って、石に封印をし、番兵が墓の番をし
　た」（マタイ 27 : 62 ～ 66）。

　メイジャーの言うとおり、事は単純である。「もしキリストのか
らだが共同墓地に捨てられ放置されたとするなら、キリストの敵が
『からだは盗まれた』という噂を広めなければならない理由がどこ
にあるのか」（Major——Smith, TS, 578 における引用）。

6.1.2.3.6　イエスに従う女性たちが安息日の後で墓に行った
ことをどう説明するのか。
　「さて、安息日が終わって、週の初めの日の明け方、マグダラのマ

リヤと、ほかのマリヤが墓を見に来た」（マタイ 28：1）。

「そして、週の初めの日の早朝、日が上ったとき、墓に着いた」
（マルコ 16：2）。

「週の初めの日の明け方早く、［イエスとともにガリラヤから出て
来た］女たちは、準備しておいた香料を持って墓に着いた」（ルカ
24：1）。

「さて、週の初めの日に、マグダラのマリヤは、朝早くまだ暗いう
ちに墓に来た。そして、墓から石が取りのけてあるのを見た」（ヨ
ハネ 20：1）。

　実際にイエスがヨセフの墓に葬られたのでなければ、福音書はこ
んなことを記録しなかったであろう。

6.1.2.3.7　女性たちからの知らせを受けたペテロとヨハネが
墓に行ったことはどうか。

「しかしペテロは、立ち上がると走って墓へ行き、かがんでのぞき
込んだところ、亜麻布だけがあった。それで、この出来事に驚いて
家に帰った」（ルカ 24：12）。

「そこでペテロともうひとりの弟子［ヨハネ］は外に出て来て、墓
のほうへ行った。ふたりはいっしょに走ったが、もうひとりの弟子
がペテロよりも速かったので、先に墓に着いた。そして、からだを
かがめてのぞき込み、亜麻布が置いてあるのを見たが、中に入らな
かった。シモン・ペテロも彼に続いて来て、墓に入り、亜麻布が置
いてあって、イエスの頭に巻かれていた布切れは、亜麻布といっし
ょにはなく、離れた所に巻かれたままになっているのを見た。その
とき、先に墓に着いたもうひとりの弟子も入って来た。そして、見
て、信じた」（ヨハネ 20：3～8）。

　これらの記述も無視されている。

6.1.2.3.8　ギニュベールの説について W・M・スミスはこのように言う。「四福音書は『イエスのからだがアリマタヤのヨセフの墓に納められた』という事実を明確に述べているが、ギニュベールはそれを否定する。しかし、否定するための証拠は何一つ提示せず、自らの想像に基づく意見だけを述べている。彼の主張は想像に基づいているばかりか、初めから決めていた結論［歴史と無関係の思想上の偏見］に基づくものである」(Smith, TS, 372)。

証拠が示すところは明らかであるのに、ギニュベールはその証拠を受け入れようとしない。「奇跡はない」という彼の世界観と一致しないからである。このフランス人教授は証拠から結論を導き出すのではなく、証拠とは反対の結論を導き出している。したがって、スミスの結論は正しい。「ギニュベールの説には何の歴史的根拠もない。よって、『福音書』という**歴史的**文献を研究する上で、まったく考慮する価値のないものである」(Smith, TS, 372)。

6.1.3　葬られ方

イエスがアリマタヤのヨセフの墓に葬られたという記録について W・スミスは次のような議論を展開している。

> 葬りに関する記事が事実であることを認めながら、墓が空になったことを事実として認めないというのは、ありえない。
> ——ウィリアム・レイン・クレイグ

「古代史において、主イエスほど埋葬について詳しくわかっている人物はいない。旧約聖書に登場するどの人物よりも、バビロンのどの王よりも、エジプトのどのファラオ（パロ）よりも、ギリシャのどの哲学者よりも、ローマのどの皇帝よりも、イエスの葬られ方のほうがはるかに多くのことが知られている——イエスのからだを十字架から降ろした人物、からだを香料で包む習慣や葬送用の布、

からだが納められた墓。その墓の所有者の名（アリマタヤという町の出身のヨセフ）、墓の場所（エルサレム城外の十字架刑が行われた場所の近くの園の中）など。主の葬送を記録する四福音書のすべての内容が驚くほど一致している——イエスが十字架につけられたときその場にいた弟子マタイの記録。主の昇天から10年以内に書かれたとされるマルコの記録。使徒パウロの同労者で歴史家であったルカの記録。そして十字架の下を最後まで離れず、復活の日にペテロとともに空の墓を最初に見たヨハネの記録である」（Smith, TS, 370-71）。

歴史家 A・イーダーシャイムはユダヤ人の葬送習慣について詳しく説明している。

「金持ちだけでなく、『少し裕福』と言える階層の者も自前の墓を持っていた。それは生前に取得し準備したものがほとんどであり、私有財産として相続された。ほら穴、または墓用に掘った岩穴に遺体を納めるに際しては、ギンバイカとアロエ、次いでヒソプ・バラ油・バラ香水などのたくさんの香料を塗った。遺体には服が着せられ、可能であれば律法の巻物を包んでいた使い古しの布で巻かれた。『墓』は岩山の斜面に掘った穴や、自然の洞窟、両側にくぼみをつけた納骨所であった」（Edersheim, LTJM, 318-19）。

キリストの葬りについてイーダーシャイムはこう述べる。

「ヨセフが自分のために掘らせてあった真新しい墓（したがってだれのからだも納められていない墓）にイエスの遺体を入れたのは、安息日が近づいており、急がなければならなかったことに

264

よる……。

　十字架が地面に倒され、残酷な釘（くぎ）が抜き取られ、縄はゆるめられた。ヨセフは自分のしもべたちとともに聖なるからだを『亜麻布で巻いた』。そして近くの園にある墓に急いで運んだ。岩場に掘られた墓やほら穴（メアルタ）には中にくぼみ（クキン）があり、遺体はそこに安置された。『墓』の入口——そして『岩』の中——には２平方メートルたらずの中庭のような空間があり、たいていそこに棺台が収納されていた。遺体を運ぶ者たちはここに集まり、死者に対する最後の儀式を行ったのである」（Edersheim, LTJM, 617）。

「今度はもうひとりのサンヘドリンのメンバー、ニコデモが……没薬とアロエを混ぜ合わせたものを持ってやって来た。それは人を葬るときなどに用いる香料としてユダヤ人によく知られていたものである。

　いわば防腐保存処置が急いで行われたのは、墓の『中庭』においてである」（Edersheim, LTJM, 617）。

キリストの時代、死者

　ユダヤの慣習では、遺体を葬る準備をする際、ふつうはからだを洗い、まっすぐにし、わきの下から足首まで約30センチ幅の亜麻布をきつく巻きつけた。亜麻布が重なる部分には芳しい香料（粘着性があった）が塗られた。この香料は防腐剤であると同時に、からだに巻きつけられた布を固める接着剤の役割も果たした……。ヨハネが用いている『巻いた』（ギリシャ語『エデサン』）という語はルカ 23：53 で用いられている表現と符合する。ルカは、遺体が亜麻布で包まれたこと……週の初めの日の朝イエスのからだは消えていたが、葬送用の布はそこにあったことを記録している。

　——メリル・テニー

を防腐保存するために大量の香料が用いられるのが通例であった（特に尊敬されていた人物の場合は）。

遺体に施された準備について、M・グリーンは以下のように語る。「遺体は香料で覆われ、亜麻布をしっかり巻いた状態で石棚に寝かされた。聖ヨハネの福音書は約30キログラムの香料が使われたと語っているが、それは十分な量であっただろう。裕福なヨセフは、イエスの生前自分が臆病者であったことを、葬儀を豪華にすることで埋め合わせたかったのだろう。30キロというのはたいへんな量ではあるが、類似の記録はたくさん残っている。イエスと同時代人であったラビのガマリエルが死んだときには36キロの香料で覆われた」（Green, MA, 33）。

1世紀のユダヤ人歴史家フラウィウス・ヨセフスは、アリストブロスの葬儀を記録している。アリストブロスは「まだ18歳にも満たず、大祭司職に1年ついた後、殺害された」（Josephus, AJ, XV, iii, 3）。

その葬儀に関してヘロデは「遺体を納める墓のために相当の準備をし、また大量の香料を提供し、数々の埋葬品を納めるなどして、実に豪華なものとなるように計らった」（Josephus, AJ, XVII, viii, 3）。

J・ヘイスティングズは、空になったキリストの墓で見つかった葬送用の服について言っている。「クリュソストモスの時代［後4世紀］、没薬はからだにしっかりと貼りつく性質があったため、葬送用の服を脱がせるのは簡単でなかった」（Joan. Hom. 85）（Hastings, DCG, 507）。

M・テニーは以下のように葬送用の布を説明している。

「ユダヤの慣習では、遺体を葬る準備をする際、ふつうはからだを洗い、まっすぐにし、わきの下から足首まで約30センチ幅

266

の亜麻布をきつく巻きつけた。亜麻布が重なる部分には芳しい香料（粘着性があった）が塗られた。この香料は防腐剤であると同時に、からだに巻きつけられた布を固める接着剤の役割も果たした……。ヨハネが用いている『巻いた』（ギリシャ語『エデサン』）という語はルカ 23：53 で用いられている表現と符合する。ルカは、遺体が亜麻布で包まれたこと……週の初めの日の朝イエスのからだは消えていたが、葬送用の布はそこにあったことを記録している」（Tenney, RR, 117）。

『国際標準聖書百科事典』で Ｇ・Ｂ・イーガーは主の葬りについてこう述べる。

「イエスが十字架につけられた日、アリマタヤのヨセフがピラトの所に行き、墓に葬る許可を求めた（マタイ 27：58 以下）のは、当時の慣習であると同時に、モーセの律法の規定（申 21：23）［その死体を次の日まで木に残しておいてはならない。その日のうちに必ず葬らなければならない。木につるされた者は、神にのろわれた者だからである。あなたの神、主が相続地としてあなたに与えようとしておられる地を汚してはならない］に厳密に従ったものである（ガラテヤ 3：13 参照）［キリストは、私たちのためにのろわれたものとなって、私たちを律法ののろいから贖い出してくださいました。なぜなら、『木にかけられる者はすべてのろわれたものである』と書いてあるからです］」（Eager——Orr, ISBE, 529 における引用）。

「シリア人やシリアへの宣教師によれば、遺体を洗ったり（ヨハネ 12：7；19：90、マルコ 16：1、ルカ 24：1）、手足に葬送の布（ふつうは亜麻布）を巻いたり（ヨハネ 19：40）、ナプキン状

トリノの聖骸布とは？

　トリノの聖骸布とは、長さ 4.36 m、幅 1.1 m の亜麻布（*Biblical Archaeology Review*［1986］：26）でイタリアのトリノに収蔵されている。その布地には男性のからだの前部と後部がそれぞれ写し出されている。［訳者注：多くの人はこの男性こそイエスであると信じています。］

　聖骸布は 1354 年にはその存在が知られていたが、多くの者はそれよりもさらに古いものだと考えている。1978 年には、聖骸布に対して大規模な科学的調査がなされた。そこに写し出されている画像からは塗料も染料も検出されなかった。像は 3 次元のものであると考えられており、生地の表面だけに見られた。

　しかしながら、1988 年に入って 3 つの研究室がそれぞれ独立して放射性炭素による聖骸布の糸の年代測定を行ったところ、中世後期のものであるという結論で一致した。聖骸布を弁護する者たちは、サンプルが小さすぎた、しかも中世の教会で起きた火事で汚染された部分だった、と主張した（Geisler.BECA,.706）。

またはハンカチ状の布で顔を包んだり（ヨハネ 11：44b）するのは、今でも行われている風習である。防腐剤として芳しい香料や薬品で遺体を覆うこともふつうのこととして続いている……。記録によれば……イエスが葬られる際、ニコデモは『没薬とアロエを混ぜ合わせたものをおよそ三十キログラムばかり』持ってきた。そして『彼らはイエスのからだを取り、ユダヤ人の埋葬の習慣に従って、それを香料といっしょに亜麻布で巻いた』。マグダラのマリヤとほか 2 名の女性たちも同じ目的のために香料を携えて来た（マルコ 16：1、ルカ 23：56）」（Eager——Orr, ISBE, 529 における引用）。

　ユダヤで聖人とされる者たちの墓を保存するために、どれほどの注意が払われていたのだろうか。この点についてW・L・クレイグは言う。

　「イエスの時代には、ユダヤの殉教者や聖人たちの墓には異常なほどの関心が集まり、それらの墓には細心の注意と敬意が払われた。イエスの墓も同様だったにちがいない。弟子たちは、世の終わりの前に復活があるなどとは思ってもいなかった。したがって、師が葬られた場所に関心がないはずがない。あったからこそ、女性たちがイエスの葬送を見届けるために残ったことや、イエスのからだに香料を塗ろうとしたことも事実だと考えられるのだ（ルカ23：55, 56）」（Craig, DJRD——Wilkins, JUF, 148-49における引用）。

　クレイグはさらに、葬送と墓が空になったことの関係について説明している。

　「葬りの記事が基本的に正確で信頼できるものなら、イエスの墓が空になったことを信じるのは容易である。というのは、イエスの墓の場所はユダヤ人もクリスチャンも知っていることになるからだ。しかし、その場

聖骸布は真正のものなのか

　聖骸布が真正であるかどうかは激しい議論の的となっている。聖骸布を真正のものと主張する者たちはその特徴がいかにユニークなものかを強調する。否定する者たちは、史的証拠がないことや科学的年代測定の結果が支持していないことを挙げる（Geisler, BECA, 706）。

合、墓の中にまだイエスの遺体があったとしたら、復活を信じ続けることは不可能である。たとえ弟子たちが信じて、イエスの復

活を伝えても、誰も信じなかったであろう。敵対するユダヤ人も
事実を暴露することができた。葬りに関する記事が事実であるこ
とを認めながら、墓が空になったことを事実として認めないとい
うのは、ありえない」(Craig, DJRD——Wilkins, JUF, 146-47 に
おける引用)。

6.1.4 墓石

イエスの墓の入り口をふさいだものについて A・B・ブルースは
「ユダヤ人はこの岩をゴレルと呼んだ」と言っている (Bruce,
EGNT, 334)。

H・W・ホロマンは G・M・マッキーの「中心部への入り口は大
きく重い円盤状の岩で守られていた。この岩は、墓の入り口の中央
が少しへこんで溝になっているところを転がして動かすようになっ
ている」ということばを引用している (Holloman, EPR, 38)。

T・J・ソーバーンは、この岩が「人や動物の侵入を防ぐための
ものとして用いられた」と言う。「この岩のことはタルムード学者
たちが言及している。マイモニデスによると『エックス・リンゴ、
アリア・マテリア』の構造も用いられた。」大きさについては、「動
かすときは数人がかりがふつうだった」と説明している。イエスの
墓の入り口に転がされた岩は、死体の盗難を防ぐためなので、お
そらく通常のものよりも大きかったはずだ (Thorburn, RNMC, 97-
98)。

岩の重さについて、ソーバーンはこう語っている。「ベザ写本の
欄外注釈 [4 世紀の写本(ケンブリッジ図書館所蔵のベザ写本)の
マルコ 16：4 の本文内にかっこつきで書き込まれていることば] は、
『そして、ヨセフがイエスを安置した際、20 人の男がかかっても転
がせないほどの岩を墓の入り口に置いた』と付け加えている」。ソ
ーバーンの指摘の重要性は、写本作成のきまりを考察すればわか

る。写本書記が自分の解釈を強調したいときは、それを本文の中に混ぜないで余白に書き込むのが習慣だった。したがって、本文に混在して残る挿入句の場合、キリストの時代により一層近い時代、おそらくは1世紀の写本から複写されたと結論づけてよい。だとすれば、この欄外注釈は、イエスの墓をふさぐために転がされた岩の巨大さを実際に見て驚いた人物が記録した可能性がある。オックスフォードのG・ウェストもベザ写本のこの箇所の重要性について著書『イエス・キリストの復活に関する史実と証拠についての考察』(*Observations on the History and Evidences of the Resurrection of Jesus Christ*) の37〜38ページで論じている (Thorburn, RNMC, 1-2)。

S・チャンドラー「この出来事に関しての証言はみな一致している。婦人たちが来たときには、岩は転がされ、取り除かれていた。婦人たちが動かすことは不可能だった。岩があまりにも大きかったからである」(Chandler, RJC, 33)。

A・イーダーシャイムはメシヤニック・ジューで、新約時代の歴史的背景に関して有益な情報を提供してくれている。その彼がイエスの葬りについて以下のようにコメントしている。

「そこで、その者たちは岩壁をくりぬいて作られた真新しい墓の中にイエスを安置した。墓から出ると、慣習どおり『大岩』ゴレルを転がして墓の入り口をふさいだ。おそらく、ゴレルの補強のために慣習どおり小さな岩（いわゆるドフェグ）をあてがったことだろう。その翌日、安息日にもかかわらずユダヤ人指導者たちが封印を施したのは、このふたつの岩が重なる部分だったはずだ。この封印は、墓が少しでも乱されれば、すぐにそれとわかるようにするためのものである」(Edersheim, LTJM, 618)。

復活の早朝、マリヤらがイエスの墓を訪れたことについてF・モリソンはこう解説している。

　「この巨大な岩をどのようにして動かしたらいいのか、婦人たちには大問題だった。彼女らの少なくともふたりは葬りの場面を見ており、大体の状況を知っていた。最古の記録である聖マルコの福音書に記された『墓の入口からあの石をころがしてくれる人が、だれかいるでしょうか』ということばは、婦人たちの心配が現実的なものであったことを語っている」（Morison, WMS, 76）。

　「［イエスの墓に置かれた岩は］無言でこの出来事全体の証人の役割を果たしている。——この岩に関して慎重な調査が必要である。まず、どれぐらいの大きさだったか、またどのようなものであったか、考えてみよう。まちがいなくこの岩は巨大で相当重いものだった。それは岩に関する記録が明示、あるいは示唆している。聖マルコは『あれほど大きな石だったのに』という表現をしている。聖マタイも『大きな石』と呼んでいる。それは、この岩を動かすにはどうしたらいいのかと婦人たちが心配していることからもわかる。この3人の女性だけで動かすには重すぎたのだ」（Morison, WMS, 147）。

6.1.5　封印

マタイ27：66は「そこで、彼らは行って、石に封印をし、番兵が墓の番をした」と記している。

A・T・ロバートソンはイエスの墓石を封印する方法について、こう述べる。

　「おそらくは綱を岩の端から端まで伸ばし、ダニエル6：17［一

ともかく、これらの事実に関する証言を考察せよ。それは『あの、人をだます男がまだ生きていたとき（したがって今は死んでいる）、「自分は三日の後によみがえる」と言っていたのを思い出しました。ですから、三日目まで墓の番をするように命じてください（したがって葬られている）。そうでないと、弟子たちが来て、彼を盗み出す……かもしれません』というものである。もし墓が封印されていれば何の不正も起こらないと思ったのだ。……したがって、主の復活の証拠は、あなたがたが主張していることによって、論争の余地のないものとなったのだ。というのは、封印のために不正は起こらなかった。しかし、不正がなくて、墓が空になったのであれば、主が復活されたことは明白であり、論争の余地がないこととなる。彼らが意に反して真理を証明してしまっていることがおわかりいただけるだろうか
　　──ヨハネス・クリュソストモス

つの石が運ばれて来て、その穴の口に置かれた。王は、王自身の印と貴人たちの印でそれを封印し、ダニエルについての処置が変えられないようにした]のものと同じように両端を封印した。封印はローマの番兵の前でなされた。その番兵たちはローマの権威と権力を表すこの印章を守る役目を負っていた。彼らはイエスの死体が盗まれたり復活したりすることを防ぐために最善をつくした（Bruce）。しかし、しくじった。そして、イエスが復活し、墓が空になったことを自分たちも証言することになってしまったのだ（Plummer）」（Robertson, WPNT, 239）。

　Ａ・Ｂ・ブルース「分詞節の部分［『石に封印をし』の部分］は挿入的な箇所であるが、彼らが厳重警戒したことを示している。封印するには石の上に糸を張り、墓の入り口の両端に印章を貼りつけた。

そうして、指導者たちは『盗み』——そして『復活』——を防ぐために最善をつくしたのだ」（Bruce, EGNT, 335）。

H・S・メインは「インド最高議会のメンバーであり、ミドル・テンプルにおける法学・民法学の元講師、さらにケンブリッジ大学の民法学特任教授」であった。その人が、ローマの封印がどんな法的権威を持っていたのかを語っている。メインによれば、この封印は実際のところ「認証の一形態とみなされていた」（Maine——Lewis, M, 203 における引用）。

メインはこうも述べている。「ローマにおける遺言状その他の重要書類の封印は、署名者がその場に立ち会ったこと、もしくはその同意があることを表した、と同時に、書面の内容を確認するためには破らなければならない留め金の役目をも果たした、と言ってよい」（Maine, AL, 203-04）。

イエスの墓の警護についても同様に考えるならば、そこにローマの封印があることは、何人（なんびと）たりともこの墓所に手を出してはいけないことを意味した。誰かが岩を墓の入り口から動かそうとすれば、

さて、次の日、すなわち備えの日の翌日、祭司長、パリサイ人たちはピラトのところに集まって、こう言った。「閣下。あの、人をだます男がまだ生きていたとき、『自分は三日の後によみがえる』と言っていたのを思い出しました。ですから、三日目まで墓の番をするように命じてください。そうでないと、弟子たちが来て、彼を盗み出して、『死人の中からよみがえった』と民衆に言うかもしれません。そうなると、この惑わしのほうが、前の場合より、もっとひどいことになります。」ピラトは「番兵を出してやるから、行ってできるだけの番をさせるがよい」と彼らに言った。そこで、彼らは行って、石に封印をし、番兵が墓の番をした（マタイ 27：62～66）。

封印を破るしかない。それはローマ法を犯すことを意味する。

H・アルフォードは言う。「封印は、墓の入り口の岩の端から端まで細縄やひもを張り、その両端を封印用の粘土で岩に留めることによってなされた」（Alford, GTCRT, 301）。

M・ヴィンセントはこう解説する。「岩の封印は番兵たちの面前でなされ、その番兵は警護のために残された。番兵が封印に立ち会うのは重要なことだっただろう。封印するには、岩の端から端まで細縄を張り、その縄の両端を封印用の粘土で岩に留めた。また、入り口の岩を、十字状にした2本の柱で固定する場合、その柱が封印によって岩に留められた」（Vincent, WSNT, 147）

D・D・ウィードン「したがって、封印を破らずに入り口を開けることは不可能であった。破ったならその印の権威に対する犯罪とされた。番兵は墓を弟子たちから守らなければならなかったが、封印は、その番兵たちが共謀して違反行為を犯すのを防ぐ役目を果たした。ダニエル6：17（『一つの石が運ばれて来て、その穴の口に置かれた。王は王自身の印と貴人たちの印でそれを封印し、ダニエルについての処置が変えられないようにした』）でも同じである」（Whedon, CGM, 343）。

4世紀のコンスタンティノープル大主教ヨハネス・クリュソストモスはイエスの墓の警護策について以下のような意見を残している。

　　「ともかく、これらの事実に関する証言を考察せよ。それは『あの、人をだます男がまだ生きていたとき（したがって今は死んでいる）、「自分は三日の後によみがえる」と言っていたのを思い出しました。ですから、三日目まで墓の番をするように命じてください（したがって葬られている）。そうでないと、弟子たちが来て、彼を盗み出す……かもしれません』というものである。もし墓が封印されていれば何の不正も起こらないと思ったのだ。

……したがって、主の復活の証拠は、あなたがたが主張している
ことによって、論争の余地のないものとなったのだ。というのは、
封印のために不正は起こらなかった。しかし、不正がなくて、墓
が空になったのであれば、主が復活されたことは明白であり、論
争の余地がないこととなる。彼らが意に反して真理を証明してし
まっていることがおわかりいただけるだろうか」（Chrysostom,
HGSM——Schaff, SLNPNF, 525 における引用）。

6.1.6 墓の番兵

6.1.6.1 番兵に関する事実

この箇所に関して A・ローパーが、著書『イエスは死人の中か
らよみがえったのか』で以下の意見を述べている。

「大祭司アンナスとカヤパらユダヤ指導者の代表団はピラトの
所に行き、イエスが葬られた墓を封印し、ローマの番兵を配置す
るように願った。彼らの説明によると『イエスの仲間が夜に現れ
て死体を盗み出し、復活が起こったかのように見せかけるのでは
ないか、と心配だから』という。

この要請をピラトはすんなりと受け入れ、こう答えた。『番兵
を出してやるから、できるだけの番をさせるがよい。』代表団は
10 ～ 30 名のローマの番兵とともに去った。ユダヤ人たちの指示
で、番兵はアリマタヤのヨセフの墓をローマ帝国の印章で封印し
た。封印は、その場所に蠟で総督自身の公的印章を刻印すること
であった。この印を摩損するだけでも重罪であった。イエスの復
活後、彼らは別の方法で復活を説明しようと試みた（まったく
説明にはなっていなかったが）。しかし実は、彼らは自分たちの
説明を不可能にするお膳立てをしてしまったのである」（Roper,

DJRD, 23-24)。

「番兵の指揮に当たったのは、おそらくピラトから全幅の信頼を受けて指名された百人隊長だったろう。その名は、伝承によるとペトロニウスという。このような皇帝の代理が、十字架刑の場合と同様の厳格さ、忠実さで墓の警護に当たったようだ。しかし、番兵たちがその任務に個人的な関心を示すことはなかったろう。彼らの責任は、ローマ帝国の兵士としての義務を忠実に果たすことだった。墓の岩に刻まれたローマの封印は、イスラエルのどんな哲学や聖なる古(いにしえ)の教義よりもはるかに神聖にして不可侵なものだった。受刑者の服をくじ引きで分け合うほど冷酷な兵士は、ガリラヤ出身の臆病者らにだまされたり、持ち場で居眠りをしていのちを危険にさらしたりするような輩(やから)ではない」(Roper, DJRD, 33)。

6.1.6.2 番兵の立場

マタイ27：65の「番兵を出してやるから」という表現には、多くの議論が重ねられた。問題は、この「番兵」が「神殿警護官」のことなのか、「ローマの番兵」のことなのか、ということである。

H・アルフォードによると、2通りの訳し方がある。「①直接法『おまえたちには番兵がいる』──しかし、それならば、どの番兵のことなのか、すでに番兵

法によれば、持ち場を離れた罰は死であった（Dion. Hal, *Antiq. Rom.* VIII.79)。軍律の厳格さを伝える記録の中で最も有名なのはポリュビオス6.37, 38のものである。そこには、処罰への恐れが、任務時、特に夜警に当たるときに緊張を生み出したことが書かれている。この著者は実際に見聞した事情を記録している。著者の信頼性はここで重要な意味を持つ。

──ジョージ・カリー

がいたのであればなぜピラトのところに行ったのか、といった疑問がわく。この場合は、過越の祭りの期間中、ユダヤの指導者たちが意のままに動かせる特別班が割り当てられていたと理解すべきだろう——しかし、そんな慣習があったという記録は見当たらない……。ならば、②……命令法——……『一団の番兵を連れて行きなさい』ということなのだろう」（Alford, GTCRT, 301）。

E・ル゠カミュは述べる。

「祭司長たちの指揮下には墓の警護に当たる神殿奉仕者がいたが、ここでピラトが意味したのはその神殿奉仕者のことだ、という意見もある。わいろを渡して『警護の最中に居眠りしてしまった』と言わせるには、ローマ兵の場合よりも説明がしやすい。しかし、ラテン語から輸入された単語……［クストディアン］はローマ兵を指していると思われる。また、総督が言及されていることも……（マタイ 28：14）ローマ兵説を支持する」（Le Camus, LC, 392）。

ギリシャ語学者 A・T・ロバートソンは言う。「この『番兵を持つ』（エケテ・クストディアン）［という表現］は命令法現在形［であり］単なる神殿警護官でなくローマの番兵［を指している］」（Robertson, WPNT, 239）。

さらに、「クストディアというラテン語は、後 22 年のオクシリンコス・パピルスの中で用いられている」とも述べている（Robertson, WPNT, 239）。

T・J・ソーバーンは言う。「ここでマタイが番兵と呼んでいることばは通常、**ローマの兵士**を指すと考えられる……。しかし、祭司たちにはユダヤ人である神殿警護官たちが仕えていた（この神殿警

護官が神殿外で何らかの活動をすることは、おそらくローマが許さなかったであろう)。したがって、ピラトの返答は『番兵を連れて行け』ともとれるし、**『おまえたちには番兵がいる』**（これがローマ兵を番兵として出すことの要請だったなら、断っていることになる）の意味にもとれる。番兵がユダヤ人だったなら、その失態をピラトが見逃した事情も説明することができる。しかし、14節［もし、このことが総督の耳に入っても、私たちがうまく説得して、あなたがたには心配をかけないようにするから］はこの説を支持しないように思われる」（Thorburn, RNMC, 179-82）。

　A・B・ブルースによると、この「持っている」という動詞は「おそらく直接法でなく命令法（番兵を連れて行け）である。その必要はあまり感じていないが、そんな小さな願いを拒絶する理由もないので、同意しているわけである」（Bruce, EGNT, 335）。

　バウアー、アルント、ギングリッチの3者（*A Greek-English Lexicon of the New Testament*, University of Chicago Press, 1952）は、番兵に当たるクストディアが用いられている文献として以下のものを挙げている。

　「オクシリンコス・パピルス 294, 20 ［22 ad］；Catalogue of the Greek Papyri in the John Rylands Library Manchester I-IV 189,2；Aegyptische Urkunden aus den Königlichen (later, Staatlichen) Museen zu Berlin, Griechische Urkunden 341,3；cf. Hahn 233,6；234,7 w. lit.——ラテン語 custodia からの借用語、ラビ文献にも見られる」（Arndt, GEL, 448）。

　さらに、定義としては「兵士からなる**警護隊**（マタイ 27：66；28：11）……**番兵を連れて行け**（マタイ 27：65)」（Arndt, GEL, 448）。

『キリスト・福音書辞典』でH・スミスは、ローマの番兵について こう述べている。「番兵（GUARD）——①［クストディア］（ラ テン語 *custodia*）の改訂標準訳聖書における訳。マタイ27：65, 66；28：11。欽定訳では『番人』（watch）。祭司長やパリサイ人た ちがピラトに願って墓を警護させた。ピラトから許可をもらわなけ ればならなかったこと、またピラトに罰せられる可能性があったこ と（マタイ28：14）から判断すると、この番兵はユダヤの神殿警 護官ではなくローマ軍のエルサレム駐屯部隊であったにちがいない。 十字架を警護したのと同じ兵かもしれないが、その可能性は低い。 ……［持つ］はおそらく命令形『番兵を連れて行け』である」 （Smith——Hastings, DCG, 694 における引用）。

ルイスとショート編のラテン語辞典「*Custodia, ae.* 女性名詞［同 上］見張ること、見張り、監視、管理、保護。①通常は複数形・軍 事用語：番人の役割をする人、番兵、警備兵、歩哨」（Lewis, LD, 504-05）。

マタイ27〜28章の文脈からすると、イエスの墓の警護に任命さ れたのは「ローマの番兵」であったと考えるべきだ。ピラトが「神 殿警護官」を用いるように言ったのであれば、その番兵は祭司長た ちに対してのみ責任を負っており、ピラトに対しては何の責任もな い。しかし、ピラトが墓の守衛として「ローマの番兵」を遣わした のであれば、番兵は祭司長にではなくピラトに対して責任を負って いたことになる。鍵は28章の11節と14節にある。

11節は、番兵が祭司長たちに報告しに来たことを記録している。 これは祭司長たちに責任を負っていたように見えるが、それは番兵 がピラトに報告したら即刻処刑されることになるからである。14 節も、番兵がローマの兵士であり、直接ピラトの権限下にあったこ とを語っている。

「もし、このことが総督の耳に入っても、私たちがうまく説得して、あなたがたには心配をかけないようにするから」（新改訳第3版）。これが「神殿警護官」であったのなら、ピラトの耳に入ることをなぜ心配する必要があるのか。この番兵は「ローマ軍の兵士」だったのだ。ピラトが、聖職者たちを満足させ、良好な関係を保つために、兵士たちに墓の警護を命じたのである。祭司長たちは慎重な態度で「ローマの番兵」を要請した。「ですから、……墓の番をするように命じてください」（マタイ27：64）。

祭司たちが神殿警護官に墓の警護をさせたかったのであれば、総督に命令してもらう必要はなかった。ローマ兵たちは祭司長たちに保護を求めてやってきたのだ。祭司長たちなら処刑しないようにピラトに頼んでくれると知っていたからである。「私たちが［総督ピラトを］うまく説得して、あなたがたには心配をかけないようにするから」（マタイ28：14）。

6.1.6.3　ローマの軍事規律

G・カリーはこう述べる。「法によれば、持ち場を離れた罰は死であった（Dion. Hal, *Antiq. Rom.* VIII.79）。軍律の厳格さを伝える記録の中で最も有名なのはポリュビオス 6.37, 38 のものである。そこには、処罰への恐れが、任務時、特に夜警に当たるときに緊張を生み出したことが書かれている。この著者は実際に見聞した事情を記録している。著者の信頼性はここで重要な意味を持つ。他の歴史記録も似たようなことを述べている」（Currie, MDR, 41-43）。

カリーはポリュビオスを引用し、さらにこう述べる。「夜警中の不祥事、窃盗、偽証、自傷行為に対する刑罰は……こん棒による殴打とされている。臆病ゆえの任務放棄の場合は10人に1人が処刑されたとされる」（Currie, MDR, 43-44）。

「ウェゲティウスによれば、軍団長は日々規律順守を旨とした、と

いう（『軍事綱要』11.9）。そしてウェゲティウス（『軍事綱要』1.21）は、当時のローマ人よりも昔［キリストの時代］のローマ人の方がもっと厳格だった、と断言している」（Currie, MDR, 43-44）。

ローマ軍に関するウェゲティウスの解説についてカリーは言う。「ウェゲティウスが言及している制度では、罰は容赦ないものだった。処刑執行の合図としてラッパが鳴らされたが、これはクラシコムと呼ばれた（11.22）。軍団長は日々規律順守を旨とした（11.9）」（Currie, MDR, 49-50）。

「さまざまな書が［ユスティニアヌスの］『判例要録』49.16について論じているが、兵士が犯す違反のうち18は死刑に値するという。偵察に出て敵側に残ること（-3.4）、脱走（-3.11；-5. 1-3）、武器の紛失・廃棄（-3.13）、戦時における命令違反（-3.15）、城壁・塁壁を乗り越えること（-3.17）、反乱の火つけ役になること（-3.19）、将校の護衛拒否や戦線離脱（-3.22）、徴募からの逃亡（-4.2）、殺人（-4.5）、上官に対する傷害行為や将軍に対する侮辱行為（-6.1）、追随者が出た場合の逃走（-6.3）、敵への情報漏洩（じょうほうろうえい）（-6.4；-7）、味方を殺傷すること（-6.6）、正当な理由なく自ら障害を負ったり自殺を試みること（-6.7）、夜警中に持ち場を離れること（-10.1）、百人隊長の杖を折ったり処罰中に殴り返したりすること（-13.4）、衛兵所からの逃走（-13.5）、騒擾（そうじょう）（-16.1）」（Currie, MDR, 49-50）。

カリーはローマ軍事史の中から、ローマ軍で用いられていた懲戒方法の例として次のものを挙げている。「セクション418――旗手が戦闘中にしり込みして、将軍自らの手で殺害される。セクション390――任務中に居眠りをして、カピトリウムの崖から投げ落とされる［Dig. 49.16.3.6.；-10.1］。セクション252――不注意。殴打の上、

降格。セクション 218——不注意、処罰される。セクション 195
——しり込みして武器で殴打……。以上のような処罰があったこと
からして、いかに『厳格』だったかがわかろう」(Currie, MDR,
33)。

　カリーはさらに「102 の刑罰事例のうち 40 は死刑が科されている。
ローマ軍の罰則は現代の軍隊と比べて重いものであった」と述べて
いる。また、ローマ軍のことを「征服と制圧の道具」と呼び、規律
の厳格さについては「ワレリウス・マクシムスは……ローマが広大
な地域を征服し国力を伸ばすことができた［おもな理由］は軍規と
軍事理論の厳格な順守（11.8 序論・11.9 序論）であったと述べてい
る」(Currie, MDR, 33, 38, 43-44)。

　T・G・タッカーはローマ兵の装備、兵器類について活写してい
る。

　「右手には有名なローマ式の槍。長さ 180 センチ、木製の柄に
鋭い鉄製の槍先が据えられた頑丈な武器である。兵士はそれを手
に突撃したり、投げ槍のように投げつけたのち剣で白兵戦を戦っ
たりした。左手にはさまざまな形の大盾を持った。よくあったの
は円柱の一部のように両側面が内側に向かって湾曲したもので、
長さ約 120 センチ、幅 75 センチのものだった。6 面のダイアモン
ド形のものもあったが、その角は削られていた。楕円形のもの
もあった。構造は柳細工か木製で、皮で覆われており、紋章が浮
き彫りになっていた。中でも有名な紋章は雷形のものである。盾
を運ぶ際は取っ手をつかむだけでなく、右肩についているベルト
で支えることもできた。剣（長さは 90 センチほどで、切りつけ
るより突き刺すために用いられた）は盾の邪魔にならないように、
左肩の上を通っているベルトを使って右側にかけた。この配置は
奇妙に思えるかもしれないが、右手が槍を手放して自由にならな

283

いかぎり剣は必要なかったし、必要になったときは、剣を抜く前に、ぶら下がっているベルトを使って簡単に左側に回すこともできた。左側は腰のベルトに短剣をつけていた」(Tucker, LRW, 342-44)。

6.1.6.4　ローマの守備隊とはどのようなものだったか

W・スミスは『ギリシャ・ローマ古代史辞典』で、ローマの「守備隊」に配属された人数に言及している。歩兵中隊（ローマ軍団の単位）は 120 名もしくは 60 名の兵からなっていた。「特に護民官には 2 隊の守備隊が……配属された。……各隊には 4 名が属し、警備の際は馬とともにテントの前後に立った。ちなみに、ローマの守備隊では兵 4 名が置かれるのがふつうであった。……そのうち 1 名は常に歩哨として立った。他の 3 名は多少の休息を取ることが許されたが、有事には即行動を起こせるようにしていなければならなかった」(Smith, William, DGRA, 250-51)。

H・スミスは言う。「警備隊は通常 4 名の兵士からなっており（ポリュビオス 4.33）、各兵は交代で警備に当たった。当番以外の者は近くで休息を取り、少しでも異常があれば飛び起きるようにした。しかし、この場合の守備隊にはもっと多くの人員が割かれたかもしれない」(Smith――Hastings, DCG, 694 における引用)。

ウィードンは警備隊についてこう述べる。「おそらくは兵 4 名からなる守備隊。十字架刑の警護に当たった兵士の数も同じだったことはまちがいない。ヨハネ 19：23」(Whedon, CGM, 343)。

6.1.6.5　神殿守備隊とはどのようなものだったのか

神殿守備隊については、ユダヤ人歴史学者 A・イーダーシャイムが次のように述べている。「夜間には門や庭の周辺にある 24 の部署に守備隊が配置された。うち 21 隊はレビ部族だけで構成されて

いた。中央の3部隊は祭司とレビ部族が共同で任務を果たした。各守備隊には10名の兵がいた。つまり、全部でレビ部族240名、祭司30名が毎晩任務に当たったことになる。神殿守備隊は日中は勤

務せず、夜間だけ任に当たった。ローマ人は夜を4つに分けたが、ユダヤ人の場合は3区分だった。したがって、夜の第4区分は実際には朝の警護担当時間のことである」(Edersheim, TMS, 147-49)。

ミシュナ(H・ダンビー訳、オックスフォード大学出版1933)は神殿守備隊についてこう記す。「神殿内の3箇所は祭司が警備に当たった。アブティナスの

『神殿監督官』は夜間に見回りを行った。監督官が近づくと、守備隊は立ち上がって特別な作法による敬礼をしなければならなかった。任務中に居眠りしている隊員は殴打され、その衣は燃やされた(この刑罰が実際に行われていたことは確認されている)。私たちもまた、神殿守備隊に所属しているかのように『目をさまして、身に着物を着る者は幸いである』と警告されているのだ。
──アルフレッド・イーダーシャダイム

間、炎の間、炉の間である。一方、レビ族は21箇所だった。神殿の丘の5つの門、内側の四隅、神殿の5つの門、神殿外壁の四隅、ささげ物の間1箇所、幕の間1箇所、『贖いのふた』のある場所の背後1箇所」(『ミシュナ』ミドット1.1)

P・H・エイトクンは記す。「『神殿の丘の監督官』の任務は、神殿内の秩序を保ち、夜間に守備隊の部署を回って歩哨がきちんと配置についており、油断がないか、確認することであった。エズラ9：2とネヘミヤ記で『つかさたち』というのは、この監督官とその直属部下たちのことを指すと考えられている」(Aitken──Hastings, DCG, 271における引用)。

6.1.6.6　神殿の番兵の軍事規律

　A・イーダーシャイムは、神殿守備隊の規律がいかに厳格だったかを描写している。「『神殿監督官』は夜間に見回りを行った。監督官が近づくと、守備隊は立ち上がって特別な作法による敬礼をしなければならなかった。任務中に居眠りしている隊員は殴打され、その衣は燃やされた（この刑罰が実際に執行されていたことは確認されている）。私たちもまた、神殿守備隊に所属しているかのように『目をさまして、身に着物を着る者は幸いである』と警告されているのだ［黙 16：15］」(Edersheim, TMS, 147-49)。

　ミシュナも警備中に居眠りした者がどのように処罰されたかを記録している。

　「神殿の丘の役人はたいまつを持って全守備隊を見て回った。その時、立ち上がって『おお、神殿の丘の長よ、あなたの心が平安でありますように』と挨拶（あいさつ）せず、眠っていたことが明らかな者がいたなら、役人は棒で打ちたたき、衣を燃やす権利を持っていた。人々は『神殿から聞こえる音は何だ』『レビ人がたたかれて服を燃やされている音だ。警備中に居眠りしたんだ』と言い合ったものだった。ラビのエリエゼル・ベン・ヤコブは『私の母の兄弟が一度居眠りして衣を燃やされた事がある』言っている」（ミシュナ・ミッドート 1.2)。

　『ユダヤ百科事典』は「［神殿］の中の聖域」について、神殿内で警備に当たる者は「眠ることはおろか、座ることすら許されていなかった。守備隊の長は、隊員が気を緩めないように規律を徹底させ、持ち場で眠っている祭司を見つけた場合は厳しく罰した。時にはその祭司の下着を燃やして他の隊員への警告とした（Mid. k.I）」と解説している（*The Jewish Encyclopedia*, 12：81)。

6.1.6.7　結論

E・ル＝カミュはイエスの墓に厳戒態勢が敷かれたことについて「犯罪者が処刑後にこれほど苦労の種となったことはかつてなかった。逆に、処刑された者がこれほどの警備の栄誉に与（あずか）ったこともなかった」と述べている（Le Camus, LC, 396-97）。

G・W・クラークはこう結論づけている。「復活を阻止するために、考えられるかぎりの策が講じられた。しかし、警戒態勢が敷かれたことでかえって復活の事実を立証する助けになってしまった（マタイ 27：35）」（Clark, GM）。

6.1.7　弟子たちは逃げた

マタイの福音書は弟子たちの臆病さを描写している（26：56）。イエスはゲツセマネの園で捕らえられたが、「そのとき、弟子たちはみな、イエスを見捨てて、逃げてしまった。」

マルコの福音書も「すると、みながイエスを見捨てて、逃げてしまった」（14：50）と述べている。

G・ハンソンは言う。「弟子たちは生来、勇敢でもなければ度量も大きくなかった。師である方が逮捕されたとき、全く臆病で『みながイエスを見捨てて』逃げ去り、師はひとりで苦難を耐えることになった」（Hanson, RL, 24-26）。

A・ローパーはシモン・

この恐れで縮み上がった使徒の一団は、絶望のあまり今にもすべてを捨ててガリラヤに逃げ帰らんばかりの状態だった。ところが、いったん主を裏切り見捨てたこの農民、羊飼い、漁師たちが、救いへの確固たる信仰に満ちた宣教団に突如として生まれ変わった。……こんな革命的な変化は、幻や幻覚などでは説明しきれない。
——ピンハス・ラピード
　　ユダヤ人ラビ

ペテロについて「祭司長の庭で女中に冷やかされて縮みあがり、『あなたがたの話しているその人』を知らない、とのろいをかけて否定した」と述べている（Roper, JRD, 50）。

「恐れ——自分の身に迫った危険に恐れをなし、ペテロは心から愛する方を否認してしまった。恐れ——臆病ゆえの恐れのために、ペテロは『人をとる漁師』になるように召し出してくださった方を裏切ってしまった」（Roper, JRD, 52）。

ローパーは弟子たちの性格についても解説している。

「弟子たちはガリラヤ出身で、その多くは漁師。全員が町や都会生活とは無縁であった。ひとり、またひとりと、ナザレの若き教師の信奉者となり、その教えに身をささげるようになった。危機が訪れるまでは素直に、喜んで従っていた。しかし、師がゲツセマネの園のはずれで逮捕されると、みなたじろぎ、逃げ去った。たいまつと騒動と剣に恐れをなしたのである。

　[弟子たちは] 宿に身を隠し、3日目の朝にマグダラのマリヤが驚くべき知らせをもたらすまでは静かにしていた。知らせを聞くと、ただちにふたり——ふたりだけ——が大胆に飛び出して行き、マリヤの知らせが事実なのか、『でたらめ』なのか、自分の目で確かめようとした。弟子たちは救い難いほどの恐怖と自衛本能に動かされていた」（Roper, JRD, 34-35）。

ユダヤ教のラビ P・ラピードは弟子たちの変化についてコメントしている。

「この恐れで縮み上がった使徒の一団は、絶望のあまり今にもすべてを捨ててガリラヤに逃げ帰らんばかりの状態だった。ところが、いったん主を裏切り見捨てたこの農民、羊飼い、漁師たち

が、救いへの確固たる信仰に満ちた宣教団に突如として生まれ変わった。……こんな革命的な変化は、幻や幻覚などでは説明しきれない。どこかのセクトや修道会なら幻のひとつで十分かもしれない——しかし、復活信仰で西洋を征服した世界宗教にとってはそうではない」（Lapide, RJ, 125）。

D・グルーサイスのコメント。「復活したキリストは、懐疑的だった弟子トマスに姿を現し、『あなたの指をここにつけて、わたしの手を見なさい。手を伸ばして、わたしのわきに差し入れなさい。信じない者にならないで、信じる者になりなさい』（ヨハネ 20：27）と言われた。するとトマスは『私の主。私の神』（28 節）と答えた。こうしてトマスの信仰は回復された。キリストは……人となられた神であることが明らかにされたのである」（Groothuis, JAC, 256）。

A・イーダーシャイムは、「アリマタヤのヨセフ、ニコデモ、イエスの他の弟子たち、使徒たち、敬虔な婦人たちは、死んでしまったキリストをどのような思いで見ていたのだろうか」（Edersheim, LTJM, 623）と問い、自らこう答えている。「みな、イエスは死んだと思いこんでいた。イエスが死者の中からよみがえるなど、期待していなかった——少なくとも文字通りよみ

ひとつには、嘘をついて新しい宗教を始めても、弟子たちには何の益もない。それで得られるのは患難と嘲笑と敵意と殉教である。しかも、嘘を語っていると知っているわけだから、確信に満ちて伝え続けられるはずはない。弟子たちはばかではなかったし、パウロは冷静沈着な第 1 級の知識人だった。宣教活動を 30 〜 40 年間続ける中で考え直し、嘘の信仰を捨てる機会は何度かあったはずだ。

——J・P・モアランド

がえるとは。それは彼らの次の行動からもわかる。ニコデモは葬送の香料を持ってきた。婦人たちも香料を用意した（両方とも腐敗を防ぐためであった）。彼女らは空になった墓の前で悲嘆にくれた。遺体が運び出されたと思いこんだ。使徒たちは困惑した。多くの者が疑った。まさに『彼らは、イエスが死人の中からよみがえらなければならないという聖書を、まだ理解していなかったのである』。」（Edersheim, LTJM, 623）。

　婦人たちの証言についてJ・P・モアランドはこうコメントしている。

　「1世紀のユダヤ教においては、女性の証言は実質的に無価値であった。例外はあるにしても、女性が法廷で証言することが許されることはなかった。それゆえ、キリストの墓が空になったことの最初の証言を女性にさせるなど、ふつうはありえない。女性に言及することはきまり悪さがつきまとった。Ⅰコリント15章や使徒の働きの説教で女性が出てこないのは、おそらくそんな理由からであろう。……わざわざ主題とは無関係の細かい事実を語り、聞き手につまずきを与えるのは得策ではない。しかし、福音書には女性の証言が登場する。それは、福音書が起こったままを記述しているからである。それ以外の説明はできない」（Moreland, SSC, 168）。

弟子たちが捏造（ねつぞう）した可能性について——

　「ひとつには、嘘をついて新しい宗教を始めても、弟子たちには何の益もない。それで得られるのは患難と嘲笑と敵意と殉教である。しかも、嘘を語っていると知っているわけだから、確信に満ちて伝え続けられるはずはない。弟子たちはばかではなかった

し、パウロは冷静沈着な第1級の知識人だった。宣教活動を30
〜40年間続ける中で考え直し、嘘の信仰を捨てる機会は何度か
あったはずだ。宗教には報いが伴うが、この場合の報いは自分た
ちが真理のために生きているという強い確信から来ていたのだ」
(Moreland, SSC, 171-72)。

J・アンカバーグとJ・ウェルドンは教会誕生の契機について述
べている。

　「イエスの十字架の死を見て使徒たちはみな落胆し、恐れおの
のき、懐疑的になっていた。そんな者たちからキリスト教会が誕
生することなどありえようか。絶対にありえない。
　弟子たちは命がけでキリストを伝え、主が創設された教会を養
い育てた。弟子たちを動かしたものは、キリストの復活だとしか
考えられない。十字架刑が使徒たちに与えた衝撃は計り知れない
ものだった。イエスのためにすべてを投げ捨てていたのだ——仕
事も家も家族も（マタイ19：27）。すべての望み、全生涯をイエ
スにかけていた。しかし、そのイエスが今や死んでしまった——
公に犯罪者としての烙印を押されて。
　イエスは待望のメシヤではなかったと結論づけ、使徒たちは意
気消沈していた（ルカ24：21）。そのような中で、希望に満ちた
幻や幻覚を見たとは考えにくい。信じやすい状態にはいなかった
のである。疑り深いのはトマスだけではなかった。11人の全員
が復活を信じなかったことをイエスにとがめられている（マタイ
28：17、ルカ24：25〜27, 38, 41、ヨハネ20：24〜27）。これは、
使徒たちが信じざるをえないところまで追い詰められて、やっと
信じたことを示している。
　福音書が示しているように、イエスが復活したという知らせを

聞いたとき、使徒たちは信じようとしなかった。しかし、イエスは繰り返し姿を現し、彼らと語り、自分の体に触らせ、手とわき腹（きわ）の傷をお見せになった。そうして初めて弟子たちは信じることができたのである（ヨハネ 20：20, 27）。復活を**予期していた**のであれば、待ち望んでいたことだろう。しかし、予期してはいなかった。そして、実際に起こった後で、納得させてもらう必要があったのである（使徒 1：3）」（Ankerberg, RWA, 82）。

6.2　復活後

6.2.1　空の墓
W・コーデュアンはイエスの墓が確実に空（から）であった、と述べている。

「古代史において議論の余地のない事実のひとつは、『イエスの墓が空（から）になった』ことである。復活の朝以来、まちがいなくイエスの墓として知られていながら、イエスの遺体がない墓があった。キリスト教会は、最初から『復活して今も生きておられる救い主』を伝え広めた——これは疑う余地なき事実である。ユダヤ人指導者たちはそれに真っ向から反対し、それを抑えこむためなら何でもしようとしただろう。イエスを信じそうな者がいれば、イエスの墓まで連れて行き、遺体を見せればそれでおしまいだった。にもかかわらず、教会が存続しえたという事実は、墓が空（から）だったことを示している」（Corduan, NDA, 222）。

W・L・クレイグは空の墓の重要性について述べている。

「墓が空（から）であることは復活の必須条件である。イエスは死者の

中から新しいからだをもってよみがえったが、古いからだはそのまま墓の中にあった——というのは現代人の考えである。ユダヤ的思考は、ふたつのからだの存在を決して受け入れない。たとえ弟子たちが、墓が空かどうかを確認していなかったとしても、ユダヤ人指導者たちは必ず確認した

エルサレムで弟子たちが復活を説き、人々がそれを信じ始めたとき、ユダヤの宗教的指導者たちがなす術もなく立ちつくしていたのは、墓は空であることを知っていたからであろう。復活信仰を土台としたキリスト教会は、イエスが処刑され葬られた、まさにその町で誕生して広がった——この単純な事実は、空の墓が史実であることの強力な証拠である。

——ウィリアム・レイン・クレイグ

ことだろう。したがって、エルサレムで弟子たちが復活を説き、人々がそれを信じ始めたとき、ユダヤの宗教的指導者たちがなす術もなく立ちつくしていたのは、墓は空であることを知っていたからであろう。復活信仰を土台としたキリスト教会は、イエスが処刑され葬られた、まさにその町で誕生して広がった——この単純な事実は、空の墓が史実であることの強力な証拠である」（Craig, DJRD——Wilkins, JUF, 151-52 における引用）。

W・J・スパロウ＝シンプソンは、弟子たちが信じた理由は墓が空になっただけではないという。ヨハネは「見て、信じた」（ヨハネ 20：8）。それはおそらくキリストが復活を予告したことを覚えていたからだ。マグダラのマリヤも、他の婦人たちも、ペテロさえも、墓が空だったことで信じたわけではない」（Sparrow-Simpson——Hastings, DCG, 506 における引用）。

イエスが本当に死者の中からよみがえったことを弟子たちが確信

したのは、イエスが復活の姿を現されたからである。墓が空になったことは、血肉のある姿で現れたイエスが復活したナザレのイエスにほかならないことを立証しているのだ（Hastings, DCG, 506）。

弁護士でありロンドン大学東洋法の教授でもあるＪ・Ｎ・Ｄ・アンダーソンはこんな議論を展開している。「どの福音書も、墓が空になったことを伝えている。福音書はクリスチャンが知りたい事実を提供するために書かれたものだ。『使徒の働き』では、信者でない人々に公の場で伝道するときは、キリストの復活が強調されているが、墓が空になったことは一度も語られていない。では、なぜなのか。その答えはひとつしかない。墓が空かどうかを議論しても意味がなかったのだ。敵も味方もみな空であることを知っていた。議論する価値があるのは『なぜ空になったのか』『空であることが何を示しているのか』といった問題だけだった」（Anderson, RJC, 4-9）。

アンダーソンは他の著書でこうも言っている。

「墓（本物の岩）が空だったことは復活の事実を示す証拠として必須である。『墓は実は空ではなかった』と唱えるのはばかげている。使徒たちは最初から、敵対的なエルサレムで『キリストが墓からよみがえられた』と宣言し、多くの信者を生み出していった——これは歴史的事実である。しかもそれは、墓まで歩いて行ける所でなされたのだ。誰でも昼食後の散歩で墓を見に行って、帰って来ることができた。したがって、よみがえったはずの主のからだがヨセフの墓の中で腐敗進行中だったなら、すぐにわかることだ。実際には復活していないのに、弟子たちは『主は精神的な意味で生きておられる』という信仰を持ち、それを『墓からよみがえられた』という紛らわしい象徴的表現で語ったのだと主張する人たちがいる。しかし、もしそれだけのことなら、祭司の一

団と大勢のパリサイ人たちが、あんなに大騒ぎしたであろうか」
（Anderson, CWH, 95-96）。

　W・パネンベルクはP・アルサスのことばを引用している。「『エルサレムはイエスが処刑され、墓に納められた場所である。そのエルサレムで、イエスの死後間もなく「イエスはよみがえられた」と宣言された。墓が空である証拠があったことは状況が証明する』。復活のケリュグマ［宣べ伝えること］は『墓が空であることが、関係者すべてにとって事実として確立されているのでなければ、エルサレムで1日、1時間も持ちこたえなかったであろう』」（Althus ——Pannenberg, JGM, 100 における引用）。

　E・H・デイは言う。「墓は空でなかったと反論した場合、この反論はいくつかの問題にぶつかる。たとえば、このような非常にはっきりした伝承が急速に広まり、その真偽がほとんど疑われなかったのはなぜか。伝承を残す記事がこれほど詳細に記録しているのはなぜか。復活が起こらなかったことを証明したいユダヤ人たちがキリストの遺体を差し出したり、当局に墓を調査させたりしなかったのはなぜか。復活を否定する証拠を提示すれば、ユダヤ人たちにとって非常に有利になったはずなのだ」（Edersheim, LTJM, 25-26）。

　英国人弁護士F・モリソン「復活論争に関して現存するあらゆる断片を調べてみても、信頼できる人で『イエスのからだがまだ墓にあった』と主張する人はまずいない。しかし、なぜ墓が空になったのかを説明する理由だけは見出せる。古代からの記録のどれをみても、前提となっているのは『キリストの墓は空だった』という事実である。ここまで証拠が積み上げられ、しかもそれが互いに補強し合っているのに、真っ向から反対できるであろうか。私にはできない。偶然の連鎖にしては出来すぎなのだ」（Morison, WMS, 115）。

　M・グリーンは、「イエスの墓が空だった」ことを教会外で証言

する初期の情報を取り上げている。それは「発見された場所にちなんでナザレ碑文と呼ばれている。テベリオ（後14〜37年）かクラウデオ（後41〜54年）の治世に属する勅令である。その内容は墓を荒らす行為を非難するものだ。『墓が空になった』ことが、歪曲されてローマに伝わったと思われる（ピラトがローマに、墓で略奪が行われた、と報告したことは想像に難くない）。この勅令はその報告に対するローマの対応であろう」（Green, MA, 36）。

グリーンの結論。「イエスの墓が、日曜の朝、本当に空になったことに疑いをさしはさむ余地はない」（Green, MA, 36）。

マタイ28：11〜15は、ユダヤ人指導者らがローマの守備隊を買収して「弟子たちがイエスの遺体を盗んだ」と言わせようとしたことを記録している。『使徒的教会辞典』は「この不正な取引が行われたのは、キリスト教に敵対する者たちも墓が空であることを認めていたからである——これだけでも墓が空であったことを示す証拠が『あまりにも知られすぎていて否定不可能』だったことを表している」と解説している（Hastings, DAC, 340）。

J・P・モアランド「要約すると、『使徒の働き』での説教が、墓が空だったことにあえてふれていないのは、墓が空だった事実がもはや争点ではなかったからである。論争の中心は空だったかどうかではなく、なぜ空だったのかという点だった……。墓が空かどうかを初期のクリスチャン伝道者たちは問題にする必要はなかった。すでによく知られており、必要なら簡単に確認できたからである」（Moreland, SSC, 163）。

W・J・スパロウ＝シンプソン「墓が空であったことは、弟子たちが主張しただけでなく、**敵**も認めていた。守備隊に関する記述は、不正な取引として説明している（マタイ28：11〜15）。『しかし、使徒たちに対するユダヤ人のいいがかりは、墓が空であったことが前提になっている。ここで必要としていたのは説明だった』。……

このように墓が空だったことをユダヤ人たちが認めていた事実は、それ以後の彼らの発言でも確認される」(Sparrow-Simpson——Hastings, DCG, 507-08 における引用)。

　同じくスパロウ＝シンプソン「12世紀に、空の墓にまつわる新しい説が、ユダヤ人による反キリスト教プロパガンダとして流布した。それによると、イエスが殺され葬られた後によみがえった、と女王が耳にしたとき、女王は3日のうちに遺体を差し出せと命じ、さもないといのちがないと脅した。『そのときユダは言った。「私のところにおいでくだされば、お見せしましょう。あの私生児を墓から運び出したのは私なのですから。弟子たちが遺体を盗み出すのではないかと心配だったのです。ですから、私は自分の庭に隠し、その上に小川を引きました。」』そして、どのように遺体が差し出されたかを説明している」(Sparrow-Simpson——Hastings, DCG, 507-08 における引用)。

　スパロウ＝シンプソンの結論。「遺体を差し出したというこの大胆な主張が偽りであることは言うまでもない。しかし、墓が空であることを認めつつも復活を受け入れない場合は、事実を説明するために、こんな作り話がどうしても必要となるのだ」(Sparrow-Simpson——Hastings, DCG, 507-08 における引用)。

　E・ケヴァンの結論——「……墓は空だった。キリストの敵たちもそれを否定することができなかった」(Kevan, RC, 14)。

「キリストの復活を否定するあらゆる仮説に対して、墓が空だったという事実は決定的な打撃となる。どんなにもっともらしい説もこの点で挫折する。したがって、反論の多くが、墓が空だったことにふれないように苦心しているのは当然だろう」(Kevan, RC, 14)。

　W・J・スパロウ＝シンプソンは旧約聖書の高等批評で有名なドイツ人学者J・ヴェルハウゼンを引用し、キリストの復活についてこう証言している。「復活とともにイエスのからだも墓から消えた

ことは事実として受け入れられている。そして、これがすべて自然に起こったと説明するのは不可能であろう」（Sparrow-Simpson——Hastings, DCG, 508 における引用）。

イエスの墓が崇拝の対象にならなかったのはなぜか。J・N・D・アンダーソンはこう解説する。「初期の教会において、墓が崇敬の対象になったり、巡礼の目的地になったりしていないというのは意義深い。主が死者の中からよみがえられたと信じたクリスチャンは墓に行かなかったとしても、主の教えや癒しの奇跡に接しながら教会には加わらなかった者たちはどうか。その者たちもキリストのからだが墓にないことを知っていたようである。そこに行っても無意味だとわかっていたのだろう」（Anderson, CWH, 97）。

F・モリソンは著書『動いた墓石』の中で興味深いコメントをしている。

　「まず次の点を考えてみよう——『使徒の働き』を見ても、使徒たちが書いた書簡を見ても、初期の外典文書を見ても、イエス・キリストを祭った聖堂への参詣が行われた痕跡が一切ないというのは、些細なことかもしれないが実に重要な事実である。キリスト教の最も神聖な場所についてこのように完全な沈黙がある——これは驚くべきことである。婦人たちにとって主のからだは聖なる記憶をよみがえらせてくれるものだった。ならば、その地でしばらくの時を過ごしたいと思わないであろうか。ペテロやヨハネやアンデレは、主の聖なる地に引き寄せられることはなかったであろうか。パウロも以前の自己過信を悔い、ひとり訪れて熱い涙を流さなかったであろうか。主がそこに葬られたままなのならば、彼らがそこに行かないのは実に奇妙なことである。

　イエスの墓のその後について何の記録も残っていないことは、復活を認めない者たちに大きな動揺と不安を掻き立てたであろ

う」（Morison, WMS, 137）。

6.2.2　葬送の衣服

ヨハネは、葬送の衣が復活の証拠として重要であることを明らか
にしている。

　　「そこでペテロともうひとりの弟子は外に出て来て、墓のほう
へ行った。ふたりはいっしょに走ったが、もうひとりの弟子がペ
テロよりも速かったので、先に墓に着いた。そして、からだをか
がめてのぞき込み、亜麻布が置いてあるのを見たが、中に入らな
かった。シモン・ペテロも彼に続いて来て、墓に入り、亜麻布が
置いてあって、イエスの頭に巻かれていた布切れは、亜麻布とい
っしょにはなく、離れた所に巻かれたままになっているのを見た。
そのとき、先に墓に着いたもうひとりの弟子も入って来た。そし
て、見て、信じた。彼らは、イエスが死人の中からよみがえらな
ければならないという聖書を、まだ理解していなかったのであ
る」（ヨハネ20：3〜9）。

この記述について解説する中で、J・N・D・アンダーソンは墓に
関して述べている。

　　「墓はどうも完全に空だったわけではないようだ。ヨハネの福
音書の記事によると、マグダラのマリヤは走って行って、ペテロ
とヨハネに告げた。ふたりは墓に向かった。若い方のヨハネはペ
テロよりも走るのが速く、先に墓に着いた。かがみこんで中を
『のぞき見』（これがギリシャ語の正確な意味だと思う）した。す
ると、亜麻布の衣と、頭の方に布切れが見えた。それから、シモ
ン・ペテロも追いついて、彼らしくすぐに中へと足を踏み入れた。

ヨハネも続いた。ふたりとも亜麻布の衣があるのに気づき、また布切れの方は亜麻布といっしょにではなく、離れたところで巻かれているのを見た。この箇所のギリシャ語からすると、亜麻布の衣は墓の中で脱ぎ捨てられていたのではなく、からだが置かれた場所にあり、頭部とは間があった――そして頭部の辺りにあった布切れは亜麻布といっしょにあったのでなく、離れた所に巻かれたままになっていたようだ。これは『まだ何かを包んでいるように見え、まるでからだだけが引き抜かれたような状態だった』という意味であろう。それを見たヨハネはもはや人の証言も御使いの証言も必要としなかった。見て、信じたのだ。そしてその証言が今日の私たちに伝えられている」（Anderson, RJC, 7-8）。

E・H・デイはヨハネの記録についてこう語る。

「その文章に彼の人柄がにじみ出ている。実際に現場を目撃したというだけでなく、実に注意深い観察を行ったことがわかる……。弟子たちが走って行ったこと。墓に到着した順序、そして墓に入った順序。最初に聖ヨハネが低い入り口からかがみこんで亜麻布の衣が置いてあるのを見たこと。一方、聖ヨハネより大胆な聖ペテロが先に中に入ったこと。聖ペテロが葬送の衣を注意深く観察（調査のニュアンスもある）したことを示すために用いられている［セオレイ］ということば。亜麻布と布切れがあった場所の描写（不自然なところはなく、ことばの選択が徹底して注意深くなされている）。聖ヨハネが続いて中に入ったこと。そして亜麻布を見て信じたこと。――これは実際に**目撃**した者による記述でしかありえない。この人物の記憶の中にその現場の様子が今も焼きついていて、空になった墓や脱ぎ捨てられた葬送服を目撃したことが、人生と信仰における決定的出来事になったのだ」

（Day, ER, 16-17）。

レイサムはイエスの頭部を覆った布について記している。

「『亜麻布といっしょにはなく』ということばが気になる。……亜麻布の衣が1箇所にまとめて置かれていたことを示唆しているようだ。亜麻布が全部、岩棚の低い方に置かれていたのであれば、この表現は完璧である。しかし、亜麻布が、急いで脱ぎ散らかされたような状態だったのであれば、布切れは『亜麻布といっしょにはなく』と述べることに意味はない。『亜麻布』が特定の場所を示すわけではないからだ。さらに、『なく』（新共同訳『置いてなく』）ということばが必要と思えないところで用いられている。布切れは亜麻布のように平べったい状態で置かれていたのではなかった。そして聖ヨハネはおそらくその違いを示そうとしたのだろう」（Latham, RM, 44）。

「頭に巻かれていた布切れは遺体を置くための台……に残っていたのだろう。そこで『離れた所に巻かれたままになっている』のが見つかったのだ」（Latham, RM, 36）。
「『巻かれたまま』はあいまいな表現である。巻かれた状態の布切れは、ターバンを巻いた後で中身を抜いて緩めたようなリング状をなしていたと思われる」（Latham, RM, 36）。

「衣はそこに置かれたままである——全体が少し低くなっていたものの、巻き方自体には何の変化もなく、そのままであり、香料は少しもこぼれ落ちていない。布切れも遺体の頭部に対して枕の役割をした低めの段の上にある。いわばかつらのように丸められており、亜麻布から離れた所に置かれている。現場の静けさは

何かを伝えようとしているようだ。それを見た者には確かに語りかけるものがあった。その場面を想像すると、開かれた入り口から差し込む朝日とともに、私にも語りかけてくる。

この場面が伝えようとしているのはこうだと思う。『かつてナザレのイエスだったものはすべて変化を遂げ、なくなった。我々——葬送の衣、香料、布切れ——だけが今や地に属し、ここにとどまるのだ』」（Latham, RM, 11）。

6.2.3　封印

Ａ・Ｔ・ロバートソンは解説する。「封印はローマの権力と威信を表す印章であった。封印は、その印章を守るために置かれたローマ守備隊の立ち会いのもとでなされた」（Robertson, WPNT, 239）。

すると、大きな地震が起こった。それは、主の使いが天から降りて来て、石をわきへころがして、その上にすわったからである。その顔は、いなずまのように輝き、その衣は雪のように白かった。番兵たちは、御使いを見て恐ろしさのあまり震え上がり、死人のようになった……。

女たちが行き着かないうちに、もう、数人の番兵が都に来て、起こった事を全部、祭司長たちに報告した。そこで、祭司長たちは民の長老たちとともに集まって協議し、兵士たちに多額の金を与えて、こう言った。「『夜、私たちが眠っている間に、弟子たちがやって来て、イエスを盗んで行った』と言うのだ。もし、このことが総督の耳に入っても、私たちがうまく説得して、あなたがたには心配をかけないようにするから。」そこで、彼らは金をもらって、指図されたとおりにした。それで、この話が広くユダヤ人の間に広まって今日に及んでいる（マタイ 28：2 ～ 4, 11 ～ 15）。

　D・D・ウィードンは言う。「したがって、封印を破ることなしに
戸を開けることは不可能だった。また、封印を破ることはその権威
に対する反逆であった」（Whedon, CGM, 343）。

　墓石が転がされたとき、封印は破られた。封印を破った者は地方
総督やその配下の機関に対して弁明する必要があった。実際、キリ
ストの時代に、ローマの封印を破ることを恐れない者はいなかった。

6.2.4　ローマの守備隊

　ローマの守備隊がいかなるものかを知れば、マタイ 28 章の記述
の重みがわかる。イエスの復活に伴う現象は、いかつい兵士たちを
「死人のように」させるほどのものだった（マタイ 28：4）。

　ローパーが語るとおり、守備隊の兵士たちは任務に対する個人的
関心はなく、ただローマ帝国の兵士としての任務を厳粛に遂行する
のみだった（Roper, JRD, 33）。

　T・G・タッカーは百人隊長が身に付けていた鎧かぶとや武器を
詳しく描写しているが、そこに描かれているのは人の姿をした戦闘
マシーンである（Tucker, LRW, 342-44）。

　T・ソーバーンは警備に当たった守備隊は窮地に陥っていたと語
る。封印が破られたことで、軍法会議にかけられてもおかしくなか
った。「兵士たちは『居眠りしてしまった』などと言い訳できなか
った。警備中の居眠りは死刑に値する。その処罰が厳正に執行され
ることも明白だったからである」（Thorburn, RNMC, 179-82）。
「兵士たちに残された唯一の救いの道は祭司たちに頼ることだっ
た。遺体は消えたのであり、兵士たちのどんな失態も（ふつうの状
況であれば）死刑に値したのだ（使徒 12：19 参照）」（Thorburn,
RNMC, 179-82）。

6.2.5　イエスが生きておられる事実は姿を現されたことで明ら

500人以上の人々が復活したイエスを目撃し、そのほとんどがまだ生きている、とパウロは後56年に書いている（Ⅰコリント15：6以降）。……すぐに検証できる人たちに向かって、復活を伝えて回ったのだ。
──ジョン・ウォーウィック・モンゴメリー

J・P・モアランドは言う。「……復活したイエスが現れたという報告は実に控え目になされている。これを外典の福音書（2世紀以降のもの）の記事と比べるなら、その違いは驚くべきものである。外典では復活がどのようにして起こったかが、微に入り細に入り説明されている。たとえば、ペテロの福音書（2世紀中ごろ）によれば、墓からはイエスに続いて十字架が姿を現し、イエスはとても背が高く雲を超えるほどであった、という」（Moreland, SSC, 175）。

W・L・クレイグは言う。「使徒はイエスに関する伝承の守護者であり、クリスチャン共同体を指導する立場にあった。したがって、使徒たちが生きている間は、使徒たちが体験した復活後の出来事と矛盾する話が広まる可能性は低かった。細部で食い違う点はあっただろうし、福音書記者の神学も影響しただろう。しかし、根幹までも作り変えることはできなかった。史実と合わない記事は2世紀まで現れなかったし、現れたときもまったく教会に受け入れられなかった」（Craig, DJRD──Wilkins, JUF, 155における引用）。

J・N・D・アンダーソンはこう述べている。

「……私の知るかぎり、今日の批判的研究者で復活を単なる作り話とする者はひとりもいない。そのような立場をとることは不可能である。証人の数を考えてみるがよい。500人以上である。この証人たちの人格を考えてみるがよい。世界が知る最高レベル

の倫理を教え、また敵の目から見てもその倫理を実践していた人々である。屋上の間で縮こまっていた小さな臆病者の集団が、数日後にはどんな迫害をも越えていく者に変えられた……この劇的な変化を、作り話だけで説明することが、心理学的に見ていかにばかげたことか考えてみよ。そんな説明は、どんなにがんばっても筋が通らない」（Anderson, RJC, 5-6）。

J・W・モンゴメリーはこう解説する。

キリストを目撃した人たち

　1. マグダラのマリヤ（マルコ 16：9、ヨハネ 20：14）
　2. 墓を訪問した婦人たち（マタイ 28：9, 10）
　3. ペテロ ── 同日（ルカ 24：34、Iコリント 15：5）
　4. エマオに向かっていた弟子たち（ルカ 24：13 〜 33）
　5. トマス以外の使徒たち（ルカ 24：36 〜 43、ヨハネ 20：19 〜 24）
　6. トマスを含む使徒たち（ヨハネ 20：26 〜 29）
　7. テベリヤ湖畔にいた 7 人の弟子たち（ヨハネ 21：1 〜 23）
　8. 500 人以上の信者たち ── ガリラヤの山において（Iコリント 15：6）
　9. ヤコブ（Iコリント 15：7）
　10. 11 人の使徒たち（マタイ 28：16 〜 20、マルコ 16：14 〜 20、ルカ 24：33 〜 52、使徒 1：3 〜 12）
　11. 昇天のとき（使徒 1：3 〜 12）
　12. パウロ（使徒 9：3 〜 6、Iコリント 15：8）
　13. ステパノ（使徒 7：55）
　14. パウロ ── 神殿において（使徒 22：17 〜 21；23：11）
　15. ヨハネ ── パトモス島において（黙示 1：10-19）

「イエスの弟子たちが復活を宣べ伝えたのは、その目撃証人と
してであり、その出来事に多少でも接触があった人々の存命中で
あったことに注目してほしい。500人以上の人々が復活したイエ
スを目撃し、そのほとんどがまだ生きている、とパウロは後56
年に書いている（Ⅰコリント15：6以降）。……すぐに検証でき
る人たちに向かって、復活を伝えて回ったのだ……」
（Montgomery, HC, 78）。

　B・ラムはこう述べる。「復活がなかったとすれば、パウロは自
分にキリストが現れたと使徒たちに嘘をつき、使徒たちも復活した
キリストが自分たちの前に現れたとパウロに嘘をついたことになる。
急進的な批判者たちはそれを認めなければならない。この時点で、
書簡に書かれた復活の証拠に異議を唱えることがなんと難しいこと
か。各書簡が信頼できるものであることは、認証されているの
だ！」（Ramm, PCE, 203）。

　J・P・モアランドはこう言っている。「まず、イエスがからだを
伴った姿で現れたことでは、福音書記者たちもパウロも一致してい
る。イエスは地上のからだと完全には同じでない霊的な**からだ**を持
っていたが……パウロも福音書記者たちも、これをただ心の目でだ
けしか見ることができない霊的な存在とは考えていなかった。この
からだは見ることもさわることもできたのであり、墓に納められた
からだとの連続性もあった。復活したキリストはものを食べること
もできた（ルカ24：41～43参照）」（Moreland, SSC, 82）。

　復活後のからだの性質に関してW・L・クレイグはこう述べてい
る。

　「しかし、私たちの復活後のからだがイエスのからだに似たも

のになること、またそのからだが霊的なものであることをパウロ
が教えているが、それによってそのからだが肉体を伴わないとい
うことにはならない。そんな教えはパウロにはない。ソーマ・ニュ
ュマティコン（『霊的なからだ』）が実体を伴わず、空間を占有せ
ず、非物質的なからだを意味するならば、私たちはそんなからだ
でよみがえるのではない。からだが『霊的』であるというのは、
肉体でなくなるのではなく、不死の性質に変えられることを意味
している。

　空間を占有せず実体のないソーマ（『からだ』）などというのは、
使徒たちの考えにはない。復活のからだは不死で力と栄光に満ち、
御霊に導かれ、一新された被造物世界に住むにふさわしいもので
ある。パウロがたましいの不死だけを教えたのでないことは、全
注解書が一致している。さわることのできる肉体を伴った復活で
なければ、いくらからだの復活を説いても、それは空虚である
……。復活のからだの性質に関してパウロと福音書記者の間に不
一致はない」（Craig, DJRD――Wilkins, JUF, 157 における引用）。

6.2.6　キリストの敵は復活の事実に反論しなかった

6.2.6.1　黙っていた

　使徒2章でルカは五旬節の日にペテロがした説教を記録している。
ペテロがキリストの復活について大胆な宣言をしたときにユダヤ人
たちは何の反論も行わなかった。なぜか。墓が空になったことを否
定したければ、誰でもそこにある証拠を調べることができたからで
ある。しかしながら、イエス・キリストのからだがもはや墓にない
ことは周知の事実であった。

　使徒25章を見ると、パウロはカイザリヤで投獄されている。「フ
ェストは……裁判の席に着いて、パウロの出廷を命じた。パウロが

出て来ると、エルサレムから下って来たユダヤ人たちは、彼を取り囲んで立ち、多くの重い罪状を申し立てたが、それを証拠立てることはできなかった」（6, 7節）。ユダヤ人らはパウロの福音の何がそんなにも気にくわなかったのだろうか。彼らがパウロを告発したとき、ことさら避けて通っていることは何か。フェストがアグリッパ王に、問題は「死んでしまったイエスという者のことで、そのイエスが生きているとパウロは主張している」（使徒25：19）ことだと言っている。つまり、ユダヤ人には空の墓を説明することはできなかったのである。

ユダヤ人たちはさまざまな形でパウロを個人攻撃することはあっても、復活に関する客観的な証拠には一切ふれることがなかった。主観的な中傷をするだけで、復活の事実を静かに証言する空の墓については論ずることを避けたのだ。

ユダヤ人たちの沈黙は、クリスチャンたちの発言よりも多くを語っている。フェアベアンが言及しているように、「ユダヤ人たちの沈黙はクリスチャンたちが語ることと同等の重要性を持っている」（Fairbairn, SLC, 357）。

デイ教授は言う。「……単純に『復活は起こらなかった』ことを証明することができたら、キリスト教に致命的な打撃を与えられたであろう。証明が可能だったのなら、その機会はいくらでもあったのである」（Day, ER, 33-35）。

J・W・パネンベルクはこう述べている。「イエスが復活したという主張に対するユダヤ人たちの反論は、福音書の中にその痕跡が見られるが、イエスの墓に変化なしという示唆は一切見出せない。墓が手つかずだったというのが事実であれば、そのことにもっと言及する努力をしたはずである。しかし、全く逆に、ユダヤ人も『イエスの墓は空だった』という点でクリスチャンたちと一致していた。ただ、ユダヤ人はその事実を別の方法で説明しようとしたのであ

308

る」(Pannenberg——Anderson, CWH, 96 における引用)。

　教会は復活を土台に建て上げられたものであり、復活がなかった
ことを証明できれば、キリスト教全体を滅ぼすことができたのであ
る。しかし、1世紀の終わりにいたるまで、そんな証明がなされる
ことはなかった。ただクリスチャンはその信仰のゆえに脅迫され、
殴られ、むち打たれ、殺された。イエスの遺体を見せて黙らせる方
がずっと簡単だったのに、それができなかったのである。

6.2.6.2　あざけった

6.2.6.2.1　アテネで

　パウロがアテネで宣教したときは、何の反論もなかった。「死者
の復活のことを聞くと、ある者たちはあざ笑い……」(使徒17：
32)。ただ一笑に付されただけだった。人が死者の中からよみがえ
るなど、とうてい理解されることではなかった。アテネの人々は自
分たちの立場を弁護しようとさえしなかった。彼らが言ったのは、
「事実を並べ立てて混乱させないでくれ。私の考えはとっくに決ま
っているんだ」ということである。

　アテネとエルサレムとでは全く異なる反応だったのはなぜか。エ
ルサレムでは、墓が空であることは直に確認できる事実であったの
に対し、アテネでは墓が空になったことは知られてはおらず、証拠
は遠くにあったからである。パウロの話を聞いた人々は、自分で事
実を確認しようとはしなかった。わざわざ調べに行くよりも、無知
なままパウロをからかうことで満足したのである。知的自殺行為と
言っていいと思う。

6.2.6.2.2　カイザリヤのアグリッパとフェストの前で

　パウロはアグリッパらに対し、「キリストは苦しみを受けること、

また、死者の中からの復活によって、この民と異邦人とに最初に光を宣べ伝える」（使徒26：23）と語った。パウロがこう語っているとき、フェストは大声で言った。

　「『気が狂っているぞ。パウロ。博学があなたの気を狂わせている』と言った。するとパウロは次のように言った。『フェスト閣下。気は狂っておりません。私は、まじめな真理のことばを話しています。王（アグリッパ）はこれらのことをよく知っておられるので、王に対して私は率直に申し上げているのです。これらのことは片隅で起こった出来事ではありませんから、そのうちの一つでも王の目に留まらなかったものはないと信じます。アグリッパ王。あなたは預言者を信じておられますか。もちろん信じておられると思います。』するとアグリッパはパウロに、『あなたは、わずかなことばで、私をキリスト者にしようとしている』と言った」（使徒26：24～28）。

　アテネと同様、パウロはここでもまた懐疑的な態度にぶつかった。パウロは「キリストが死者の中からよみがえった」と語ったが（使徒26：23）、それに対する反証はなされず、フェストから中身のないあざけりを受けただけだった。パウロの弁明は「まじめな真理のことば」［新共同訳「真実で理にかなったこと」］によってなされた（使徒26：25）。
　パウロは自分の体験を根拠にして、「これらのことは片隅で起こった出来事ではありません」（使徒26：26）と迫ったが、フェストはアテネの住民と同様、一笑に付した。そこはカイザリヤであり、墓が空であることをみなが知っていたわけではなかった。エルサレムまで行けば事実を確認できたはずである。

6.3　証明されている歴史的事実

　空の墓はキリストの復活を静かに証言する。墓が空でないことが証明されたことは一度もない。ローマ人もユダヤ人もキリストの遺体を出して見せることができなかったし、どこに行ったかを説明することもできなかった。なのに、信じることを拒んだのだ。今も人々は復活の事実を受け入れないが、それは証拠が不十分だからではない。証拠は十分であるにもかかわらず、なのだ。

　E・H・デイはこう述べる。「キリスト教界は空の墓を、『信仰は合理的である』ことを示す重要な証拠とみなしてきた。3日目に墓が空になったことをクリスチャンたちが疑ったことはなかった。福音書の記述はどれも一致している。［立証責任は］……墓が空であったことを否定したり、主のからだの紛失を理屈で説明したりする側にあるのだ」(Day, ER, 25)。

　スミスが引用した文章の中でJ・デニーはこう言っている。「空の墓は、無学な者がただ復活を証明したい一心ででっち上げたものではない。主が弟子たちに現れて新しい人生に導かれたという体験だけでは復活の証拠として不十分だと判断した結果、捏造（ねつぞう）された話ではない」(Denney——Smith, TS, 374 における引用)。

6.4　証明されている心理学的事実

6.4.1　弟子たちの変化

　J・R・W・ストットは言う。「おそらくイエスの弟子たちの変化は、復活の数ある証拠の中でも

　社会の道徳体系を変容させたこの者たちは、まったくの嘘つきだったのだろうか。それとも、妄想に満ちた人だったのだろうか。その可能性を考えることは、復活が事実だったと信じるよりも難しい。そんな可能性を支える証拠は全くないのだ。
　　　　——ポール・リトル

最大のものであろう」(Stott, BC, 58-59)。

　ハーバードの弁護士 S・グリーンリーフは弟子たちについてこう言っている。「どんな戦記にも、これほど勇敢で強靭で不屈の戦いをした例はそうは見当たらない。そんな彼らが、信仰の土台、自分が伝える偉大な事実と真理の裏づけを確認しなかったはずはない。自分たちの周りで悲劇が起こるたびに、心探られたにちがいない」(Greenleaf, TE, 29)。

　P・リトルは次のように問いかけている。「社会の道徳体系を変容させたこの者たちは、まったくの嘘つきだったのだろうか。それとも、妄想に満ちた人だったのだろうか。その可能性を考えることは、復活が事実だったと信じるよりも難しい。そんな可能性を支える証拠は全くないのだ」(Little, KWhyB, 63)。

　イエスの弟であるヤコブがどう変えられたかを見てみよう。復活前のヤコブは、兄の語っていることを無視していた。兄が唱えていることはどうしても受け入れられなかった。兄は一家の恥さらしだとしか思えなかった。しかし、復活の後のヤコブは、他の弟子たちとともに福音を宣べ伝えていくのである。ヤコブの手紙は、自分がキリストとどんな新しい関係を築いたかを描写している。ヤコブは自分を「神と主イエス・キリストのしもべ」(ヤコブ 1：1) と呼んでいるのである。この変化はパウロが提供している説明によってでしか説明できない。「その後、キリストはヤコブに現れ……」(Ⅰコリント 15：7)。

　G・マシソンは言う。

　　「トマスの懐疑的性格は、イエスの死が神の国の終わりであると考えたことにも表れている。『私たちも行って、主といっしょに死のうではないか』と言ったトマスは、その時点ではキリストが復活する望みを持っていなかった。数時間後に再会する予定で

312

あれば、誰もその人といっしょに死ぬことを提案しないだろう。
トマスは理性的な確信をすべて失っていた。イエスにはもう成算
がないと思っていた。イエスの力には信頼を置いていなかった。
敵が強力すぎて、イエスはつぶされると思いこんでいたのであ
る」(Matheson, RMNT, 140)。

しかしながら、イエスはトマスにもご自分を現された。その結果、
トマスは「私の主。私の神」と告白した（ヨハネ 20：28）。主が墓
からよみがえられたことを確認したトマスは 180 度変えられた。そ
して、やがて殉教することになる。

6.4.2 二千年近くの歴史で見られた人の変化

弟子たちの人生がイエス・キリストによって変えられたように、
以後の二千年間の人々も人生の変革を体験してきた。その例を知り
たい方は 10 章「神性の証明—仮定からの論証」を参照のこと。

6.4.3 結論

人生が変えられたという事実は、復活を信じる根拠となりえる。
キリストが 3 日目によみがえられたという客観的事実に対して、主
観的証拠を提供する。復活のキリストだけが人を変える力を持って
いるからである。

6.5 証明されている社会学的事実

6.5.1 キリスト教会

6.5.1.1 教会創始の土台はキリストが復活したというメッセー
ジだった。

使徒 1：21, 22「ですから、主イエスが私たちといっしょに生活

十字架刑の日、弟子たちは悲しみに包まれていた。しかし、週の初めには喜びに満ちていた。十字架刑の日は絶望していた。しかし、週の初めには確信と希望で心が燃えていた。復活を初めて聞いたときは懐疑的でなかなか信じようとしなかったが、いったん確信してからは二度と疑うことがなかった。この者たちに起こった変化は驚くばかりであるが、これほど短い時間でこれほど変わったことをどう説明すればよいのであろうか。からだを墓から出しただけでは、彼らの心、人格まで変えることはできなかったであろう。これほどの影響力を持つ伝説が生まれるには、3日ではとても足りない。人が伝説に残るような成長を遂げるには、年月が必要である。どう説明をつけるのか。

……この証人たちの人格を考えてみるがよい。世界が知る最高レベルの倫理を教え、また敵の目から見てもその倫理を実践していた人々である。屋上の間で縮こまっていた小さな臆病者の集団が、数日後にはどんな迫害をも越えていく者に変えられた……この劇的な変化を、作り話だけで説明することが、心理学的に見ていかにばかげたことか考えてみよ。そんな説明は、どんなにがんばっても筋が通らない。

——J・N・D・アンダーソン

された間、すなわち、ヨハネのバプテスマから始まって、私たちを離れて天に上げられた日までの間、いつも私たちと行動をともにした者の中から、だれかひとりが、私たちとともにイエスの復活の証人とならなければなりません。」

使徒2：23, 24「あなたがたは、神の定めた計画と神の予知とによって引き渡されたこの方を、不法な者の手によって十字架につけて殺しました。しかし神は、この方を死の苦しみから解き放って、

よみがえらせました。この方が死につながれていることなど、あり
えないからです。」

使徒2：31, 32「それで後のことを予見して、キリストの復活に
ついて、『彼はハデスに捨てて置かれず、その肉体は朽ち果てな
い』と語ったのです。神はこのイエスをよみがえらせました。私た
ちはみな、そのことの証人です。」

使徒3：14, 15「そのうえ、この、きよい、正しい方を拒んで、人
殺しの男を赦免するように要求し、いのちの君を殺しました。しか
し、神はこのイエスを死者の中からよみがえらせました。私たちは
そのことの証人です。」

使徒3：26「神は、まずそのしもべを立てて、あなたがたにお遣
わしになりました。それは、この方があなたがたを祝福して、ひと
りひとりをその邪悪な生活から立ち返らせてくださるためなので
す。」

使徒4：10「皆さんも、またイスラエルのすべての人々も、よく
知ってください。この人が直って、あなたがたの前に立っているの
は、あなたがたが十字架につけ、神が死者の中からよみがえらせた
ナザレ人イエス・キリストの御名によるのです。」

使徒5：30「私たちの父祖たちの神は、あなたがたが十字架にか
けて殺したイエスを、よみがえらせたのです。」

使徒10：39～41「私たちは、イエスがユダヤ人の地とエルサレ
ムとで行われたすべてのことの証人です。人々はこの方を木にかけ
て殺しました。しかし、神はこのイエスを三日目によみがえらせ、
現れさせてくださいました。しかし、それはすべての人々にではな
く、神によって前もって選ばれた証人である私たちにです。私たち
は、イエスが死者の中からよみがえられて後、ごいっしょに食事を
しました。」

使徒13：29～39「こうして、イエスについて書いてあることを

全部成し終えて後、イエスを十字架から取り降ろして墓の中に納めました。しかし、神はこの方を死者の中からよみがえらせたのです。イエスは幾日にもわたり、ご自分といっしょにガリラヤからエルサレムに上った人たちに、現れました。きょう、その人たちがこの民に対してイエスの証人となっています。私たちは、神が父祖たちに対してなされた約束について、あなたがたに良い知らせをしているのです。神は、イエスをよみがえらせ、それによって、私たち子孫にその約束を果たされました。詩篇の第二篇に、『あなたは、わたしの子。きょう、わたしがあなたを生んだ』と書いてあるとおりです。神がイエスを死者の中からよみがえらせて、もはや朽ちることのない方とされたことについては、『わたしはダビデに約束した聖なる確かな祝福を、あなたがたに与える』というように言われていました。ですから、ほかの所でこう言っておられます。『あなたは、あなたの聖者を朽ち果てるままにはしておかれない。』ダビデは、その生きていた時代において神のみこころに仕えて後、死んで父祖たちの仲間に加えられ、ついに朽ち果てました。しかし、神がよみがえらせた方は、朽ちることがありませんでした。ですから、兄弟たち。あなたがたに罪の赦しが宣べられているのはこの方によるということを、よく知っておいてください。モーセの律法によっては解放されることのできなかったすべての点について、信じる者はみな、この方によって、解放されるのです。」

使徒 17：30, 31「神は、そのような無知の時代を見過ごしておられましたが、今は、どこででもすべての人に悔い改めを命じておられます。なぜなら、神は、お立てになったひとりの人により義をもってこの世界をさばくため、日を決めておられるからです。そして、その方を死者の中からよみがえらせることによって、このことの確証をすべての人にお与えになったのです。」

使徒 26：22, 23「こうして、私はこの日に至るまで神の助けを受

け、堅く立って、小さい者にも大きい者にもあかしをしているので
す。そして、預言者たちやモーセが、後に起こるはずだと語ったこ
と以外は何も話しませんでした。すなわち、キリストは苦しみを受
けること、また、死者の中からの復活によって、この民と異邦人と
に最初に光を宣べ伝える、ということです。」

6.5.1.2　教会は歴史の事実である。教会の存在を説明しようと
すれば、復活に対する信仰にたどり着く。初期の歴史において、教
会はユダヤ人やローマ人からずいぶん迫害を受けた。信徒らが主の
ために拷問されたり、処刑されたりした。それは、主が墓からよみ
がえられたことを知っていたからにほかならない。

　イエスの死体は処刑者のために掘られた穴に放置されたと主張す
るギニュベールでさえも、次
のように認めざるを得なかっ
た。

　「復活に対する信仰が確
立され教理化されていなか
ったならば、キリスト教は
存在しなかったであろう
……。救済論をはじめキリ
スト教の中心的教理のすべ
てが復活の信仰にかかって
いる。それらの教理につい
て語るなら、必ず最初に
『そして、キリストが復活

　弟子たちがイエスと過ごした
時間がイエスの十字架で終わっ
てしまったのであれば、キリス
ト教会が誕生したことが説明で
きない。教会はイエスがメシヤ
であるという信仰の上に建てら
れたのである。十字架で処刑さ
れたメシヤなどはメシヤであり
えない。ユダヤ教からは拒否さ
れ、神からはのろいを受けた存
在であった。
——H・D・A・メイジャー

されなかったのなら、私たちの宣教は実質のないものになり、あ
なたがたの信仰も実質のないものになるのです』というパウロの

ことばを宣言しなければならない。……この宗教はユダヤ教から分かれて、ユダヤ教の敵となり、世界を席巻し始めたのである」（Smith, GCWC, 20-21）。

　P・リトルは、キリスト教会は自然にできたものではなく、それを存在せしめた明確な原因があったことを指摘している。初期のアンテオケのクリスチャンたちは世界中を騒がせたが（使徒17：6）、その原動力になったのが復活なのである（Little, KWhyB, 62）。

　オックスフォードのライポン・ホール校長のH・D・A・メイジャーは言う。「弟子たちがイエスと過ごした時間がイエスの十字架で終わってしまったのであれば、キリスト教会が誕生したことが説明できない。教会はイエスがメシヤであるという信仰の上に建てられたのである。十字架で処刑されたメシヤなどはメシヤでありえない。ユダヤ教からは拒否され、神からはのろいを受けた存在であった。聖パウロがローマ1：4で宣言しているように、イエスを大能によって公に神の御子として示したのは復活なのである」（Major──Smith, TS, 368における引用）。

6.5.2　キリスト教における日曜日

　もともとユダヤ人が休息と礼拝の日としていたのは土曜日であった。神が創造のみわざを完了し、休まれたのが第7日だったからである。安息日はユダヤ教の中核をなす律法のひとつである。安息日を守ることは、ユダヤ人にとって最も敬虔な行為であった。クリスチャンはイエスの復活を記念してユダヤ式の週における第1日に集まって礼拝した。キリスト教会は、古代から重要な律法の規定として遵守されてきた安息日を日曜日に移すことに成功した。しかし、忘れてはならない。**このクリスチャンたち自身もユダヤ人だったのだ。**律法に定められた安息日を変更することは重大なことである。

これはひとつの宗教グループが下した決断の中でも最も重要な決断だった。復活がなければ、土曜から日曜への変更をどう説明したらよいのであろうか（Green, MA, 51）。

　J・N・D・アンダーソンによると、最初のクリスチャンの大多数はユダヤ人であり、安息日を厳粛に守った人々であった。したがって、その習慣を変えるような、何かきわめて重要なことが起こったことがわかる。復活こそが安息日の習慣を変えたのである（Anderson, RJC, 9）。

6.5.3　キリスト教における礼典

6.5.3.1　聖餐式（せいさん）

〔使徒 2：46、ヨハネ 6 章、マタイ 26：26、マルコ 14：22、ルカ 22：19、Ⅰコリント 11：23, 24 参照。〕

　主の晩餐は主の死を覚えるためのものであるが、使徒 2：46 では喜びのときとされている。復活がなかったとすれば、喜びのときになるであろうか。ユダの裏切りと十字架の死に直結する食事を思い出すことは耐えがたい苦痛のはずである。その晩餐の苦痛を喜びの聖餐式と変えたのは何だったのだろうか。

　M・グリーンはこう解説する。

　「弟子たちはこの聖礼典において主に**出会った**のである。主は死んで見えなくなられたが、よみがえり、生きておられる。そして終末の再臨のときまで、復活の主の臨在を覚え

　この信者たちはユダヤ人であり、ユダヤ人は自分たちの宗教的慣習に固執して離れない傾向がある。しかし、この者たちは安息日ではなく、復活を週ごとに記念するための主の日を順守した。
　——L・L・モリス（J・D・ダグラスによる引用）

ながら、主の死を告げ知らせるのである（Ⅰコリント11：26）。
私たちの手元には初期の教会、すなわちアラム語を用いていた時
代の教会から伝わる聖餐式用の祈りがある（Ⅰコリント16：22、
ディダケー10）。マラナタ——これがそうだ。『主よ、来てくだ
さい』という意味である。主が3日目に死者の中からよみがえっ
たのでなければ、初期のクリスチャンたちが主の晩餐を祝うため
に集まったときの喜びは説明し難い」（Green, MA, 53）。

6.5.3.2　バプテスマ

[コロサイ2：12、ローマ6：1〜6参照。]

　クリスチャンは入会の儀式を持っていた——バプテスマである。
これもまたクリスチャンがユダヤ教からあえて離れた点である。割
礼がアブラハム契約によってアブラハム、イサク、ヤコブの肉によ
る子孫であることのしるしであるように、クリスチャンのバプテス
マはイェシュア（イエス）の血による新しい契約でアブラハムの霊
的子孫になったことのしるしなのであ
る。人は悔い改め、復活の主を信じ、
バプテスマを受けるように招きを受け
たのだ。

> 多くの本を作ることに
> は、限りがない。
> ——伝道者の書12：12

　さて、バプテスマは何を象徴してい
るのか。パウロは、バプテスマによって信者はキリストとその死と
復活においてひとつになると教える。水につかることで古い人がキ
リストとともに死に、水から出ることでキリストとともに復活して
新しいいのちを受けるのである。キリスト教において聖礼典は最も
古い儀式だが、それはキリストの死と復活に直接結びついている。
復活がなかったら、キリスト教におけるバプテスマの意味をどう説
明するのか。

6.5.4 教会という歴史的事象

そうであるなら、教会という共同体はイエスの復活でのみ説明できる歴史的事象となる。聖礼典は、教会の起源がどこにあるかを示す役割も果たしているのだ。

L・L・モリスはこう解説する。

「この信者たちはユダヤ人であり、ユダヤ人は自分たちの宗教的慣習に固執して離れない傾向がある。しかし、この者たちは安息日ではなく、復活を週ごとに記念するための主の日を順守した。主の日には神聖な聖餐式を行った。これは死んだキリストを記念するためではなく、今も生きておられる勝利の主を覚えるためにするのである。もうひとつの聖礼典であるバプテスマは、信者がキリストとともに葬られ、キリストとともに復活することを思い出すためのものであった（コロサイ2：12）。復活は信者がなすことすべてに意義をもたらしたのである（Morris──Douglas, NBD, 1088）。

7 復活の説明としては不十分な諸説

W・コーデュアンが復活に関する諸説をひとまとめにして説明している。「復活を認めずに墓が空になったことを説明しようとするなら、過酷な選択を強いられる。自分の説に都合のいいように証拠を書き換えるか、自分の説が現存する証拠と矛盾している事実を受け入れるか、である。証拠と矛盾しない唯一の説明は、イエスが復活した、というものである。自分の死と復活を予告し、そのとおりに実現させた方は神以外の何であろうか」（Corduan, NDA, 227）。

ここから、キリストの復活を他の方法で説明しようとした方法の中でも広く受け入れられているものを取り上げ、各説を順に検討し、

それぞれに反論を加えたい。英国人法律家 J・N・D・アンダーソンは、証拠は良質でなければならないと言う。その彼が、復活の歴史的証拠についてこう語る。

「証拠は全体的に検討する必要がある。証言を構成する諸部分の中のひとつやふたつについて別の説明をするのは比較的簡単である。しかし、その説明が、他の部分にも適用できなければ無価値である。そのひとつひとつは、証言のある部分にはうまく適用できても、全体として統一的な説明にならなければ、新たな解釈として成立することはない」（Anderson, DCR, 105）。

以下の諸説の検討ではそのようなアプローチがとられている。

7.1 失神説

7.1.1 見解
キリストは十字架で実際に死んだのではなく、**気絶**しただけだった。アリマタヤのヨセフの墓に入れられたときは、まだ生きていた。数時間後、墓の中の冷気によって息を吹き返し、起き上がってその場を去ったのだ、という。
　J・N・D・アンダーソンはこの説についてこう語る。

「2世紀ほど前にヴェンテュリニという人物が提唱した説である。近年になり、アフマディヤと呼ばれるイスラム教の異端グループが少し異なる形で再び持ち出してきた。このグループはかつてカディアンという所に本部を置き、イギリス支部はロンドン市内のプットニーにあった。
　その説の詳細はこうである。キリストは確かに十字架にくぎづ

けにされた。出血、苦痛でショック状態に陥ったキリストは気絶した。しかし、本当に死んでしまったわけではない。当時の医学的知識は大したものではなかったため、使徒たちはキリストが死んだと思ってしまった。キリストが早くも死んだと聞いてピラトが驚いたとも報告されている。死んだと思いこんだ者たちが、気絶状態のキリストを十字架から取り降ろし、墓に納めた、ということである。そしてキリストは墓の冷気の中で回復を見せ、やがて墓から出ることができた。無学の弟子たちはこれが単なる蘇生(そせい)とは信じられなかった。それで、死者の中からよみがえったと主張したのだ」(Anderson, CWH, 7)。

ケヴァン教授によると、失神説では、キリストの蘇生は「防腐保存のために用いられた香料の回復効果」によるものとされている(Kevan, RC, 9)。

7.1.2 反論

アンダーソンは、「この説は検証に堪えない」と結論づける(Anderson, DCR, 95)。

W・J・スパロウ＝シンプソンは「今ではすたれてしまった」と言っている (Fallow, PCBE, 510)。

この人々がなぜそのような結論に達したのかは、以下の指摘で明らかとなる。

7.1.2.1 兵士たち、ヨセフ、ニコデモの行動は、キリストは十字架上で死なれたことを証言している。

P・リトルは失神説についてこう語る。「キリスト教に対して猛烈な攻撃が加えられてきたが、古代からの記録に失神説は全く見られない。初期の記録はどれも、イエスが**死なれた**ことを強調してい

イエスは十字架にかかる前に、すでに心身とも相当の苦しみを受けておられた。ゲツセマネでは死を前に苦悶された。ローマ式のむち打ちの激痛を耐え忍ばれた（この極刑を受けた者の背中には深い傷が生じる）。手足はくぎで刺し貫かれた。かすかに残っていたかもしれない体力も、この6時間の想像を絶する苦しみのために尽きていた。のどの渇きにさいなまれ、体力の限界を迎えたイエスはついに、福音書に記されたあの最後の叫びを発せられ、たましいを明け渡された。そこへ、ローマ兵が胸を槍（やり）で突き刺した。飲まず食わずで、傷の手当てをする者も苦痛を和らげてくれる者もなく、葬られたほら穴の中で1日と2晩を過ごされた。にもかかわらず、3日目の朝には活力と光輝に満ちた姿を現されたのだ。

　　　——F・ゴデー（E・F・Kevan による引用）

る」（Little, KWhyB, 65）。

　T・J・ソーバーンは、キリストが処刑前に受けた苦しみを数え挙げている。「園における苦悩、真夜中の逮捕、大祭司の館およびピラトの官邸（プラエトリウム）における残忍な取り扱い、ピラトとヘロデの間を往復する疲労、ローマ式の残酷なむち打ち、カルバリへの移動、途中で力尽きての転倒、十字架刑の激しい苦痛、それに続くのどの渇きと発熱」（Thorburn, RNMC, 183-85）。

「どんな体力の持ち主でも、こんな苦痛を体験した後でも生きておられるとは考えにくい。さらに、十字架刑にかけられた者はどんな好条件でも回復することはまずない、という記録が残っている」（Thorburn, RNMC, 183-85）。

　ソーバーンの結論——「この説については……［次の］ことば以上の反論はない。……カイムは言う。『そうすると、絶対にありえないことが起こったことになる。哀れで、弱々しく、真っ直ぐ立つ

ことも困難で、隠れて、変装して、最後には死んでいく——そのイエスが信者たちの信仰の対象であり、高揚した喜びの対象であり、死を克服してよみがえった方、神の御子である、というのだ。ここにおいて失神説は無価値、滑稽、拒絶に値するものとなっていく』」（Thorburn, RNMC, 183-85）。

　J・N・D・アンダーソンは失神説についてこう述べている。

　「なるほど……これは実に独創的な説だ。しかし、検証には堪えられない。まず、イエスの死亡は、まちがいのないように念を押して確認がとられた。わき腹を槍で突き刺したこともそうである。しかし、死んでいなかったと仮定してみよう。過越の祭りごろの夜はかなり寒い。そんな時期に、岩山に掘られた墓の中で何の治療も受けずに何時間も横たわっていた人間が、自然に蘇生するであろうか。そもそも風前のともしびであったいのちである。もし蘇生したとしても、何キロもの香料で重くなった何メートルもの葬送着から身を自由にし、3人の女性でも動かせない岩を転がし、傷ついた足で何キロも歩くことができたであろうか」（Anderson, RJC, 7）。

　J・R・W・ストットは次のような質問を投げかけている。

　「裁判、あざけり、むち打ち、十字架刑から来る苦しみを受けた後で、からだを温めるものも食べ物も治療もなしに、岩の墓の中で36時間も生き延びられるだろうか。墓の入り口をふさぐ石を動かす（しかもローマの番兵に気づかれずに）という超人的な芸当をしてみせるほどに、十分回復することができたであろうか。そして、体力を失い、衰弱し、空腹状態で弟子たちに姿を現し、死に勝利したという印象を与えることができるだろうか。さらに

は、自分は死んでよみがえったと主張し、弟子たちを全世界に送り出し、同時に世の終わりまでともにいると約束できたであろうか。40日間どこかに姿を隠し、ときどき姿を現して人を驚かせ、そして最後には何の説明もなく消えたなどと、どうして信じられようか。そんなことでだまされたというのは、トマスの疑いよりももっと信じがたいことだ」（Stott, BC, 48-49）。

キリストの復活を否定する現代の合理主義者E・ル＝カミュはこう述べる。

「『イエスがよみがえったのであれば、死ななかったことになる。一方、死んだのであれば、よみがえらなかったことになる』。
　ふたつの事実（どちらも同じぐらい確かなもの）がこのジレンマに光を投じてくれる。ひとつは、金曜日の晩にイエスは死んでいたという事実である。第2は、日曜日とそれ以後、元気いっぱいの姿で現れた、ということである。
　イエスが金曜の晩に死んでいたことは誰も疑っていない。サンヘドリンでも総督官邸（プラエトリウム）でもカルバリでも疑う者はなかった。ピラトだけは、ヨセフがイエスのからだの下げ渡しを願ったことで、イエスがあまりにも早く息絶えたことに驚きを見せたが、このことはかえってイエスの死の確認をするきっかけになった。
　敵も味方も、十字架上のイエスに視線を送り、死亡したことをはっきりと目撃したのだ。それをさらに確認するため、百人隊長が槍でイエスを突き刺したが、まったく動かなかった。傷口からは水と血の入り混じったものが出て来た。これは生命維持に必要な部分の腐敗が急速に進んでいたことを示している。気絶状態で出血することは致命的とされる。この場合の出血はイエスの死因

ではなかった。すでに死んでいたからである。この出血状況はイエスの生命がしばらく前に終わっていたことを証明している。そして、イエスの敵の中でも最も知的な者たち（祭司長など）は、イエスが死んだ事実をまったく疑ってはいない。彼らが恐れたのは、弟子たちが不法に遺体を動かすことだけであって、すでに死が確認されたイエスが何かをすることではなかった。イエスは十字架から取り降ろされ、いのちの気配が見られないまま、彼を愛する者の腕の中で静かに冷たく横たわった。彼らはイエスのからだを取り降ろし、運び、防腐処理をし、布で包み、悲しみと愛のしるしで覆った後、墓に納めた。これほど完全な失神、これほどタイミングのよい失神がありえるだろうか。荘厳な神聖さと圧倒的な影響力に満ちた人生の終わりとしては、実に思いがけない死であった。このようなことは偶然では起こりえない。これが偶然だと言うなら、復活そのものよりもさらに奇跡的なことだ」（Le Camus, LC, 485-86）。

この説を奉じるなら、キリストが衰弱した状態で墓の入り口にあった岩を転がすことができたことになる。しかし、岩は男が数人がかりでないと動かせないものだったのだ。しかも、ひとりの兵士も起こすことなく（彼らが居眠りすることなどありえない）、墓から抜け出し、兵士たちの間をすり抜け、逃げることができたことになる。

——ジェームズ・ロスカップ

7.1.2.2 弟子たちはイエスが気絶状態から意識を回復しただけとは考えなかった。

懐疑論者Ｄ・Ｆ・ストラウスは（決して復活を信じていないのだが）、イエスが気絶状態から意識を回復したという説に決定的な打撃を与えている。

「半死半生の状態で墓からそっと抜け出した者。衰弱し、

治療を要する状態ではって歩いた者。包帯と療養を必要とした者。それでも最後にはやはり苦痛に屈服した者。そんな者が弟子たちに、自分は死と墓を克服した者、いのちの君であると印象づけ、将来の宣教活動の土台であると確信させられるだろうか。一時的な蘇生（そせい）であるなら、弟子たちの悲しみを感激に変え、その感激を礼拝にまで引き上げることなどできたはずがない」（Strauss, LJP, 412）。

イエスが弟子たちに姿を現したときのことについて、W・ミリガンはこう述べている。

「病室で起こったのではない。気力と活力に満ち、次に待っている偉大な仕事のための準備で忙しく過ごしたのだ。……落胆は希望に、絶望は歓喜に変わり、衰弱したからだは精力的に活動し始めた。弟子たちは、不安が払いのけられて、喜び、大胆さ、感激を取り戻した。衰弱と苦痛によって失神した人、金曜の午後から日曜の朝まで意識を失っていた人、そして今になってやっと回復し始めたばかりの人が現れたのだったら、弟子たちは同情し、いたわり、助けの手を差し伸べたことだろう。しかし、そんなことはまったく必要なかった」（Milligan, RL, 76）。

E・H・デイは言う。「復活したキリストの記事を読むと、（キリストが仮死状態から回復したのであれば見られるはずの）身体が衰弱した様子はまったく見られない。それどころか、弟子たちが復活された主のうちに見たのは……『死を克服したいのちの主』『公生涯で見られたような身体の限界からは解き放たれた方』なのである」（Day, ER, 49-50）。

7.1.2.3　失神説を提唱する者たちは、イエスは回復した後、からだにしっかりと巻かれた葬送の衣服から抜け出て、その服をまったく乱さずに去るという奇跡を行った、と言っていることになる。

M・C・テニーは葬送の衣について説明している。

「ユダヤの慣習では、遺体を葬る準備をする際、ふつうはからだを洗い、まっすぐにし、わきの下から足首まで約 30 センチ幅の亜麻布をきつく巻きつけた。亜麻布が重なる部分には芳しい香料（粘着性があった）が塗られた。この香料は防腐剤であると同時に、からだに巻きつけられた布を固める接着剤の役割も果たした……。ヨハネが用いている『巻いた』（ギリシャ語『エデサン』）という語はルカ 23：53 で用いられている表現と符合する。ルカは、遺体が亜麻布で**包まれた**こと……を記録している。

　週の初めの日の朝、イエスのからだは消えていたが、葬送の衣服はまだそこにあった……。

　頭を包んでいた布は頭があった場所にそのままあったが、脇の下から首までの距離だけ他のものから離れていた。つまり、からだの形をそこに見ることができたが、骨肉は消えていたのだ……。どのようにして遺体が葬送布からすり抜けることができたのか。葬送布がからだにしっかり巻きつけられて、からだの曲線に沿ってするりと抜けるはずがないのだ」（Tenney——Smith, TS, 116-17 における引用）。

7.1.2.4　J・ロスカップは言う。「この説を奉じるなら、キリストが衰弱した状態で墓の入り口にあった岩を転がすことができたことになる。しかし、岩は男が数人がかりでないと動かせないものだったのだ。しかも、ひとりの兵士も起こすことなく（彼らが居眠りすることなどありえない）、墓から抜け出し、兵士たちの間をすり

抜け、逃げることができたことになる」（Rosscup, CN, 3）。

　E・H・デイはこの点について説明している。「この仮説の物理的な可能性は非常に低い。たとえ墓には番兵がいたという記事を無視しても、気絶状態から意識を取り戻したばかりの者が墓の入り口にあった岩を転がすことができたかどうか、疑問が残る。『あれほど大きな石だったのに』」（Day, ER, 48-49）。

　たとえイエスがどうにかして岩を転がすことができたとしても、ローマの番兵を撃退できたとは考えられない。半死半生の状態でやっとのことで墓から抜け出した者になすすべはない。また、警備中の居眠りは死であり、番兵たちはしっかり目を覚ましていたはずである。

7.1.2.5　もしイエスが単に気絶状態から意識を回復しただけであるなら、「エルサレムから十一キロメートル余り離れたエマオという村」（ルカ 24 : 13）まで歩くことは不可能である。

　デイは「重症と極度の疲労で失神して回復した者が、エルサレムで弟子たちに現れた後で長時間歩くことは考えられない」と述べている（Day, ER, 48-49）。

　E・F・ケヴァンはこの点について以下のコメントをしている。

　「2 日前釘<ruby>釘<rt>くぎ</rt></ruby>で刺し抜かれた足で、エマオ・エルサレム間 11 キロの距離を何の問題もなく歩いて見せたのだ。実に活動的である。食事の最中にふたりの弟子の前からあっという間に消え去り、そのふたりが使徒たちによき知らせを伝えるためにエルサレムに戻ると、またそこにおられたのだ。主はいつもと同じ敏捷<ruby>敏捷<rt>びんしょう</rt></ruby>さで、弟子たちが集まる部屋の中に突如として姿を現された。これが十字架で半殺しにされ、そのまま墓に放置され、仮死状態から意識を回復した人の行動であろうか」（Kevan, RC, 9-10）。

7.1.2.6　単に仮死状態から回復しただけであったなら、イエスはそのことを弟子たちに説明したはずである。でなければ、嘘つきであり、詐欺師である。弟子たちに復活のメッセージを伝えさせておきながら、実際は、復活はなかったわけであるから。

E・ル゠カミュはこう述べている。

「……失神しただけだったのに、自分は死んでいたかのように見せかけるなら、イエスはパーソナリティ障害である。自分が**よみがえった者**ではなく、ただ、たまたま**生き残った者**であると言うべきであった。……イエスは正しい方、神の人か、最大級の犯罪者か、そのどちらかである。実際は死んでいないのに、死者の中からよみがえったと言ったのであれば、嘘をついたのである。ごく普通の正直さも欠けている」（Le Camus, LC, 485-86）。

> イエスは正しい方、神の人か、最大級の犯罪者か、そのどちらかである。実際は死んでいないのに、死者の中からよみがえったと言ったのであれば、嘘をついたのである。ごく普通の正直さも欠けている。
> ──E・ル゠カミュ

P・リトルによれば、失神説に従うなら、「キリスト自身がとんでもない詐欺に加担していた［ということになる］。弟子たちは『イエスは死んだ。しかし、よみがえった』と信じ、ふれまわった。イエスはこの思いこみをいっさい正そうとせず、むしろ奨励したわけである」（Little, KWhyB, 66）。

ストラットンは新約学者J・ノックスのことばを引用している。「キリスト教の土台は、誰かが死者の中からよみがえったという事実によるのではなく、イエスという方がよみがえったという事実によるのである……。イエスの人格抜きにはキリスト教は始まらなかっ

た」（Knox──Straton, BLR, 3 における引用）。

　もし墓からよみがえっていないのなら、「よみがえった」という嘘にイエスが加担するはずがない。そのような主張はイエスの完全な人格を考えれば、即、論駁されるであろう。

7.1.2.7　キリストが十字架上で死ななかったとすれば、いつ、そしてどんな状況の下で死んだのだろうか。

　E・H・デイはこう断言する。「失神説を受け入れるならば、福音書と使徒の働きから昇天の記事を完全に削除する必要がある。そして、キリストが急に姿を現さなくなったことを、次のように説明するほかない──キリストは、自分について誤った印象を与え、また弟子たちにはまちがった使命を託したので、誰の目も届かないところに行って死んだ」（Day, ER, 50）。

　W・ミリガンは、キリストが十字架上で失神した後に回復したとするなら、どういうことになるかを述べている。

　　「最愛の弟子でさえも知らない人里離れた隠れ家にひきこもったことだろう。キリスト教会が栄え、旧世界を根底まで揺さぶり、そして……キリストの助けを最も必要とするような状況にあっても、その場にはいなかった。……ただひきこもりとしか呼べないような状態で過ごし、やがて遂に死んでしまったにちがいない。しかし、いつ、どこで、どのように死んだのかは誰も知らない」（Milligan, RL, 79）。

7.1.3　結論

　G・ハンソン「失神説が18世紀合理主義の説明として好まれていたとは信じがたい。」こんな仮説は、実情に全く反する上、今やすたれてしまっている（Hanson, G., RL, 19）。

7.2　窃盗説(せっとう)

7.2.1　見解

窃盗説は、弟子たちが遺体を墓から盗み出した、とする。

7.2.1.1　キリストの復活を説明するために当時広まっていたひとつの説として、マタイは以下のように記録している。

「女たちが行き着かないうちに、もう、数人の番兵が都に来て、起こった事を全部、祭司長たちに報告した。そこで、祭司長たちは民の長老たちとともに集まって協議し、兵士たちに多額の金を与えて、こう言った。『「夜、私たちが眠っている間に、弟子たちがやって来て、イエスを盗んで行った」と言うのだ。もし、このことが総督の耳に入っても、私たちがうまく説得して、あなたがたには心配をかけないようにするから。』そこで、彼らは金をもらって、指図されたとおりにした。それで、この話が広くユダヤ人の間に広まって今日に及んでいる」（マタイ28：11 〜 15）。

7.2.1.2　マタイが記録する窃盗説がしばらくユダヤ人たちの間に流布していたことは、殉教者ユスティノスやテルトゥリアヌス等の著作で確認できる。

ソーバーン教授はこう述べている。

「ユスティノスの『トリュフォンとの対話』108 では、ユダヤ人が『私たちが十字架につけたガリラヤ出身のイエスと名乗る詐欺師(ぎし)』について語っている。『しかし、十字架からはずされた後で安置された墓から弟子たちが夜間に盗み出し、「イエスは死者の中からよみがえって天に昇った」と唱えて、人々をだましてい

墓が空であった理由の説明としてはふたつの選択肢しかない

【人による】

敵がからだを動かした——動機なし

弟子がからだを動かした——方法なし

【神による】

最も筋のとおった説明

る。』

　テルトゥリアヌス（『弁明』21）もまたこう言っている。『墓の中は、葬られていた者が身に着けていた衣服以外は空っぽだった。しかし、ユダヤ人指導者たちは、弟子たちがキリストの遺体を盗んだと公言した。指導者たちはそんな嘘を言い広め、自分たちの思惑通りに税を納めている民がキリスト信仰に近づかないようにしていた。』［*De Spectaca* 30］。

　この主張は中世のユダヤ文献［Eisenmenger, i. pp. 189 ff., etca に言及されている書］に何度も登場する。レイマルスも同じ話を伝えている。『イエスの弟子たちはイエスのからだが葬られて24時間も経たないうちに盗み出し、墓が空になった、と唱えて茶番を演じた。そして50日目まで復活を公に宣言することはなかった。50日目には遺体の腐敗が完了したのだ。』

　これに対し、オリゲネスが十分に反論している［*Cont. Cels.*］」（Thorburn, RNMC, 191-92）。

7.2.1.3　アンテオケのヨハネス・クリュソストモス（後347〜407年）は窃盗説についてこう語っている。

　「……実は、これさえも復活を立証する。『これ』というのは

『弟子たちがからだを盗んだ』というユダヤ人たちの主張である。からだがその場所になかったことを認めることばである。したがって……警備や印章や弟子たちの小心さを根拠に、『盗難があった』というのが嘘であり信用できないことが証明されたら、逆に復活は事実であることが立証されることになる」(クリュソストモス——Clark, GM, 531 における引用)。

7.2.2　反論

7.2.2.1　墓が空になった事実には何らかの説明が必要

　E・F・ケヴァンは、墓が空になったこと自体は必ずしも復活を証明するものではないが、ふたつの正反対の結論しか残さない、と言う。「墓が空になったのは神の御手によるか、人の手によるか、そのどちらかである。」この両方を客観的に検証し、信憑性の高い方を選ばなければならない (Kevan, RC, 14)。

　「しかし、ふたつのどちらかを選ぶのは難しいことではない。イエスの敵にはからだを運び出す動機はなく、イエスの味方にはその能力がなかった。権力者側にはからだがそのまま墓にあった方がよいし、弟子たちは盗み出すことができない。よって、救い主のからだが墓の中から外に出たのは、神の力による」(Kevan, RC, 14)。

　ル＝カミュはこのように述べる。

　「金曜に墓に葬られたイエスが日曜になってそこにいなかったとすれば、誰かが運び出したか、自分の力で出たか、どちらかである。他の選択肢はない。運び出されたのか。誰が運び出したのか。味方か、敵か。後者は警備のために兵士を配備した。したがって、イエスを墓から消す意図はまったくないし、慎重な彼らがそんな行動に出るはずがない。そんなことをすれば、復活の作り

話のお膳立てをすることになる。最善の選択はイエスの遺体を警護することであった。そうすれば、どんな作り話が出て来たとしても『遺体はここにある。よみがえってなどいない』と答えることができる。

　味方に関しては、イエスを運び出す動機も力もなかった」（Le Camus, LC, 482）。

　W・スミスはこう述べる。「兵士たちには、墓がなぜ空になったのかを説明する術（すべ）がなかった。サンヘドリンは兵士たちに言うべきことを教え、買収して作り話を繰り返し告げるようにさせた」（Smith, GCWC, 22-23）。

　A・B・ブルースはこう解説する。「うわさを流すということは、何かの事実を説明する必要があるということであり、その事実とはからだの消失である。そして、流したうわさは嘘であることを兵士たちが知っていた、ということを暗示している」（Bruce, EGNT, 337-38）。

7.2.2.2　弟子たちがキリストのからだを盗んだというのは、墓が空になった理由を説明する答えとしては筋が通っていない。

7.2.2.2.1　番兵の証言には何の疑いもかけられなかった。マタイは「数人の番兵が都に来て、起こった事を全部、祭司長たちに報告した」（マタイ28：11）と記録している。

　R・C・H・レンスキは、イエスが復活したという知らせを祭司長たちに届けたのは「自らが配置した兵士たちであり、これほど申し分のない証人も他になかった」と述べている。番兵の証言は偽りのないものとして信頼された。番兵たちに嘘をつく理由はなかったからである（Lenski, IMG, 1161-62）。

　W・M・スミスはこう記している。「まず初めに、ユダヤ当局が
番兵の報告をまったく疑わなかったことに注目すべきである。墓が
空になったかどうかを自ら確認しに行くことはなかった。空である
ことを知っていたからである。本当に空になったのでなければ、番
兵が帰還してそのようなことを自分の口で言うはずない。ただ、ユ
ダヤ当局は兵士たちに、墓が空になったことの説明の仕方を授けた
のである」(Smith, TS, 375-76)。

　アンナスとカヤパについて A・ローパーは言う。「ユダヤ当局が、
イエスのからだが消えたことで、兵たちに偽証させようとしたこと
自体が、事実は別にあることの証明になっている」(Roper, JRD,
37)。

　ユダヤ人たちの対応からして、彼らがキリストの墓が空になった
ことに同意していることがわかる。弟子たちがイエスのからだを盗
んだことにしたのは、それ以外に説明のしようがないという理由で
考え出された、たちの悪い作り話である。

7.2.2.2.2　墓を窃盗から守るために厳戒態勢がしかれた。弟
子たちにはどうすることもできなかった。

　A・ローパーは言う。

　「客観的に言おう。ここにあるのは、道理をわきまえた人にと
って何の説明にもならない説明、何の解決にもならない解決であ
る。祭司長たちはピラトに『三日目まで墓の番をするように命じ
てください』と頼んだ。そして、墓の『番』はしっかりなされて
いた。この措置が、『弟子たちは盗まなかったし、盗むことは不
可能だった』ことの疑問の余地なき証明となる」(Roper, JRD,
34)。

ヨハネス・クリュソストモスはこう述べている。「こんなにも大勢の兵士が見張っているのに、イエスのからだを運び去ることなど到底不可能である——イエスがよみがえったのでなければ」（Chrysostom, HGSM——Schaff, SLNPNF, 527 における引用）。

7.2.2.2.3 弟子たちの落胆と臆病も強力な証拠となる。彼らが、兵士たちに勇敢に立ち向かってからだを盗み出すなど考えられない。そんな気力はなかった。

W・M・スミスは言う。「イエスが裁判にかけられているときに逃げた弟子たちが、兵士たちを相手に戦う勇気や力などあるはずがない」（Smith, GCWC, 22-23）。

「弟子たちには、『出て行ってローマの兵士と渡り合い、全警備隊に打ち勝ち、墓からイエスのからだを奪い出す』ような気力はなかった。そんなことをしても殺されるのがおちだが、もともとする気もなかった。その週の木曜の晩、ペテロは大祭司の館の庭で、女中に、ナザレ人イエスの仲間であることを疑われ、のろいをかけて主を知らないと言ったのだ。そんな臆病者が数日後にローマ兵と戦うために駆けつけた、というのだ。何があってそれほどの変化が起こったというのだろう」（Smith, TS, 376-77）。

> イエス・キリストがよみがえらなかったとすれば、彼は自分が復活することを弟子たちに期待させて、だましたことになる。詐欺師だったのであれば、なぜ弟子たちは見破れなかったのだろうか。
> ——サミュエル・ファロウ

窃盗説についてファロウは著書の中でこう記している。

338

「［弟子たちは］そのようなことを試みなかったし、［イエスを墓から略奪することは］できなかった。

どのようにしてからだを運び出せたというのか。イエスが捕らえられるやいなや逃げ去った臆病で弱い者たち。一番度胸のあるペテロさえ女中のことばに震え上がり、3度もイエスを知らないと言った。このような気弱な者たちが総督の権威にあえて逆らうであろうか。サンヘドリンの判決に逆らい、警備隊をねじ伏せ、武装兵士たちに打ち勝つか、すり抜けるか……そんなことを試みるだろうか。イエス・キリストがよみがえらなかったとすれば、彼は自分が復活することを弟子たちに期待させて、だましたことになる。詐欺師だったのであれば、なぜ弟子たちは見破れなかったのだろうか。だまされやすい自分たちをそこまで食い物にした者のために、そんな危険なことを企てたであろうか。仮にからだを運び去る計画を立てたとしても、どう実行したのであろうか」(Fallow, PCBE, 1452)。

A・ローパーは語る。「たとえ墓に警備兵がいなかったとしても、あえて侵入しようとする弟子はひとりとしていなかった。厳重警戒の墓から、キリストのからだを盗み出すことができるなど、なおさら考えられない」(Roper, JRD, 37)。

7.2.2.2.4　兵士たちが居眠りしていたのだとして、からだを盗んで行ったのが弟子たちだとなぜわかるのか。

ファロウの百科事典には窃盗説に関して以下の解説がなされている。「聖アウグスティヌスは言う。『眠っていたか、起きていたか、どちらかしかない。起きていたのなら、なぜからだを盗んだ者たちを取り逃したのか。眠っていたのなら、弟子たちが盗んだとどうし

てわかったのか。あえて盗まれたと供述できたのはなぜなのか』」
(Fallow, PCBE, 1452)。

　ローマの警備隊について A・B・ブルースは言う。「持ち場で居
眠りなどしていないこと、盗難はいっさいなかったことは、彼らが
一番よく知っている。祭司らが多額の金を払って嘘をつかせたのは、
自殺行為だった。完全に矛盾していたからである。番兵が眠ってい
たなら、何が起こったかわかるはずはない」(Bruce, EGNT, 337-
38)。

　D・ブラウンは言う。「番兵たちが買収されて言い広めた嘘のば
かばかしさが、かえってキリストの復活を完全に証明する。警備隊
全員が任務中に居眠りしていたとは思えない。特に、こんな場合に
居眠りすることはまずない」(Jamieson, CCEP, 133)。

　P・リトルは言う。「ユダヤ人たちは兵士たちに金を与え、『夜に
なって居眠りしている間に弟子たちがやって来てからだを盗んで行
った』と兵士たちに言わせた。その話が嘘であることはあまりにも
明らかなため、マタイは反論すらしていない。あなたが眠っている
間に隣家の者が侵入しテレビを盗んで行ったと訴えても、耳を貸す
裁判官がいるであろうか。眠っている間に何があったかわかる人が
いるだろうか。こんな証言は一笑に付される」(Little, KWhyB, 63-
64)。

7.2.2.2.5　兵士たちが警備中に居眠りすることはない——そ
んなことをすれば死刑である。

　A・B・ブルースはこう記す。「警備中の居眠りに対する通常の罰
は死である。いくらかの金で、兵士たちがそんな証言をする危険を
冒すであろうか。後で将軍に真実を告げるつもりで金を受け取り、
支払った祭司たちをあざ笑うことはありえよう。祭司たちはそれで
よしと考えたのか。それとも、真剣にこの提案を持ちかけたのか。

この説には問題がある」(Bruce, EGNT, 337-38)。

W・スミスによれば、E・G・セルウィンが番兵たちの居眠りする可能性について解説している。

「遺体が盗まれないように——こんな尋常でない目的のために配置された番兵がひとり残らず居眠りした……ということはありえない。この番兵たちは世界で最も厳しい規律の下にあったのだ。ローマでは持ち場で居眠りした番兵は死刑に処された。なのに、この番兵たちは処刑されなかった。墓を守れず無念で憤激してはいたが、規則を破ったとはされなかった。ユダヤ人指導者たちに買収されてした報告内容を、番兵たち自身が信じていなかったのは明白である。信じていたのであれば、即弟子たちを逮捕し、尋問しただろう。この場合、墓から遺体を盗み出せば重大な犯罪なのだ。なぜ遺体の明け渡しを強要しなかったのか。……指導者たちは、犯罪を立件しようとした気配すらない」(Selwyn——Smith, TS, 578-79 における引用)。

英国の神学者であり哲学者である W・ペイリーはこう記している。「『夜、私たちが眠っている間に、弟子たちがやって来て、イエスを盗んで行った』——番兵たちは共謀したと、タウンシェンド博士（『復活に関する論考』p. 126）が述べているのは正しい。罰せられないことが保証されていなければ、この状況に置かれている者がそんな失態を認めるはずがない」(Paley, VEC, 196)。

7.2.2.2.6 墓にあった岩はきわめて大きいものだった。たとえ兵士たちが眠っていても、そんな大きな岩が動いたら音が出て、目を覚ましたことであろう。

W・スミスは言う。「重い岩を動かし、イエスのからだを取り出

したとすれば、まちがいなく兵士たちは目を覚ましたであろう」（Smith, GCWC, 22-23）。

D・ブラウンはこう述べている。「しかし——弟子たちが十分な人数をそろえて遺体を盗み出すためにやってきたとしても、封印を破り、巨大な岩を転がすには手間がかかる。そんな音が出る作業をしているそばで、番兵たちが深く眠って長時間目が覚めなかったなどと考えられるであろうか」（Jamieson, CCEP, 133）。

7.2.2.2.7 窃盗が不可能であったことは、葬送の布が沈黙の証言をしている。

M・テニーは語る。「遺体を包んでいた布を元の形に巻き直していくような窃盗犯はいない。そんな時間はないからだ。その犯人は布を適当に放り出し、からだをかかえて逃げたはずである。見つかることを恐れて、できるかぎり急いだであろう」（Tenney, RR, 119）。

A・ローパーは言う。

「そのような几帳面（きちょうめん）さは、墓荒らしや死体泥棒の行為にふさわしくない。これほど几帳面で、これほど落ち着き、これほど平静な泥棒がいようか。犯罪者が略奪・破壊行為を行った場所を、念入りにきれいに整頓（せいとん）していくとしたら、前代未聞のことである。犯行に必要なのはスピードであって、整理整頓ではない。ヨハネが証言す

墓の中で亜麻布が置かれていた状態、私たちの主の頭に巻かれていた布切れが亜麻布といっしょにはなく、離れた所で巻かれたままになっていたことは、窃盗犯たちが恐れずあわてもしていなかったことを表している。したがって、このことはからだが盗まれたという説の反論となる。
——ニュッサのグレゴリオス

342

るように墓がきれいに片づいていた事実は、盗難説がいかにばかげた言いがかりであるかを示している」（Roper, JRD, 35-37）。

1500年前、ニュッサのグレゴリオスは著書でこう述べている。「墓の中で亜麻布が置かれていた状態、私たちの主の頭に巻かれていた布切れが亜麻布といっしょにはなく、離れた所で巻かれたままになっていたことは、窃盗犯たちが恐れずあわてもしていなかったことを表している。したがって、このことはからだが盗まれたという説の反論となる」（Whitworth, LHP, 64-65）。

同じく4世紀に書物を著したクリュソストモスも同様に述べている。

「そして没薬がべっとりとついた布切れは何を意味するのか。ペテロは布切れが床にあるのを見た。弟子たちが盗みを計画していたのならば、主のからだを裸の状態で盗むことはなかったであろう。不名誉なことだから、というだけではない。衣をはぐことに時間がかかり、兵士たちに目を覚ます機会を与えないためである。特に、没薬はからだに付着し、衣にもべったりついてしまう薬である。からだから衣をはぎとるのは容易ではなく、相当の時間を要する。したがって、盗みがあったとは考えにくい」（Chrysostom, HGSM──Schaff, SLNPNF, 530-31における引用）。

ハーバードの法学教授S・グリーンリーフは言う。

「葬送の布が元の場所にきちんとした形で残っていたこと、そして少し離れたところで布切れが巻かれた状態になっていたことから、墓の略奪も、遺体の盗難もなかったことは明らかである。盗賊にとって、この布や香料の方がただの裸の遺体よりも価値が

あったからである。少なくとも、布切れをわざわざ巻き直すことはしなかったであろう。同じ理由で、イエスの仲間がからだを盗んでいないことがわかる。彼らのしわざであれば、葬送の衣をそのように残すことはなかったであろう。こうしたことから、ヨハネの心に『イエスは死者の中からよみがえられた』という信仰が芽生えたのである」(Greenleaf, TE, 542)。

H・レイサムは次のような解説をしている。

「香料は 45 キロほどの重さがあった。この香料は乾いてしまっていた。布を開けば、粉末化した没薬とアロエが石板の上や床の上に落ちて、山状にはっきりと残ったはずである。ペテロが見たことをヨハネに伝えたとき、そのことも付け加えただろう。ビアード氏は香料が布を下に引っ張ったと言うが、氏の論点はずれている。もし布が開いていたのであれば、香料が落ちてはっきり見える状態になっていたはずである。香料に何も言及されていないということは、香料がまだ布の間にあり、その結果見えない状態にあったとことを裏づけている」(Latham, RM, 9)。

7.2.2.2.8 弟子たちがキリストのからだを移動するはずはない。
W・スミスはこう解説する。

「弟子たちがからだを取り去るべき理由はまったくなかった。その葬られ方はそれ以上なすべきことがないほど立派なものだった。アリマタヤのヨセフは弟子たちに、からだを墓地から移せとは言っていない。したがって、弟子たちが**本当**に盗んだのであれば、それは主の名誉のためでなく、自分たちで保存したいからで

もなく、人々をだますためにほかならない。ところで、3年間主に従った弟子たちが、すでに死んだユダをのぞいて、嘘をつくような卑劣な人間ではなかったことだけは確かだ。常に真理を語られた神の御子につき従った後で、その口から義の福音を聞いてきた後で、11人の弟子が全員でこんな下劣な陰謀を突然企てることはありえない」(Smith, TS, 377)。

7.2.2.2.9　弟子たちはこの時点ではまだ復活の真理を理解しておらず、したがって復活を実現するための細工をするはずもない（ルカ24章参照）。

J・F・ウィットワースはこう述べている。「主が3日目によみがえることを弟子たちは理解していなかったようである。それゆえ主が本当に復活されたときには驚いている。復活が起こったという印象を与えるためにからだを盗むことなど、弟子たちは考えさえしなかったであろう」(Whitworth, LHP, 64)。

A・B・ブルースは次のように記している。

「たとえ盗み出すことが可能だったとしても、弟子たちはそんなことを考えたり試みたりできる心理状態にはなかった。そんな大胆な行動に出る元気は残っていなかった。悲しみが鉛のように重く心にのしかかっていた。主のからだを盗み出し、自分たち自身も信じていない話を広めることに何の益があったというのか。……『彼らは、イエスが死人の中からよみがえらなければならないという聖書を、まだ理解していなかったのである。』また、主が生前に復活を予告されたことを何も覚えていなかったのである」(Bruce, TT, 494)。

7.2.2.2.10　J・ロスカップは言う。「弟子たちは義を重んじる

人であり、デマを広めるはずがない。臆病だった彼らが勇気の人に変えられたことで、残りの人生を復活の福音を宣べ伝えるために費やしたのである。逮捕も投獄も暴力も死も恐れることはなかった。主を否んで『キリストはよみがえられた』という信仰を捨てる者はひとりとしていなかった」（Rosscup, CN, 4）。

P・リトルが窃盗説に関してこう述べている。「さらに、心理的にも倫理的にも不可能である。キリストのからだを盗むことは、弟子たちの性格や信条とまったく相容れないものである」（Little, KWhyB, 63-64）。

窃盗説について英国人法律家J・N・D・アンダーソンが解説する。「これは弟子たちについて知られていることすべて——道徳的な教えや生き方、苦難と迫害の中で見せた不屈の精神——と完全に矛盾する。『落胆し意気消沈した脱走者』から『どんな迫害も阻止できない証人』への劇的な変化がどのように起こったのかは、とても説明できない」（Anderson, CWH, 92）。

> 弟子たちがイエスの復活を堅く信じていたことを、歴史家は認めなければならない。
> ——デイヴィッド・ストラウス
> 19 世紀の懐疑論者

ケヴァンもこう述べている。「この点においては、キリスト教の反対者たちまでもが応援してくれている。懐疑論者ストラウス［1808〜1874 年］は、弟子たちが人々をぺてんにかけたという説を却下している。ストラウスは言う。『弟子たちがイエスの復活を堅く信じていたことを、歴史家は認めなければならない』」（*Leben Jesu,* 1864, p. 289）（Kevan, RC, 9）。

W・スミスは語る。「今日の正統派ユダヤ教の学者の多くは、窃盗説を完全に捨て去っている。クラウスナーもそのひとりで、弟子たちはこんな詐欺行為を行うにはあまりに高潔すぎると認めている 」（*Jesus of Nazareth：His Life, Times, and Teaching,* New

York, 1925, p. 414)（Smith, GCWC, 22-23)。

　ペテロが「からだを盗んでいた」のなら、使徒4：8が記すように大胆に語れたであろうか。

　W・スミスはこう説明する。

　「ペンテコステの日に神の力がペテロの上に降り注がれたので、説教（キリストの復活を中心に語った）をとおして、1日で3千人が主のもとに勝ち取られた。これは確かである——ペテロは少なくとも、自分が信じていたことを語ったのだ。それは、神が死者の中からキリストをよみがえらせた、ということである。嘘であれば、あれほど力強く、良心のとがめなく語ることはできない。弟子たちは、キリストの復活で世界をひっくり返すまで宣べ伝え続けた。弟子たちは主のからだを盗み出さなかったし、盗むことはありえない」（Smith, TS, 377-78)。

　ヨハネ以外の弟子たちはみな殉教した。彼らが迫害されたのは、復活の信仰とメッセージを捨てようとしなかったからである。P・リトルが言うように、「人は自分が真実だと信じることのためなら死ぬこともあるだろう（たとえそれが実際には真実ではなくても）。しかし、嘘だと知っていることのためには死なない」（Little, KWhyB, 173)。弟子たちがイエスのからだを盗んだのであれば、自分たちが伝える復活のメッセージが嘘であると知っていたことになる。しかし、彼らは主の復活を信じて死んだ。つまり、弟子たちがからだを盗んだという説はまったくばかげたものだとわかる（Lewis and Short, LD, 62-64)。

　私はJ・R・W・ストットの意見に賛成する。「［窃盗説は］全く本当らしく聞こえない。ほとんどありえない。福音書と使徒の働きから明らかなことは、使徒たちが正直だった、ということだ。だま

されていたことはありえたとしても、人をだますような者たちではなかった。偽善者と殉教者はまったく別物である」（Stott, BC, 50）。

7.2.2.3 墓が空になったのはユダヤ人、ローマ人、アリマタヤのヨセフなどがキリストのからだを移動したからだという説も、理屈に合わない。弟子たちが盗んだという説と同じである。

7.2.2.3.1 からだを移動したのはユダヤ人なのか。J・N・D・アンダーソンはこう述べている。

> 「［キリストの復活後］ほんの7週間のうちに……エルサレムは復活のメッセージで大騒ぎになっていた。使徒たちは町のあちこちで復活を語っていた。そのため、祭司長たちは困惑していた。使徒たちがイエスの血の責任を自分たちになすりつけようとしていると思った。それゆえ、この危険な異端をつぼみのうちに摘み取るために、何でもしようとした」（Anderson, RJC, 6）。

ユダヤ人がからだを別の場所に移すように命じたのであれば、なぜ、使徒たちがエルサレムで復活を宣べ伝えているときに「ちょっと待て。からだはわれわれが移したのだ。イエスは墓からよみがえっていない」と言わなかったのか。

それでもうまく行かなかったのであれば、なぜキリストのからだのありかを教えなかったのか。いや、なぜ死体を取り出し、荷車に載せ、エルサレムの中心部で引き回さなかったのか。そうしていれば、教会を潰すことができたのだ。生まれたばかりの教会ではなく、生まれる前の教会を。

英国の神学者・哲学者であるW・ペイリーはこう記している。「キリストのからだを手にしていたのならば、ユダヤ人たちが出し

そのとき、ペテロは聖霊に満たされて、彼らに言った。「民の指導者たち、ならびに長老の方々。私たちがきょう取り調べられているのが、病人に行った良いわざについてであり、その人が何によっていやされたか、ということのためであるなら、皆さんも、またイスラエルのすべての人々も、よく知ってください。この人が直って、あなたがたの前に立っているのは、あなたがたが十字架につけ、神が死者の中からよみがえらせたナザレ人イエス・キリストの御名によるのです。『あなたがた家を建てる者たちに捨てられた石が、礎の石となった』というのはこの方のことです。この方以外には、だれによっても救いはありません。天の下でこの御名のほかに、私たちが救われるべき名は人に与えられていないからです」（使徒4：8〜12）。

て見せただろう。それがクリスチャンの主張に対する最も端的で完全な応答だったのだから。……しかし、公の場でキリストが復活したと語られたとき……ユダヤ人たちにはみなの前にさし出すからだがなかったのだ」（Paley, VEC, 196-98）。

ユダヤ人が沈黙を守ったことについて、J・ウィットワースがこう書いている。

「この［窃盗の］噂は後にユダヤ人の間に広まり……『まもなくエルサレムでは、使徒たちが主の復活を大胆に公に宣べ伝えたことで裁判が行われたのだが、その際、窃盗が問題にされることは一度もなかった』。弟子たちが盗み出したという噂を広めたのはユダヤ人指導者たちだが、その彼らの前で『窃盗』が問われることはなかったのである。……そして、この噂は根拠のないものとしてまもなく消滅した」（Whitworth, LHP, 66）。

7.2.2.3.2　からだを移動したのはローマ人なのか。

　からだを墓に納めたままにした方が総督には好都合だった。ピラトの最大関心事は平和の維持であった。からだを移動すれば、ユダヤ人とクリスチャンの間に余計な混乱を起こすことになる。

　ピラトについてはJ・N・D・アンダーソンが語っている。「ピラトはこの奇妙な教えに狼狽していた。からだを移動させたのが彼であったのなら、そんなピラトが祭司長たちに情報を提供しなかったはずはない」（Anderson, RJC, 6）。

　ピラトはただ平穏を欲していたのである。

7.2.2.3.3　からだを移動したのはアリマタヤのヨセフなのか。

　ヨセフが弟子であることは知られていなかった。したがって、他の弟子たちの意見を聞くことなしにからだを移動することはなかったであろう。

　ヨセフが他の弟子たちに相談せずにキリストのからだの移動

> 　明確な史実を認めずに最も奇想天外でありえない作り話を信じる懐疑論者の盲信に比べれば、キリストの復活を信じる信仰の単純さはかわいいものだ。信じることの難しさは大きいだろう。しかし、信じないことの愚かさはもっと大きい。
> 　　　　――ジョージ・ハンソン

を敢行したのであれば、復活が公に宣べ伝えられているときに、自分がしたことを必ず伝えたことであろう。

7.2.2.3.4　結論として、事実はキリストのからだが移動されたという説を否定している。

　G・ハンソンは言う。「明確な史実を認めずに最も奇想天外でありえない作り話を信じる懐疑論者の盲信に比べれば、キリストの復活を信じる信仰の単純さはかわいいものだ。**信じることの難しさ**

350

は大きいだろう。しかし、信じないことの愚かさはもっと大きい」
（Hanson, G., RL, 24）。

7.3　幻覚説

7.3.1　見解

復活のキリストが姿を現したとされるのは、ただそう見えただけ
である。実情は——幻覚を見たのである。

7.3.2　反論

7.3.2.1　キリストが姿を現すことはそれほど重要だったのか

C・S・ルイスはこう述べている。

　「キリスト教の草創期において、『使徒』とは、まず第一に復活
の証人であった。十字架刑から数日後、ユダの裏切りによってで
きた欠員を補充するためにふたりの候補
者が指名された。そのとき挙げられた資
格は、イエスの生前および死後において
イエスと個人的な関係を持っていたこと、
また復活の直接的目撃証言を提供できる
ことであった（使徒1：22）。数日後、
聖ペテロがキリスト教史上最初の説教を
行ったときも同じ主張をした——『神は
このイエスをよみがえらせました。私た
ちはみな、そのことの証人です』（使徒
2：32）。聖パウロも自分が使徒である根拠として、同じ条件を挙
げている——『私は使徒ではないのでしょうか。私は私たちの主

　［幻覚説によると］
ペテロたちが受診で
きるよい精神科医が
いたならば、キリス
ト教会は存在しな
かっただろう。
　——グレシャム・メイ
チェン

イエスを見たのではないでしょうか』」(Lewis, M, 148)。

7.3.2.2 復活したキリストの姿が幻覚なら問題か

ルイスの定義によると、キリストが姿を現した場面をすべて幻覚とするなら、使徒職はなんの価値もないものとなる。

もしそうなら、G・メイチェンが言うように、「キリスト教会は1世紀の人々の病理的な経験の上に成り立っていることになる。ペテロたちが受診できるよい精神科医がいたならば、キリスト教会は存在しなかっただろう」(Kevan, RC, 10-11)。

J・N・D・アンダーソンは使徒たちによる証言の信憑性について「それが真実かどうかにすべてがかかっている」と言っている (Anderson, DCR, 100)。

7.3.2.3 幻覚とは

W・スミスは言う。

「今まで私が見た中で一番納得のできる幻覚の**定義**はワイスによるものである。『この語の科学的な意味は、対応する外部の対象が存在しないにもかかわらず、一種の視覚現象が起こることである。外の光波やエーテルの振動による刺激は一切ないのに、視覚神経が内部の生理学上の要因で刺激される。同時に、幻覚を体験している人には完全に「実在する」もののように受け入れられる。幻覚の対象が実際に目の前にあると信じ切ってしまうのである』」(Smith, TS, 581)。

7.3.2.4 復活したキリストの姿は幻覚だったのか

弟子たちが体験したのは幻覚ではなかった。新約聖書の証言は幻覚説とは真っ向から対立する。

H・ストラトンはこう言っている。「幻覚を見るような者が道徳的英雄になることは決してない。イエスの復活は人々の人生を変え続けた。そして初期の証人たちの多くが、この真理を宣べ伝えたことで死ぬことになったのである」(Straton, BLR, 4)。

7.3.2.5　幻覚説には真実性はない。精神科医によれば、幻覚はある一定の原理・原則に従うが、幻覚説はその原理・原則と矛盾しているからである。

7.3.2.5.1　通常、幻覚を見るのは特定のタイプの人だけである（Anderson, RJC, 4-9）(Little, KWhyB, 67-69)(Peru, OPC, 97-99)。

興奮しやすい、想像にふけりがち、非常に神経質といった人々である。

復活したキリストが現れたのは、特殊な心理状態にある人に対してだけではない。

J・R・W・ストットは言う。

「人によって気分はさまざまであった……。

マグダラのマリヤは泣いていた……。

婦人たちは恐れをいだいており、驚いた……。

ペテロは自責の念でいっぱいだった……。

……トマスは疑念でいっぱいだった。

エマオに向かっていたふたりはその週の出来事のせいで注意散漫だった。

……ガリラヤにおける弟子たちは漁のことで気が散っていた。

主の啓示を、錯乱状態で見た幻覚として片づけることはできない」(Stott, BC, 57)。

7.3.2.5.2　幻覚は個人の潜在意識においてその人の過去の体験と結びついている（Anderson, RJC, 4-9）（Little, KWhyB, 67-69）（Peru, OPC, 97-99）。

7.3.2.5.2.1　幻覚は実に個人レベルのものであり、非常に主観的なものである。

H・クルーラー著『知覚の精神病理学』は著名な神経生物学者のことばを引用している。「モーグは、幻覚の神経生物学に関する論文の中で、幻覚や関連現象に最も顕著な特徴は、変わりやすさである、と述べている。モーグにとって幻覚は静的現象ではなく、本質的には動的なプロセスである。その不安定性は、その原因と関連する諸要素・諸条件の不安定性を反映している」（Kleurer——Hoch, PP, 18 における引用）。

したがって、ふたりの人が同時に同じ幻覚を見る可能性はきわめて低い。

7.3.2.5.2.2　復活後のキリストの姿は多くの人が目撃している。

T・J・ソーバーンはこう断言する。

「人数もまちまちで、いろいろなときに、さまざまな状況の中で、心も精神も正常な（たとえば）500人もの人々が、あらゆる種類の感覚（視覚・聴覚・触覚）を経験し、その数々の経験が完全に主観的な幻覚である、ということは絶対に考えられない」（Thorburn, RNMC, 158-59）。

W・スミスは T・クライストリーブのことばを引用している。

「科学的に、グループ全体が同時に幻覚を見る可能性がないわけではない。ただし、そのような場合は常に**精神活動における病的な興奮**、および身体的にも病的状態（特に神経性疾患）が伴っている。さて、たとえ弟子たちの中にそのような病的状態にあった者が何人かいたとしても、全員がそうだったとは結論づけられない。弟子たちは気質・体質において実に多種多様な人々であった。ところが、次々とこの病的幻覚症状に陥ったというのだ。興奮気味であった婦人たちだけではない。神経質とはとてもいえない漁師ペテロも、ヤコブも、またエマオに向かったふたりの弟子、そして冷静で疑い深いトマスまでもが。そう、11人全員がいっぺんに、いや**500人以上の兄弟までもが同時に**病的状態になった。この人々がみな突然、ある種の自己欺瞞状態に陥ったというのだ。しかも、実にさまざまな時と場所で、いろいろな活動を行っている最中にそれが起こっているのだ（朝、墓のそばで。路上での会話中に。親密な仲間どうしで漁をしているときに）。各自の気分は実にさまざまであったし、心理的パターンも決して一様ではなかった。なのに、全員がその幻覚で、一致して『復活したキリストと出会った』と思うようになるのだ。そんなことは可能だろうか。単なる自己欺瞞、故意の嘘でありえるだろうか。自分の見たイエスが現実だったかどうか、後に真剣になって自問自答した者もあったにちがいない。F・D・E・シュライアマハーのことばは正しい。『弟子たちが内的なものを外的なものと勘ちがいしたと唱える者は、弟子たちは精神的に非常に脆弱だったと非難していることになる。弟子たちは精神的に弱いので、彼らのキリスト証言は無価値であり、そんな者たちを弟子として選んだキリストも人間理解が欠乏していたと言っているのに等しい。あるいは、キリスト自身が弟子たちをして、幻覚を見るように仕向けたのであれば、キリストは偉大なデマの創始者ということになる』」

(Christlieb——Smith, TS, 396-97 における引用)。

7.3.2.5.3 ふたりの精神科医 L・E・ヒンジーと J・シャツキーによると「［幻覚は］感覚機能への刺激に対するまちがった知覚作用、誤った応答である……。しかし、正常な人であれば、誤った思い込みをしても、他の諸感覚に助けられてそれが単なる幻覚であると納得するようになるのである」(Hinsie, PD, 280)。

キリストが姿を現したとき、それが「まちがった」知覚作用であったとは考えられない。

W・スミスによると、ルカは「調査対象を科学的に系統だって検討することに慣れ親しんでいた。ルカは『使徒の働き』の冒頭で、主が苦しみを受けた後、『数多くの確かな証拠をもって』（より字義的には『数多くの証拠の中で』）ご自身が生きていることを示された、と述べている」(Smith, TS, 400)。

さらにスミスは言う。

「科学者や心理学者が、何かが実在する証拠として求めるのは、まさに福音書が主イエスの復活として挙げているような証拠である。すなわち、肉眼で見え、人の手でふれることができ、人の耳で聞くことができるものである。これが経験的証拠というものである」(Smith, TS, 389-90)。

W・J・スパロウ＝シンプソンは「復活の主が姿を現された事例は、視覚・聴覚・触覚などの人間の感覚機能によって分析することができる。各現象は都合よくこの３つのグループに分けることができる」と述べている (Sparrow-Simpson, RCF, 83)。

「そしてまずは視覚についてである。視覚が最初に来るのは当

然である。人の注意を最初に引くのが視覚だからである。福音書ではさまざまな表現によって描写されている。

『イエスが彼女たちに出会って……』（マタイ 28：9）。

『イエスにお会いしたとき、彼らは礼拝した』（マタイ 28：17）。

『彼らの目が開かれ、イエスだとわかった』（ルカ 24：31）。

『彼らは……霊を見ているのだと思った』（ルカ 24：37）。

『わたしの手やわたしの足を見なさい。まさしくわたしです。わたしにさわって、よく見なさい。霊ならこんな肉や骨はありません。わたしは持っています』（ルカ 24：39）。

同様に第四福音書でも——

『私は主にお目にかかりました』（ヨハネ 20：18）。

『イエスは、その手とわき腹を彼らに示された』（ヨハネ 20：20）。

『弟子たちは、主を見て喜んだ』（ヨハネ 20：20）。

『私は、その手に釘の跡を見……なければ、決して信じません』（ヨハネ 20：25）。

『あなたはわたしを見たから信じたのですか』（ヨハネ 20：29）。

『弟子たちは主であることを知っていたので、だれも「あなたはどなたですか」とあえて尋ねる者はいなかった』（ヨハネ 21：12）。

『四十日の間、彼らに現れて……』（使徒 1：3）。

復活した主が姿を現されたとき、手と脇の傷跡を見せられた。聖ルカは手と足について語っている［ルカ 24：29 〜 40］……聖マタイはどちらにも言及していない。聖ヨハネは『その手とわき腹』に言及している（ヨハネ 20：20 〜 25, 27）」（Sparrow-Simpson, RCF, 183-84）。

「復活したキリストを見たという報告は触覚に訴える形でもな

されている……。この点を最も強調していることばといえば、なんと言っても聖ルカの福音書に見られるものである。『わたしにさわって、よく見なさい。霊ならこんな肉や骨はありません。わたしは持っています』（ルカ 24：39）。

それで、焼いた魚を一切れ差し上げると、イエスは、彼らの前で、それを取って召し上がった（ルカ 24：42, 43）」(Sparrow-Simpson, RCF, 92-93)。

T・ソーバーンはこう記している。

「マルコにおいて墓で見たとされる『幻覚』には**聴覚**体験が伴っていた。御使いは婦人たちに、行って、起こったことを弟子たちに伝えるように言ったのである（マルコ 16：5～7）……。

同様にマタイ（おもにマルコと同じ情報源）においても、婦人たちはイエスを見たと**同時に**イエスのことばを聞いている。そしてまた**さわってもいる**（マタイ 28：9～10)」(Thorburn, RNMC, 133)。

7.3.2.5.4 幻覚はふつう、起こる時間や場所が限定されている（Anderson, RJC, 4-9)（Little, KWhyB, 67-69)（Peru, OPC, 97-99)。

幻覚がふつう起こるのは——

• 郷愁の念を起こさせる場所か
• 思い出にふける気分になるときである。

キリストが現れた時間も場所も、証人たちに幻覚を見させる役割は果たさなかった。慣れ親しんだ環境にいたため、何かが起こったと思いこんだわけでもない。

J・R・W・ストットは「外的に好都合な環境はここに見られな

い」と述べている（Stott, BC, 57）。

「イエスが現れたのがすべて、イエスを思い起こさせる神聖な場所で起こったのであれば」、そして「弟子たちがずっと待ち望んでいた」のであれば「疑ったほうがいいかもしれない」（Stott, BC, 57）。

ストットはこう結論づけている。

「2階の広間に現れた話だけが残っているのであれば、疑ってみてもいいかもしれない。そこは、イエスが地上で彼らと過ごした最後の時間の特別な場所である。そこに集まった弟子11人が、イエスがいた場所を空席にして、過ぎ去りしすばらしい日々を思い出して感傷的になり、イエスが『戻って来る』と約束したことを思い出し、『そのとおり戻って来るのだろうか』『戻って来てほしい』と思い始めたところに、イエスが突然姿を現したことで、歓喜が頂点に達した──もしこんな話であるならば、弟子たちがひどい妄想の虜になっていた可能性は確かにあるかもしれない」（Stott, BC, 57）。

ケヴァンはW・R・ニコルのことばを引用している。「弟子たちはキリストを見たと思っただけではない。キリストとことばを交わした。いろいろな状況のもとで会話が交わされた。証人もたくさんいた。そのことも忘れないようにしよう」（Nicoll──Kevan, RC, 10における引用）。

J・オアは、弟子たちの経験が「キリストを一瞬見たというのではなく、『長時間の会話』だった」ことに注目している（Orr, RJ──Ramm, PCE, 186における引用）。

時間と場所がいかに多様性に富んでいたかを考えてみてほしい。

マタイ28：9, 10──朝早く、墓のあった場所で婦人たちに姿を現された。

ルカ 24：13 ～ 33――昼過ぎにエマオの途上で姿を現された。

ルカ 24：34、Ⅰコリント 15：7――真っ昼間に 1 対 1 の対話が 2 人の人に対してなされた。

ヨハネ 21：1 ～ 23――ある朝早く湖のほとりで。

Ⅰコリント 15：6――ガリラヤの山で 500 人以上の信者に姿を現された。

キリストが姿を現された時間と場所のこうした多様さが、単なる幻覚だとする説を不可能なものにする。

7.3.2.5.5 　幻覚を見るには、自分の願望を現実にするほどの肯定的な期待がなければならない（Anderson, RJC, 4-9）（Little, KWB, 67-69）（Peru, OPC, 97-99）。

7.3.2.5.5.1 　以下の原則は幻覚の特徴を示している。

W・ミリガンによると、幻覚を見る人は「確信ある願望を持っている、そしてその願望が現実になるという期待で興奮状態になっている」（Milligan, RL, 93-95）。

7.3.2.5.5.1.1 　「幻覚体験をするには、非常に強く願っていることがあり、そのため現実にはないものを投影し、自分の想像に現実を貼りつける必要がある」（Little, KWhyB, 68）。

7.3.2.5.5.1.2 　E・H・デイはこう述べている。「大勢の人間が同時に幻覚を見たり、異常な現象を想像上で知覚したりするには、一定量の、かなり長時間にわたる『心理面の準備』が必要である」（Day, ER, 51-53）。

7.3.2.5.5.1.3 　P・リトルはこう記している。「たとえば、戦

争で息子を亡くした母親は、息子が毎夕5：30に仕事から帰ったことを思い出す。毎日ロッキングチェアに腰掛けて思いにふける。ついには息子がドアから入って来るのを見て、息子とことばを交わす。この時点で現実との接点を失っている」（Little, KWhyB, 68）。

7.3.2.5.5.2　復活したキリストが姿を現したとき、信者たちは信じたかったから信じたのではなく、信じざるをえないようにされたのだ。

W・J・スパロウ＝シンプソンはこう記している。「したがって、復活後の目撃は内部で作り上げられたものではなく、むしろ外部から心に押しつけられたものである」（Sparrow-Simpson, RCF, 88）。

A・イーダーシャイムは「このような幻覚は、前もってその出来事が起こることを期待していたことを前提としているが、それはご存知のように本件の事実とは正反対のものだ」と言っている（Edersheim, LTJM, 626）。

> 幻覚説は、現れた人物がすぐにはイエスだとわからなかったことが3回もあったことで崩壊してしまう（でっち上げにしても、今まで人間の頭が作ったでっち上げの中でも最も奇妙である）。
> ——C・S・ルイス

E・H・デイは幻覚説に反対してこう書いている。「弟子たちが持っていた確信は、動かしがたい事実に基づいて到達したものである。それは、弟子たちがその確信に至るのにどれだけの時間がかかったかを見ればわかる」（Day, ER, 53-54）。

デイは「心理面の準備」がなかったことについて述べている。

「主が初めて現れたとき、弟子たちはそれぞれ、さまざまな精神状態にあったが、主に会えるという期待・予感・心備えはなか

ったのだ……。

　イエスの死は、『木につるされた者は、神にのろわれた者だからである』（申 21：23）というユダヤの律法を鮮烈に思い出させる死であった。その恥辱的な死に接し、弟子たちの信仰は揺さぶられた。彼らの間に最悪の事態を受け入れようとしない空気があったら、幻覚説は真実味を増すだろう。しかし、弟子たちの望みはあまりにも完全に砕かれ、回復は非常に遅いものだった」（Edersheim, LTJM, 53-54）。

　P・リトルによると、キリストの弟子たちを覆っていた雰囲気は、幻覚体験者に見られるようなものではなかった。「マリヤは日曜の早朝、香料を手にして墓にやって来た。なぜか。愛する主の遺体に塗るためである。主がよみがえっていることを期待していなかったことは明らかである。実際、最初に主の姿を見たとき、それが園の管理人だと思った。主が姿を現されたとき、弟子たちは、恐れ、霊を見ているのだと思った」（Little, KWhyB, 68-69）。

　A・イーダーシャイムはこう解説している。「聖ルカが残した記録は、『幻覚説』がありえないことを説明するために、計算して書かれたかのようだ。復活したキリストが現れたことは、弟子たちを喜ばせたどころか、恐れさせた。また弟子たちは、主を見て幽霊だと思った。そこでキリストは安心させようとして、『霊ならこんな肉や骨はない』と、自分にさわるように言われた、と記録している」（Edersheim, LTJM, 628）。

「復活がでっち上げだったら、新約聖書の各書は、細部にいたるまで一致するようにしたはずだ……」（Edersheim, LTJM, 628）。

　C・S・ルイスは言う。

　　「幻覚説は、現れた人物がすぐにはイエスだとわからなかった

ことが3回もあった（ルカ24：13〜31、ヨハネ20：15；21：4）ことで崩壊してしまう（でっち上げにしても、今まで人間の頭が作ったでっち上げの中でも最も奇妙である）。……すべての人の顔を造った全能の神は、同一人物だとわかる程度の似た顔すら造ることができないほど不器用であろうか」（Lewis, M, 153）。

7.3.2.5.6　幻覚はふつう、長期間にわたり、目立った規則性をもって繰り返されることが多い（Anderson, RJC, 4-9）（Little, KWB, 67-69）（Peru, OPC, 97-99）。

幻覚というものはある転換期に到達するまで頻度を増し続けるか、だんだん頻度を減らしてなくなっていくか、そのどちらかである。

C・S・ルイスはこう述べている。「すべての記録は、復活したからだの目撃がやんだことを示唆している。死後6週間たったとき、突然やんだと言っている書もある……。幻影ならただ消えてなくなるが、実体のあるものなら、どこかに行く必要がある──何かが起こったにちがいない」（Lewis, M, 153-54）。

「幻覚であったならば、記録に残る最も欺瞞的な幻覚といえよう。しかし、現実であったのなら、現れなくなった後で何かが起こったのだ。昇天を否定しておいて、それに代わる説明を何もしないのは不誠実だ」（Lewis, M, 154）。

ヘイスティングズの『使徒的教会辞典』（*Dictionary of the Apostolic Church*）は次のように記している。「この説は、目撃がこれほど突然やんだという事実と調和しない。40日後に、復活した主が姿を現された記録はない。例外は聖パウロに対する顕現であるが、その状況と目的はまったく例外的なものだった。したがって、空想が生みだしたものではない。カイムが言うように『一度呼び出された霊はそう簡単には静められない』のだ」（Hastings, DAC, 360）。

ケヴァンは疑問を投げかける。「……もし復活した救い主の姿が

幻覚であったならば、これほど突然やんだのはなぜなのか。昇天の後も見たいと思った者はいたであろうに、幻影を見る者がいなくなったのはなぜなのか。マリンズ博士の意見では、『幻覚なら、500人が影響された後で慢性的なものになったはずだ。幻覚の後に、躍動的な伝道が始まることは考えられない』」(Kevan, RC, 11)。

7.3.3　そこから引き出される結論

W・コーデュアンは幻覚説のまとめとしてこう述べている。

「この説で問題なのは、復活の報告記事が、幻覚症状について私たちが持っている知識にことごとく反している点である。イエスの復活は、幻覚症状に常に現れるパターンを逸脱している。幻覚症状は個人レベルで極端に不安定な心理状態から起こるものである。そんな状況において、幻覚症状は一種の願望実現として発生する。しかし、復活後の状況はそれとは著しく異なり、弟子たちはイエスが死んだ事実を受け入れていた。彼らは漁師などの元の生活に戻った。それゆえ弟子たちは、主が現れたとき驚くしかなかった。最も重要なことは、復活が**複数のグループ**によって目撃され、各グループの全員が同じものを見ているということである。幻覚症状では決してそのようにはならない。したがって、復活した主が幻影であることはない」(Corduan, NDA, 221)。

J・R・W・ストットはこう語っている。「弟子たちは簡単にだまされるような者たちではなかった。むしろ慎重で疑い深く、簡単には信じない質であった。簡単に幻覚を見るような者ではなかった。変な幻覚を見たところで満足しなかったであろう。弟子たちの信仰は、検証可能な体験に基づいていたのだ」(Stott, BC, 57)。

T・J・ソーバーンによると「幻覚に影響された人々がとてつも

なく大規模な仕事にとりかかることはないし、その仕事中、きわめ
て厳格で自己犠牲的な人生、そして苦難をいとわない人生を送るよ
うになることもない。端的に言うなら……サンデー博士のことばの
とおり、『幻影、単なる幻覚が世界を動かしたことは一度もない』」
(Thorburn, RNMC, 136)。

7.4　誤認説（女性たちもほかの者も墓をまちがえたとする説）

7.4.1　見解

K・レイク教授はこう述べている。

　「婦人たちの訪れた墓が、アリマタヤのヨセフがイエスのから
だを葬った墓であったかは、実に疑わしい。エルサレム周辺は岩
の墓がたくさんあり、見分けるのは容易ではなかったはずだ……。
葬られたときに婦人たちが墓の近くにいたというのも非常に疑わ
しい……。おそらく遠くから眺めていたのであろう。また、アリ
マタヤのヨセフは弟子たちの代表ではなくユダヤ人の代表だった。
であれば、婦人たちがまちがった墓に行ってしまった可能性は十
分考えられる。また、墓がふさがれるのを見ていたにもかかわら
ず、日曜の朝、墓が開いているのを目撃したというのも自然に説
明することができる。

　もし同じ墓ではなかったのだとすれば、すべての出来事のつじ
つまが合う。婦人たちは朝早く、主が葬られたはずの墓にやって
来た。墓の入り口がふさがれていると思っていたが、開いていた。
すると、青年が……彼女たちの意図を察して場所ちがいであるこ
とを教えようとし、『ここにはおられません。ご覧なさい。ここ
があの方の納められた所です』と言い、おそらく隣の墓を指さし
たのだろう。しかし、婦人たちは自分たちが何のために来たかを

知られたと思い、恐れて逃げたのである」(Lake, HERJC, 250, 251, 252)。

7.4.2　反論

　婦人たちが日曜の朝に空の墓を訪れたことは、新約の中でもその事実性が最も確立されている記録のひとつである。K・レイクもそれを受け入れている。

　F・モリソンはこう説明している。「婦人たちの体験は現存する最古の聖マルコの福音書に見られる。聖マタイと聖ルカも同じ話を

　幻覚に影響された人々がとてつもなく大規模な仕事にとりかかることはないし、その仕事中、きわめて厳格で自己犠牲的な人生、そして苦難をいとわない人生を送るようになることもない。端的に言うなら……サンデー博士のことばのとおり、「幻影、単なる幻覚が世界を動かしたことは一度もない」。
　　　　　　──Т・J・ソーバーン

記しており、マグダラのマリヤに関する限り聖ヨハネにも確認されており、また外典のペテロの福音書にも見られる。そして、他の伝承からは独立して記されたルカ24：13〜14の『エマオの途上』の記録にも見られることである」(Morison, WMS, 98)。

　レイクは婦人たちの訪問を史実として受け入れているが、墓での出来事についての推量は、まったく的外れである。

　7.4.2.1　イエスのからだが葬られた場所を女性たちが注意深く確認してから、まだ72時間もたっていなかった。

「そこにはマグダラのマリヤとほかのマリヤとが墓のほうを向いてすわっていた」(マタイ27：61)。

「マグダラのマリヤとヨセの母マリヤとは、イエスの納められる所をよく見ていた」(マルコ15：47)。

「ガリラヤからイエスといっしょに出て来た女たちは、ヨセフにつ

いて行って、墓と、イエスのからだの納められる様子を見届けた」
（ルカ 23：55）。

　この女性たちが、ほんの 72 時間前に敬愛する人物が葬られた場
所をそんなすぐに忘れるだろうか。

7.4.2.2　女性たちは自分の体験を弟子たちに報告し、その後ペ
テロとヨハネも墓が空であるのを確認した。

　「それで、走って、シモン・ペテロと、イエスが愛された、も
うひとりの弟子とのところに来て、言った。『だれかが墓から主
を取って行きました。主をどこに置いたのか、私たちにはわかり
ません。』そこでペテロともうひとりの弟子は外に出て来て、墓
のほうへ行った。ふたりはいっしょに走ったが、もうひとりの弟
子がペテロよりも速かったので、先に墓に着いた。そして、から
だをかがめてのぞき込み、亜麻布が置
いてあるのを見たが、中に入らなかっ
た。シモン・ペテロも彼に続いて来て、
墓に入り、亜麻布が置いてあって、イ
エスの頭に巻かれていた布切れは、亜
麻布といっしょにはなく、離れた所に
巻かれたままになっているのを見た。
そのとき、先に墓に着いたもうひとり
の弟子も入って来た。そして、見て、
信じた」（ヨハネ 20：2 ～ 8）。

　［たとえ婦人たち、
弟子たち、ローマ人た
ち、ユダヤ人たちの全
員が墓を間違えたとし
ても］墓の所有者であ
るアリマタヤのヨセフ
が、まちがいなく問題
を解決してくれたこと
であろう。
　　　──ポール・リトル

ペテロとヨハネも墓をまちがえたとい
うのだろうか。

　P・リトルは「ペテロとヨハネまでもが同じまちがいをしでかす

367

とは到底考えられない」と述べている（Little, KWhyB, 65）。

7.4.2.3 さらに、岩の上にすわっていた御使いは「来て、納めてあった場所を見てごらんなさい」（マタイ 28：6）と言った。御使いもまちがえたと考えるのか。

W・スミスは言う。

「墓をまちがえたという説を押し通そうとして、御使いのことばの真意は『あなたがたは場所をまちがえている。こちら側に来て、主のからだが納められている場所を見なさい』ということだ、と唱えた者がいる。

新約聖書は1900年間にわたって研究されてきたが、現代になって初めて**そんな解釈**が提出されたのだ。そして、福音書の信頼できる注解書で、こんなばかげた解釈を受け入れているものはひとつもない」（Smith, TS, 381-82）。

7.4.2.4 婦人たちがまちがった墓（空の墓）に行ったのであれば、そしてイエスが復活していないのであれば、サンヘドリンは本物の墓に行ってからだを出して見せればよかったのだ。それで弟子たちを黙らせることができたはずである。

祭司長ら、キリストの敵が墓をまちがえることは決してなかった。

7.4.2.5 たとえ婦人たち、弟子たち、ローマ人たち、ユダヤ人たちの全員が墓をまちがえたとしても、P・リトルが指摘しているとおり、ひとつだけ確かなことがある。「墓の所有者であるアリマタヤのヨセフが、まちがいなく問題を解決してくれたことであろ

う」(Little, KWhyB, 65)。

7.4.2.6 マルコの記述はこうである。

「それで、墓の中に入ったところ、真っ白な長い衣をまとった青年が右側にすわっているのが見えた。彼女たちは驚いた。青年は言った。『驚いてはいけません。あなたがたは、十字架につけられたナザレ人イエスを捜しているのでしょう。あの方はよみがえられました。ここにはおられません。ご覧なさい。ここがあの方の納められた所です』」(マルコ16：5, 6)。

レイク教授はマルコ16：6の一部しか引用していない。青年が言ったことばを部分的に引用し、「あの方はよみがえられました」という重要部分をなぜか無視している。新改訳と比較してみよう。

【レイク版】
「ここにはおられません。ご覧なさい。ここがあの方の納められた所です。」

【実際の聖書のことば】
「あの方はよみがえられました。ここにはおられません。ご覧なさい。ここがあの方の納められた所です。」

レイクによる聖句の誤用について、J・N・D・アンダーソンは「学術的正当性はいっさい見当たらない」と言っている（Anderson, RJC, 7）。
　聖書の記録が正しいなら、レイクの説は成り立たないのだ。

7.4.2.7　アンダーソンはレイクの説を支持する者たちに対して、もうひとつの問題を投げかけている。

「婦人たちが弟子たちの所に戻ったとき、弟子たちは次のいずれかの行動をとったであろう。婦人たちの報告が事実かどうかを確かめるために墓に行くか、ただちに復活のメッセージを宣べ伝え始めるか」（Anderson, RJC, 7）。

しかしながら、そのような宣教が始まったのは7週間後であった。

アンダーソンはこう記している。「聖書記者たちがその7週間のずれをでっち上げる動機はまったく見当たらない。すると、婦人たちはこの話を長期間使徒たちに伝えなかったのだ、と説明する。なぜ伝えなかったのか。使徒たちがガリラヤに逃げたからだ、と言う」（Anderson, RJC, 7）。

この点についてF・モリソンは次のように述べている。

「婦人たちと男の弟子たちの間に密接な関係があったことを考えると、レイク教授の説は深刻な問題にぶつかる。レイク教授は、婦人たちが日曜の朝までエルサレムにいたとせざるをえない。婦人たちが墓に行ったことは事実だと認めるからだ。一方、弟子たちは日曜の夜明け前にはエルサレムを離れ、ガリラヤに向かっていたとせざるをえない。婦人たちが沈黙を守っていたと考えるからである。

そして、婦人たちが後になって出来事を伝えたとするなら、こういうことになる——弟子たちは故郷に帰り、特殊な体験をして数週間後に首都に戻って来たが、その間、婦人たちはずっとエルサレムにとどまっていた」（Morison, WMS, 10）。

7.4.2.8　J・R・W・ストットは、この女性たちは悔恨の涙で目が閉ざされていたわけではなく、明確な目的をもって墓に行った

ことを指摘している。「婦人たちはすでに香料を買い求めており、その日、主のからだに塗る作業を完了させるつもりだった。2 日前は安息日が迫っていたためにその場しのぎの処置しかできなかったからである。この献身的で実践的な女性たちが、簡単にだまされたり、仕事を放棄したりするはずはない」(Stott, BC, 48)。

7.4.2.9　これは公共墓地ではなく私有地であった。他の墓とまちがえるはずがない。W・スミスはこう述べている。「レイクの説があまりにも奇想天外なので、A・E・J・ローリンソン教授（保守派ではない）はマルコの注解書の中で言及せざるを得なかった。『婦人たちがまちがった墓に行き、居合わせた人が正しい墓を教えようとしたときも誤解してしまった、というのは、この聖書箇所の真意からは、はなはだ逸脱している』」(Smith, TS, 382)。

7.4.2.10　M・テニーは「レイクは、なぜ『青年』[マルコ16：5]がそんなに早い時間に公共墓地もしくは私有墓地にいたのかを説明できていない」とする (Tenney, RR, 115-16)。

「赤の他人がその墓に引き寄せられる理由は何か。それがもし赤の他人でなく、弟子のひとりが独自に調査を行っていたのであれば、その弟子を見て婦人が恐れを感じたのはなぜか」(Tenney, RR, 115-16)。

さらにこうも述べている。「レイクはマルコの記事に依拠しているが、マルコは青年が墓の中にすわっていたと述べている[5 節]。したがって、婦人たちが墓をまちがえたという意味ではありえない……。そうではなく、イエスがもうそこにはおられなかったという意味である。婦人たちにはイエスが納められた墓を確認できたが、からだは消えてしまっていたのだ」(Tenney, RR, 115-16)。

7.4.2.11 「青年」は園の管理人だったとする者もある。しかし、F・モリソンは言う。

「この説は、一見理にかなっているようだが、ひとつの弱点がある。まだ暗過ぎて婦人たちが誤って別の墓に行ってしまったのであれば、園の管理人が働いていた可能性はきわめて低い。園の管理人が働き始める時間であり、十分明るかったならば、婦人たちがまちがえる可能性は低い。この説は、可能性が非常に低いふたつの条件が一致しない限り成り立たない。しかしながら、これは誤認説につきまとう問題の一部でしかない。この説は、知的に検証するならば難点だらけで、事実である可能性は低い」(Morison, WMS, 97)。

また、ある者たちが主張するように、「青年」が園の管理人であったのであれば、祭司たちがその管理人の証言を、キリストのからだがまだ墓にある証拠として採用しなかったのはなぜなのか (Morison, WMS, 101-2)。

この青年は園の管理人ではなく、天の御使いだったのだ（マタイ 28：1～10）。

キリストの墓が空であったことはみんな**知っていた**——真の問題は、**どのようにして**そうなったのか、ということである。

7.4.2.12 墓をまちがえたとするレイク教授の説をどう考えるべきか。

G・ハンソンは言う。「私が復活に対して何らかの疑念を抱いていたとすれば、レイク教授の説は私の疑いの中和剤として非常に役立つ。私はデ＝ヴェッテの著書『福音派の歴史の史的批評』(p. 229) の意見に同意せざるをえない。『復活は、払いのけることので

きない闇がその周辺に残るとしても、疑うことのできない**事実**である』」(Hanson, G., RL, 8)。

W・スミスは英国の学者モース教授の意見を紹介している。「婦人たちが墓をまちがえたとする説は、何かの証拠から生まれたものではなく、主の墓が超自然的な方法で空になった可能性を信じようとしない態度から来るものである」(Smith, TS, 382)。

8 結論——イエスは確かによみがえられた！

J・W・モンゴメリーはこのように述べている。

「イエスの公生涯の最古の記録を読むと、この人物は『善を行った』というより意識的に自分の損となることをして回っていた、という印象が強く残る。

ソクラテスと比べてみると、この点は明瞭になる。両者とも、最終的には死に追いやられるほどに人々を激怒させた。しかし、ソクラテスがアテネの聴衆に『なんじ自身を知れ』——吟味されていない自分自身の生き方を吟味せよ——とうるさく要求し続けたのに対し、イエスは『わたしをだれだと言うか』という問いかけを人々に突きつけることによって、疎んじられた。イエスは、『人々は人の子、わたしをだれだと言っていますか。……あなたがたは、わたしをだれだと言いますか。』『あなたがたは、キリストについて、どう思いますか。彼はだれの子ですか』と質問をしたのである」(Montgomery, HC, 12)。

キリストは自分が何者であるか、非常に明確に伝えられた。トマスには「わたしが道であり、真理であり、いのちなのです。わたしを通してでなければ、だれひとり父のみもとに来ることはありませ

ん」（ヨハネ 14：6）と言われた。

使徒パウロは、キリストが「聖い御霊によれば、死者の中からの復活により、大能によって公に神の御子として示された方」（ローマ 1：4）であると証言する。

ハーバードの法学部教授 S・グリーンリーフは言う。

「キリスト教が人々に求めるのは……一貫性を保つこと、他の事例で証拠を扱うときと同じようにその証拠を扱うこと、そして一般の法廷で人の言動についてなされる証言を扱うときと同じようにその登場人物や証人

証人たちを彼ら自身の他の言動と、また証人どうしと、さらには関連する事実や状況と比較するがよい。そしてその証言を、法廷でなされたものとして、証人を厳しい反対尋問にかけるかのように、精査するがよい。その結果、この証人たちが真実を語っていること、誠実であること、十分な証言能力があることを認めざるを得なくなるだろう。
——サイモン・グリーンリーフ
ハーバード大 法学教授

を審理することだけである。証人たちを彼ら自身の他の言動と、また証人どうしと、さらには関連する事実や状況と比較するがよい。そしてその証言を、法廷でなされたものとして、証人を厳しい反対尋問にかけるかのように、精査するがよい。その結果、この証人たちが真実を語っていること、誠実であること、十分な証言能力があることを認めざるを得なくなるだろう」（Greenleaf, TE, 46）。

G・B・ハーディはこう言っている。
「これが完全な記録である。

孔子の墓——使用中

釈迦の墓——使用中
ムハンマド（マホメット）の墓——使用中
イエスの墓——空」　　　　　　（Hardy, C）

結論は明白である。すべてのことは証拠によって明らかである。

キリストは確かによみがえられたのだ！

10　神性の証明——仮定からの論証

神が人になったなら、まちがいなくどんな人間よりもすぐれたことを言うと予想される
　　　新約聖書の記録
　　　すぐれたことば

神が人になったなら、世界規模の影響を永遠に持つと予想される

神が人になったなら、人間の霊的な飢え渇きを満たすと予想される

神が人になったなら、人類に最も恐れられている最大の敵（死）を克服すると予想される
　　　イエスの死
　　　イエスの葬り
　　　イエスの復活

1 はじめに

「神が人になったなら、**どんな人**になっただろうか。」

「イエスは神のご性質を持っていたのだろうか。」

この問いに答えるには、「神が人になるとしたら、どんな理由からであろうか」と問い直してみればいい。

ひとつの理由は、人間とのコミュニケーションを促進することにある。鍬で畑を耕す農夫が蟻の巣に近づいていたとしよう。あなたは蟻が大好きなので、巣に駆けよって、その小さな生き物たちに大声で危険を伝える。しかし、蟻は理解できず、そのまま働き続けている。あなたはいろんな方法でコミュニケーションをとろうとするが、やはり蟻たちに警告は届かない。では、どうするか。自分が蟻になって語りかけるしかない。

人類の歴史が始まって以来、神は人にメッセージを届けるためにさまざまな方法をとってこられた。そして最後にご自分のひとり子を世に送られた。ヘブル人の手紙の冒頭に、「神は、むかし父祖たちに、預言者たちを通して、多くの部分に分け、また、いろいろな方法で語られましたが、この終わりの時には、御子によって、私たちに語られました。神は、御子を万物の相続者とし、また御子によって世界を造られました」(1：1, 2) とある。ヨハネの福音書は、「ことばは人となって、私たちの間に住まわれた。私たちはこの方の栄光を見た。父のみもとから来られたひとり子としての栄光である。この方は恵みとまことに満ちておられた。……いまだかつて神を見た者はいない。父のふところにおられるひとり子の神が、神を説き明かされたのである」(1：14, 18) と述べている。

預言者たちは神のことばを届けたが、イエスは、人のかたちをとられた神のことばそのものである。神は、ことばをとおしてだけで

なく、ご自身を直接私たちに現されたのである。私たちが手でふれ、耳で聞き、目で見ることのできるように、神ご自身をくださった。私たち人間のレベルにまで下がり、同時に私たちを神のレベルに引き上げてくださったのである。

それだけでなく、神は私たちをどんなに愛しているかを示そうとされた。「神は、実に、そのひとり子をお与えになったほどに、世を愛された。それは御子を信じる者が、ひとりとして滅びることなく、永遠のいのちを持つためである。神が御子を世に遣わされたのは、世をさばくためではなく、御子によって世が救われるためである」（ヨハネ 3：16, 17）。使徒ヨハネはさらに「神はそのひとり子を世に遣わし、その方によって私たちに、いのちを得させてくださいました。ここに、神の愛が私たちに示されたのです。私たちが神を愛したのではなく、神が私たちを愛し、私たちの罪のために、なだめの供え物としての御子を遣わされました。ここに愛があるのです」（Ⅰヨハネ 4：9, 10）とも言っている。

P・ヤンシーは著書『だれも書かなかったイエス』（いのちのことば社、1997 年）で、そのことを印象深く表現している。

「確かにユダヤ人は恐れと崇拝を結び付けていた……。神は飼い葉おけに寝かされた赤ん坊となっておどろくべき出現を果たした。手足がはみ出さないようにぴっちりと布でくるまれた赤ん坊以上にこわくないものがあろうか。神はイエスの中に、恐怖なしで人間と関係をもつ方法を見出されたのである……。

私は塩水を入れた水槽を管理していて、受肉について学んだことがあった……。水槽の上に私の影がかかる度に、彼らはいちばん近くにある貝殻の中に隠れようともぐっていった。彼らが私に見せた唯一の『感情』は恐れだった。私がスケジュール通り日に三回、水槽の蓋を開けて食べ物を落としてやる時も、魚たちはそ

の都度私が彼らに苦痛を与えようとしているしるしだと確信しているように反応した。私は彼らに、自分が本当は心配しているのだと説得することができなかった……。

　彼らの認識を変えるには受肉という形態をとる必要があると、私は気づくようになった。私が魚になり、魚にわかる言葉で『話しかけ』なければならないのだろう。

　人間が魚になることなど、神が赤ん坊になることと比べれば何でもない。しかしそれでも福音書によると、それこそがベツレヘムで起きたことだったのである。物質を創られた神が物質の中に形をなした。ちょうど芸術家が一枚の絵の中の一点になったり、脚本家が自分の書いた劇の中の人物になったりするようなものである。神は現実の人格だけを使って、現実の歴史のページに話を書いた。『言葉』は肉になったのである」（Yancey, JNK, 37-39）。

　自分が神だと言う人が本当に神かどうかは、どうすればわかるであろうか。ひとつは預言の成就によってである。神は人のことばで、人の思考に合わせて、何を期待すべきかを伝えることができる──ご自身が実際に人となられる、そのはるか以前に。そうすれば、神が人となってその預言を成就されたとき、預言されたのが神であると、世界中の人々が認めよう。これが神のなされたことである。

　預言者イザヤは、メシヤである神が来られることを預言した（イザヤ9：6──詩篇45：6；110：1と比較せよ）。聖書はこの方の使命について何度も語っている──「……と言われた事が成就するためであった」（マタイ2：15, 17, 23；13：14参照）。したがって、神が人類の歴史の中に入り、人として生活されたならば、どのような痕跡を残されると予想できるか。神が本当に人の姿をとって地上を歩まれたことはどうすればわかるか。神が歴史の中に姿を現されたなら、少なくとも8つの痕跡が見つかると私は考える。

神が人になったなら次のような人物像が予想される：

1. まったくユニークなしかたで誕生される
2. 罪を持たない
3. 超自然的な存在であることを超自然的な行為（奇跡）に
   よって表す
4. どんな人間よりも完璧な生涯を送る
5. どんな人間よりもすぐれたことを言う
6. 世界規模の影響を永遠に持つ
7. 人間の霊的な飢え渇きを満たす
8. 人類に最も恐れられている最大の敵（死）を克服する

　これら8つの痕跡が明確に見られるのは、イエス・キリストの生涯をおいて他にはない、と私は断言する。イエスが人となられた神であることを疑う余地はない。歴史の中に神が人の姿をとって現れたときに予想される8つの人物像は、すべてイエスの生涯において実現している。

2　まったくユニークな誕生のしかた

　ムハンマド（マホメット）、孔子、釈迦、そして他のすべての人は自然の法則にしたがって（女性の卵子が男性の精子を受けることによって）受胎して生まれた。しかし、イエス・キリストは違う。イエスの受胎は、母がまだ処女であるときに起こった。イエスには人間の父親がいない。イエスが処女をとおして受胎し誕生したことは、人類史上まったくユニークな出来事である。

2.1 処女降誕に関する聖書の証言

処女降誕に関するおもな証言は、マタイとルカの福音書にある。ところが、旧約聖書はメシヤが通常ではない方法で誕生することを、両福音書の何百年も前に予告していた。イエスの処女降誕は、メシヤの登場に関する旧約預言と一致していなければならない。その旧約聖書預言の重要箇所はイザヤ7：14である。また、創世記3：15にも処女降誕が暗示されている。

2.1.1 創世記3：15

キリストの初臨に関する最初の預言は創世記3：15に見られる。この箇所で神は、女の子孫が蛇の頭を砕くと預言された。

旧約学者のC・ヴェスターマンはこう述べている。「エイレナイオスの時代以降、キリスト教会はこの箇所がキリスト（とマリヤ）についての預言であると理解してきた。『女の子孫』とは蛇の頭を砕くひとりの人物のことである。蛇の子孫は悪魔であり、『女の子孫』と死闘を繰り広げた後、ついには敗北を喫する。この説明はエイレナイオスに始まり、カトリック・福音派双方の釈義の歴史においてずっと継承されてきたものである」（Westermann, GAC, 260）。

米国福音派の聖書神学者のひとりとして長く指導的立場にあるJ・ワルヴードもそれに同意し、その著書『私たちの主イエス・キリスト』でこう語っている。「『女の子孫』が預言しているのは、神の御子の誕生である。ルカの系図のポイントもここにある（ガラテヤ4：4参照）。来たるべき救い主は女の子孫——人間——でなければならなかった。しかし、男の子孫と呼ばれておらず、そこに処女降誕がほのめかされている（イザヤ7：14、マタイ1：21, 22）。希望は将来女性から生まれる『子』にあること、その『子』をとおして神からの救いがもたらされること——これらのことがアダムにとって非常に明白なものとなったのだ」（Walvoord, JCOL, 57）。

ドイツのルター派の牧師K・ラバストも、著書の中で創世記3：15の伝統的見解を受け入れている。「女の子孫は……究極的な、最も深遠な意味では処女マリヤとその子孫キリストを指している」（Rabast, GADES, 120）。

旧約学者E・ヤングはこう言う。「ここにはキリストのことが語られているとする説も拒否すべきではない。やはり、サタンを敗北させるために、女性からひとりの人、すなわちイエス・キリストが生まれ、勝利を得られる、というのはまちがいないだろう。女の子孫は、致命的な打撃を与える贖い主のことであると理解される」（Rabast, GADES, 120）。

創世記3：15の最終的な成就は、メシヤであるイエス・キリストの到来にある。イエスは実際、処女であるマリヤから生まれることで「女の子孫」となられた――しかし、男から生まれることはなかった。

2.1.2　イザヤ7：14

イザヤ7：14の預言はもっとはっきりしている。「それゆえ、主みずから、あなたがたに一つのしるしを与えられる。見よ。処女がみごもっている。そして男の子を産み、その名を『インマヌエル』と名づける。」

この聖書箇所の解釈には、ふたつの重要なことを問うてみればいい。ひとつは、「処女」と訳されたヘブル語アルマーの意味が何であるか。もうひとつは、「処女」が誰を指しているか、である。

2.1.2.1　アルマーの意味は何か

単語の意味は文脈によって決定される。たとえば、英語のtrunkという語は、「彼女は4ドア・セダン車のトランクにスーツケースを入れた」という文では、車の後部にある保管スペースを意味する。

しかし「象は trunk をフェンスの向こう側に伸ばし、子どもの手からピーナツをつかみ取った」という文では、象の長い鼻を意味する。同様に、アルマーが何を意味するかは、その文脈を調べればわかる。

旧約聖書でアルマーは 7 回にわたって、若い女性を指すために用いられている（創 24：43、出 2：8、詩 68：25、箴 30：19、雅 1：3：6：8、イザヤ 7：14）。E・ヒンドソンは言う。「通常、アルマーは処女を意味する語でない。しかし、この語が用いられるときはいつも処女を表している。……聖書でアルマーが用いられるときに既婚の女性を指すことは一度もない。常に未婚の女性である」（Hindson, II, 7）。この事実はこの語を含む聖書箇所を見ることで確認することができる。

2.1.2.1.1　創世記 24：43

創世記 24 章で、エリエゼルがナホルに到着後、神に祈り、アブラハムの息子にふさわしい女性を見つけるための助けを求めている。16 節はリベカを「娘」と呼び、「非常に美しく、処女［ベトゥラー］で、男がふれたことがなかった」と言っている。後にエリエゼルはリベカを「おとめ＝処女［アルマー］」と呼んでいる（43 節）。

2.1.2.1.2　出エジプト記 2：8

この箇所に関して R・ニーセンはこのように記している。

「出エジプト 2 章は、幼児のモーセがパロ（ファラオ）の娘によって川から助け出された出来事を語っている。モーセの姉のミリヤムはそれを目撃し、パロの娘に駆け寄り、赤ん坊に乳を与えるためにヘブル人の女（自分の母親）を呼ぶことを提案する。『パロの娘が「そうしておくれ」と言ったので、おとめ［アルマ

ー〕は行って、その子の母を呼んで来た』（出2：8）。

2：4にミリヤムが登場することで、ミリヤムはモーセとさほど年が離れていないことがほのめかされている。それは、当時まだ母親の家に住んでいた事実によって確認できる。

この箇所から、この語〔アルマー〕の表す年齢的要素の中には処女性も含まれている、と言える。ミリヤムはティーンエイジャーであり、また処女であった。
——リチャード・ニーセン

この箇所から、この語〔アルマー〕の表す年齢的要素の中には処女性も含まれている、と言える。ミリヤムはティーンエイジャーであり、また処女であった」（Niessen, V, 137）。

A・マイヤーズも「〔モーセの姉のミリヤムが〕処女であったことはまちがいない（出2：8）」と述べている（Myers, UAOT, 139）。

2.1.2.1.3　詩篇68：25
この箇所で「タンバリンを鳴らしておとめら〔アルマー〕が行く」のは、「聖所」に向かう神なる王に随行する行列の一部としてである。この本文を解説する中でニーセンはこう述べている。「〔おとめらが〕売春婦とか不道徳な女性とかではなく、貞節な神のしもべであることは確かだ。それゆえ処女にちがいない。さらに、セム系の慣習では通常、婚礼の行列など、祝いの儀式に参加するのは独身女性であった。したがって、参加している若い女性たちは慣習により処女であったと結論づけてよい」（Niessen, V, 138）。

2.1.2.1.4　箴言30：19
この箇所の著者は自分にとって「不思議なこと」を4つ挙げてい

る。「天にある鷲の道、岩の上にある蛇の道、海の真ん中にある舟の道、アルマーへの男の道。そして20節で悪女を貞淑な女性と対比している」(Hindson, II, 7)。

ヒンドソンは箴言30：19の解釈をしながら、こう指摘している。「編者はこの箇所をそれに続く箇所と並べ、貞淑なおとめから自然にもたらされる祝福と、淫乱な女性の罪悪とを対比している。したがって、ここで描写されているのは処女であると解釈される」(Hindson, II, 7)。

ニーセンもこの箇所を同様に解く。「ここで描写されているのは、青年とうら若き娘との間の初々しい恋愛である。この箇所はこの娘の処女性については特にふれていないが、それを前提としていると思われる」(Niessen, V, 140)。

2.1.2.1.5 雅歌 1：3

「ソロモンによる恋の歌に含まれるこの部分では、花嫁が花婿についてこう言っている。『あなたの香油のかおりはかぐわしく、あなたの名はそそがれる香油のよう。それで、おとめら［アルマー］はあなたを愛しています。』J・ディアの説明によると『人の名前はその人の性格や評判を象徴するものだった（Ⅱサムエル7：9参照）。したがって、ソロモンの名を香料にたとえていることは、ソロモンが愛する者にとって心地よく魅力的な人格を備えていたことを意味する。同じ理由で多くの者がソロモンに引きつけられているとも言っている』(Deere, SS, 1011, 1012)。ソロモンの人格に魅せられた女性たちは、『既婚者ではなく、夫となる人を求めていながら、まだ得られないでいるおとめたちであった。ここでこの語［アルマー］は処女性を暗示している』」(Niessen, V, 140-41)。

2.1.2.1.6　雅歌6：8

この箇所では、王の宮廷に侍（はべ）る女性たちに、3つの立場があることに言及している。王妃・そばめ・おとめ［アルマー］である。ニーセンはこう述べる。

「王妃が既婚者であることは明白であり、そばめは今日でいう内縁の妻のようなものである。［おとめ］は、このふたつのグループの妻たちとは対照的な存在だった。おそらく未婚の女性であろう。おとめたちは王妃たちに仕え、やがては王の妻となる定めにあった。したがって、処女と考えるのがごく自然である。それはエステル記2章の出来事で確認できる。アハシュエロス王は新しい王妃を選ぶために、大勢の処女を集めた（2：1〜4）。きよさが必要不可欠だったので、彼女らは王の寝室に入る前に、1年かけて儀式上のきよめの期間を経なければならなかった（2：12, 13）。おとめたちの処女性は当然のこととされていたのである」（Niessen, V, 141）。

2.1.2.1.7　イザヤ7：14

R・D・ウィルソンはヘブル語聖書におけるアルマーの用法について研究した上でふたつの結論を導き出している。「第1に、知られる限りでは、アルマーが『若い既婚女性』という意味で用いられたことは一度もない。第2に、慣習法および用法上の前提は、すべてのアルマーは処女であり貞淑だということであった。これは今も変わっていない。したがって、リベカやイザヤ7：14のアルマー

旧約聖書にアルマーが出てくる7つの箇所で、処女でないと断定できる女性に用いられている箇所はひとつもない。

——グレシャム・メイチェン

388

など、すべてのアルマーが（そうでないと証明されるまで、または証明されない限り）処女であると考えるのは正当なことである」(Wilson, M᾽ AI, 316)。

J・G・メイチェンも著書『キリストの処女降誕』で同じ結論に到達している。「旧約聖書にアルマーが出てくる7つの箇所で、処女でないと断定できる女性に用いられている箇所はひとつもない。確かに、アルマーがベトゥラーのように処女という意味を持っているわけではない。むしろ『婚期に達した若い女性』という意味である。しかし、事実上処女でない女性を表すための語とは思われない」(Machen, VBC, 288)。

W・J・ビーチャーの権威ある小論『処女なる母に関する預言』も同じ判断を下している。「ヘブル語辞書によれば、ここ［イザヤ7：14］で処女と訳されているアルマーという語は、処女かどうかにかかわらず、大人の若い女性一般を表す語である。語源からすれば、確かにそのとおりである。しかし、聖書では、その意味を判別できるときは常に処女を表している」(Beecher, PVM, 179-80)。

言い換えるなら、アルマーが用いられている他の聖書箇所では処女性の意味を含んでいるため、イザヤ7：14でもアルマーが処女を表していると考えるべきである。この箇所の文脈は、預言されたアルマーが処女であることをはっきりさせる役割を果たしている。

2.1.2.1.7.1　歴史的背景

処女降誕のしるしは、ユダ王国の歴史でも特に苦悩に満ちた時代に与えられた。イザヤ7：1によると「アラムの王レツィンと、イスラエルの王レマルヤの子ペカ」がユダの首都エルサレムに対して戦いをしかけた。ユダの王アハズは狼狽し、援軍をアッシリヤに求めようとした。しかし、それには問題があった。ニーセンがそれを指摘している。

「アッシリヤは利己的で征服欲の強い国であった。この国との同盟を結べば、ユダの独立を危うくすることになる。主なる神が神殿から追い出され、アッシリヤの神々にとって代わられることは目に見えていた……。

イザヤはアハズに会い、神がエルサレムを救うことを保証し、アッシリヤに援軍を求めないように警告した。イザヤのメッセージの要点はこうである。①ふたりの王は『木切れの煙る燃えさし』──くすぶって消えかかっているたいまつの燃え残り──に過ぎず、心配するに及ばない（7：3〜9）。②神が本当にユダを救う力を持っている確かなしるしを、アハズは求めなければならない（7：10, 11）──しかし、アハズは拒んだ（7：12）。

アハズはイザヤが差し出したのがジレンマ（両刃の剣）であると知っていた。しるしを求めるならば、自身の名誉によっても世論によってもアッシリヤ人を呼び入れることはできなくなるだろう（いずれにせよ、そう決心するのだ）。……アハズは政治的理由と不信仰のゆえにしるしを求めなかった。……アハズを非難した上でイザヤは預言を続けた。『それゆえ、主みずから、あなたがたにひとつのしるしを与えられる。見よ。アルマーがみごもっている。そして男の子を産み、その名を「インマヌエル」と名づける（7：14）』」（Niessen, V, 142-43）。

2.1.2.1.7.2　しるしの性質

この文脈で、しるしは「非常に珍しいこと」「神だけが起こせること」、すなわち「奇跡」として理解すべきである。J・マーティンが言及しているように、このしるしは、「神が語られたことを確証する奇跡」であるはずだ（Martin, I, 1047）。A・バーンズも同意し、「神の約束やメッセージを証明するために与えられる奇跡」

であると述べている（Feinberg, VBOTI, 253）。

アハズが神にしるしを求めることを拒んだので、神ご自身がそのしるしを与えられた。神がご自身でしるしを決められたのだから、それは当然奇跡的なものであるはずだ。J・A・アレクサンダーもこう言っている。「［神からアハズに］そのような提案があった後で、［最終的に神が］与えられたしるしが日常的なものに過ぎず、せいぜい象徴的な名を当てはめただけだということは、まずありえない。イザヤのこの預言を語るときの厳粛さからしても、この推測は正しいといえよう。イザヤはふつうの出来事としてではなく、この預言的幻を見たときの驚きで語っているのだ」（Feinberg, VBOTI, 254）。

この状況にふさわしいしるしで神が提供できる最も困難なことは、生物学上まったく不可能なこと——医学的には処女である女性が奇跡的に男の子を産むことであった。
——リチャード・ニーセン

ヒンドソンは言う。「［神ご自身が与える］しるしは『あなたがた』（複数）に向けられており、最初の提案を拒否したアハズに向けられていないようだ。この事実も重要である。13 節でイザヤは『さあ、聞け。ダビデの家よ』と言っており、14 節の複数形『あなたがた』はこの 13 節との関連で考える必要があるらしい。文脈からわかるのは、差し迫った侵略行為で窮地に陥るのがダビデの王朝だということである。したがって、複数形『あなたがた』は、しるしの受け取り手である『ダビデの家』と解釈するのが適切なようだ」（Hindson, II, 6）。

さて、通常の妊娠ならば、超自然的なしるしという基準を満たすはずがない。宗教改革者 J・カルヴァンは的確な説明を残している。

「預言者が、男性によって妊娠した若い女性のことを語ったと

するなら、そのどこが不思議なのか。これを**しるし**だの奇跡だのというのはこっけいである。これが自然法則にそって妊娠する若い女性を表していると仮定してみよう。この預言者が非常にまれな出来事について語ろうと言った後で、ただ『若い女性が妊娠するであろう』と告げたのなら、あまりにもばかげている。したがって、預言者が、自然の法則にそってではなく、恵みあふれる聖霊の力によって妊娠する処女のことを語っていることは明白である」(Calvin, CBPI, 248)。

イザヤ7：14の中の重要な語を詳しく調べれば、カルヴァンの主張の裏づけをとることができる。イザヤ7：14で「みごもっている」と訳されているヘブル語ハレは「動詞でも分詞でもなく、形容詞の女性形で、それが分詞の能動態（『産み』）と連結している。そして、この光景が預言者の視界に入っていることを意味する」(Hindson, II, 8)。この語法および時制の用法は、何世紀も前に主の使いが荒野でハガルに語られたことばと似ている。「見よ。あなたはみごもっている。男の子を産もうとしている」(創16：11)。要するに、イザヤ7：14は「見よ。処女がみごもっている。そして男の子を産み……」と訳した方がよい。

E・ヒンドソンはこう解説する。

「[ハレが] ここで表している時制が現在形であることは実に明白である。……この箇所を解釈するには、付随する時間的要素を考慮することが非常に重要である。アルマーという語が『処女』を意味し、このアルマーがすでに妊娠中で男の子を産むところだとすれば、この娘は母であってもまだ処女である。この箇所が歴史上唯一の処女降誕——イエス・キリストの誕生——のことを語っているのでないなら、このことばはどんなに矛盾していること

か。**処女が妊娠**。どうすれば、処女が妊娠できるのか。ここで暗示されているのは、この子どもが奇跡的に父親なしで生まれ、母親は妊娠の事実にもかかわらずまだ処女とみなされる、ということである。ハレという語が現時点で妊娠中であることを暗示しているのと同様、アルマーという語は現時点で処女であることを暗示している。もし動詞の表す内容が未来形であるならば、（未来において）子を産むことになる処女が、その時点でも人妻とはならず、まだ処女である、という保証はない。しかし『処女』が『みごもっている』のであり、また処女であると同時に母親であることが明らかならば、これは処女降誕を指し示しているとしか考えようがない」（Hindson, II, 8）。

ニーセンは次のような結論に達している。「したがって、イザヤ7：14のしるしは自然の法則を超越したものだった。それはこの状況にふさわしく、今にも途絶えようとしているダビデの家系の存続という問題から見ても適切なしるしであった。この状況にふさわしいしるしで神が提供できる最も困難なことは、生物学上まったく不可能なこと——医学的には処女である女性が奇跡的に男の子を産むことであった」（Niessen, V'aI, 144）。

2.1.2.1.7.3　訳に見られる追加的証拠

処女を表すギリシャ語はパルセノスであり、ラテン語はヴィルゴである。ヘブル語でよく用いられる語のひとつはベトゥラーである（ベトゥラーが「処女」を意味するかどうかは文脈で判断しなければならないが）。R・D・ウィルソンは次のような見解を述べている。

「イザヤ7：14の七十人訳における訳（前200年ごろ）、マタイ1：23（後1世紀）、シリア語ペシッタ本（後2世紀）、ヒエロニ

ムスのラテン語ウルガタ訳（後400年ごろ）はすべてアルマーを
パルセノス（処女）か同義のベトゥラーやヴィルゴに訳している。
……イザヤ……の場合、七十人訳ができたのは前200年なので、
イザヤ7：14……においてアルマーをパルセノスと訳したのは、
訳者たちの考えでは正当な訳だったのだと推定される。したがっ
て、マタイ1：23でイザヤ7：14を引用しているのは、マタイの
福音書が書かれた時代までのユダヤの解釈では正当とみなされて
いるのだ」（Wilson, M' AI, 310-15）。

H・モリスがこのように述べている。「ギリシャ語七十人訳の訳
者たちは、イザヤ7：14を訳したときに、通常『処女』を表すギリ
シャ語を用いた。マタイがこの預言を引用し（マタイ1：23）、そ
れがキリストの処女降誕において成就した、と言ったときもそうで
ある」（Morris, BHA, 36）。

B・ウィザリントン3世も同意している。「アルマーに通常、
処女のニュアンスがなかったのであれば、七十人訳の訳者たちがギ
リシャ語における同義語としてパルセノスをあてた理由を理解する
のは（不可能ではないにせよ）困難である」（Witherington III, BJ,
64）。

したがって、イザヤの預言におけるアルマーが若い処女である証
拠は決定的で動かしがたいものである。他のどんな理解も、この語、
およびその文学的・社会的・歴史的文脈について、正当な取り扱い
をしているとは言えない。

2.1.2.2　アルマーは誰なのか
イザヤ7：14のアルマーが婚期に達した若い処女であり、この女
性が超自然的な方法で妊娠すると預言されていることは証明された。
したがって、歴史上この基準に当てはまる唯一の女性はイエス・キ

リストの母、処女マリヤであると結論づけてよいだろう。ヒンドソンもこう言っている。「イエスの母マリヤだけがこの預言を成就させるための条件を満たしている。この処女は、預言者［イザヤ］の妻ではないし、アハズの妻でもヒゼキヤの妻でもない。また無名の女性でもない。この人は歴史においても聖書においてもただひとり、『処女であると同時に母となった人物』なのである」（Witherington III, BJ, 9）。

　聖書学者の中にはこの結論に反対する者もいる。彼らの論理は次のようなものだ。「［イザヤの預言］は神からアハズ王へのしるしであり、アッシリヤによる南北両王国の征服が近いことを示していた。この子どもの誕生がアハズへのしるしとなるのだから、アハズの存命中、治世中に生まれると結論づけるのが道理である。したがって、イザヤ7：14の預言は近い将来において部分的に成就するはずである」（Mueller, VSC, 205-6）。この見解に賛同する者もいるが、いくつかの点で重要な問題がある。

　第1に、この見解では、イザヤ7：14のアルマーは処女を指す必要がないことになる。でなければ、歴史において処女降誕

イザヤ6〜12章の広い文脈の中で、この処女の胎から生まれてインマヌエルと呼ばれる子どもは単なる人間でなく、「神であり人」でなければならなかった（イザヤ9:6,7; 11:1〜16参照）。歴史上、この条件を満たしたのはナザレのイエスだけである。

が2件（1件はアハズの時代におけるもの、もう1件はイエスの母マリヤによるもの）とせざるをえなくなるからである。しかし、すでに見てきたとおり、アルマーが**処女**を意味する根拠は多々ある。イザヤの預言におけるアルマーは、単なる若い女性ではなく、婚期に達した若い**処女**を意味することは明らかなのだ。そして、妊娠した処女であることも確かである。

第2に、近未来に成就するという見解は、イザヤ7：14の時制を考慮していない。時制は、このアルマーが処女であると同時に妊婦であるという結論を支持している。

　第3に、イザヤ7：14のしるしの性格は、自然の法則によるものではなく、超自然的なものである。女性が男性との性行為でみごもっても、神のことばが真実であることを証明するには不十分である。ここで必要なのは奇跡であり、処女降誕こそ、その奇跡なのである。

　第4に、イザヤ6〜12章の広い文脈の中で、この処女の胎から生まれてインマヌエルと呼ばれる子どもは単なる人間でなく、「神であり人」でなければならなかった（イザヤ9：6, 7；11：1〜16参照）。歴史上、この条件を満たしたのはナザレのイエスだけである。

　そして最後に、イザヤ7：14の預言は、ダビデ王家の家系のアハズと、彼に続く同系の王たちに向けられていた。部分的にはアハズとその子孫たちに、そして彼らの後の時代にもダビデの家系は続くことを示す意図があった。このことは、「成就が近未来」だという説よりも「遠い未来」だとする説を支持する。聖書学者C・フェインバーグはこの点をうまく説明している。

　「アハズと廷臣たちは、ダビデ王朝が途絶えること、シリア人によって王位が奪われることを恐れていた。しかし、ダビデ家への約束の成就に時間がかかればかかるほど、この預言が実現するためには、この王朝がその分長く存在することになる。アレクサンダーはうまく表現している。『……キリストがユダにおいて、王の家系から生まれるという保証は、アハズにとって、王国が自分の時代に終わらないことを示す**しるし**となったであろう。このしるしがあまりにも遠い未来のことなので不合理、不適切だということにはならない。むしろ、遠ければ遠いほど、このしるしが保証するユダ存続の約束はより固いものとなる。』そのようなわ

けで『……この箇所はイエス・キリストの受胎と誕生の奇跡のしるしであり明白な予告である──どの時代の教会もそうみなしてきた。これに関しては、文法面でも歴史面でも論理面でも疑いをはさむ余地はない』という結論になる」（Feinberg, VBOTI, 258）。

したがって、新約聖書のイエス・キリストの処女降誕の教理は、旧約聖書の教えやメシヤ預言と調和しているとわかる。

2.1.3 マタイの福音書とルカの福音書

マタイ、ルカ両福音書の冒頭2章は、イエスの処女受胎と誕生の奇跡を記録している。マタイによる記事は、イエスの法的な父ヨセフを中心的に扱い、ルカの記事はイエスの母マリヤに焦点を当てている。神学者J・バズウェルは、強調点が異なる理由のひとつは、各記事の情報源の違い（マタイの情報はヨセフから来ており、ルカはマリヤから事の詳細を聞いた）からだろうとする。

「処女降誕の記録は第1福音書と第3福音書に見られる。マタイの記事（マタイ1:18〜25）はマリヤの夫ヨセフの観点から語られている。……オアは、マタイのキリスト誕生・幼年期の記事は、マタイが直接ヨセフ個人から得た証言をもとにしてまとめたのではないか、と言っている。

一方、ルカの記事（ルカ1:26〜38;2:1〜7）はマリヤの観点から語られている。……マリヤは、ルカが情報源とする『目撃者』（ルカ1:2）のひとりかもしれない」（Buswell, STCR, vol. 2, 41）。

ウィザリングトンは以下のように断じている。

「福音書記者たちは収集した情報を、感動的で意義深い『イエスの福音』にまとめ上げたのであるが、彼らの手腕もユダヤ的要素も過小評価してはならない。ふたつのストーリーは著しく異なった形をとっている（同じ要素をたくさん用いているにもかかわらず）。このこと自体、マタイとルカが情報をただぎこちなくつなぎ合わせるだけの編集者だったのではなく、独創的な語り手だったことを示している。自分の神学的視点を際立たせるために情報を用い、資料を各福音書の全体テーマに統合させることに成功

1. イエスはヘロデの晩年にお生まれになった（マタイ 2 : 1, 13、ルカ 1：5）。

2. 聖霊によって受胎された（マタイ 1：18, 20、ルカ 1：35）。

3. 母親は処女であった（マタイ 1：18, 20, 23、ルカ 1：27, 34）。

4. 母親はヨセフと婚約していた（マタイ 1：18、ルカ 1：27；2：5）。

5. ヨセフはダビデの家系・血統の人物だった（マタイ 1：16, 20、ルカ 1：27；2：4）。

6. イエスはベツレヘムでお生まれになった（マタイ 2：1、ルカ 2：4, 6）。

7. 神の導きによりイエスと呼ばれた（マタイ 1：21、ルカ 1：31）。

8. 救い主であることが公に宣言された（マタイ 1：21、ルカ 2：11）。

9. ヨセフはマリヤの状態とその原因を前もって知っていた（マタイ 1：18 〜 20、ルカ 2：5）。

10. にもかかわらずマリヤをめとり、その子に対する親としての責任を完全に引き受けた（マタイ 1：20, 24, 25、ルカ 2：5 以降）。

11. 受胎告知と誕生には啓示と幻が伴った（マタイ 1:20 等、ルカ 1：26, 27 等）。

12. イエスの誕生後、ヨセフとマリヤはナザレに居を構えた（マタイ 2：23、ルカ 2：39）。（Orr, VBC, 36-37）

している」（Witherington III, BJ, 63）。

　強調点の違いはあるにしても、マタイ、ルカ両福音書には驚くほどの類似点もある。処女降誕に関する主要点では一致している。J・オア著『キリストの処女降誕』は両福音書の記事に見られる12の一致点を挙げている（前ページ表参照）。

　何かが事実であるならば、それを正確に伝える証言が複数あったとしても、一致した内容でなければならない。オアは、マタイとルカの記事に関して、両記事は異なる観点から語られており、情報源は異なっていても、いくつかの決定的な事実においては一致している、と述べている。その中で最も重要なのは「イエスは聖霊によってやどり、ヨセフの婚約者であった処女マリヤから生まれた。そしてヨセフは、どうしてそれが起こったのかを知っていた」というものである（Orr, VBC, 35）。

　多くの証拠が、マタイとルカの降誕の記事がイエスの身内の証言をじかに聞いて書かれたことを示している。このことも、イエスの受胎と誕生がイザヤによる預言の真の成就であったという結論を支持している。マタイはこう記している。「このすべての出来事は、主が預言者を通して言われた事が成就するためであった。『見よ、処女がみごもっている。そして男の子を産む。その名はインマヌエルと呼ばれる。』（訳すと、神は私たちとともにおられる、という意味である）」（マタイ1：22, 23）。

　エイレナイオスは、使徒ヨハネの弟子ポリュカルポスから学んだ人物であり、後180年にはリヨンの司祭であった。最初に書かれた福音書はマルコであると多くの学者が考えてきたが、エイレナイオスは四福音書成立の背景について述べ、処女降誕で始まるマタイの福音書が全福音書の中で最初に書かれたと証言している。

「マタイはヘブル人［＝ユダヤ人］の中で母国語による福音書を著した。それはペテロとパウロがローマに福音を伝え、そこで教会を始めた頃であった。ふたりが去って［かなり信頼できる伝承では64年のネロによる迫害の時に殉教したとされる］から、ペテロの弟子で通訳者であったマルコが、ペテロの説教の要旨を記録して伝えた。パウロの弟子であったルカは、師が宣べ伝えた福音を本の形にまとめた。そして、主の弟子であり、最後の晩餐のときに主の右側にいたヨハネも［ヨハネ13：25；21：20への言及だと思われる］アジアのエペソ在住中に福音書を書いた」（Irenaeus, AH, 3.1.1）。

マタイは元取税人で正確な記録をとることを習慣としていた。おそらくこの時点では60代で、晩年にさしかかり、イエスの人生について収集し書き留めて来たことごとを整理し、記事として残す必要を感じていたのであろう。マタイは、イエスの先祖のリストと処女降誕の奇跡の詳細な記録で始めていく。

「イエス・キリストの誕生は次のようであった。その母マリヤはヨセフの妻と決まっていたが、ふたりがまだいっしょにならないうちに、聖霊によって身重になったことがわかった。夫のヨセフは正しい人であって、彼女をさらし者にはしたくなかったので、内密に去らせようと決めた。彼がこのことを思い巡らしていたとき、主の使いが夢に現れて言った。『ダビデの子ヨセフ。恐れないであなたの妻マリヤを迎えなさい。その胎に宿っているものは聖霊によるのです。マリヤは男の子を産みます。その名をイエスとつけなさい。この方こそ、ご自分の民をその罪から救ってくださる方です。』このすべての出来事は、主が預言者を通して言われた事が成就するためであった。『見よ、処女がみごもっている。

そして男の子を産む。その名はインマヌエルと呼ばれる。』（訳すと、神は私たちとともにおられる、という意味である。）ヨセフは眠りからさめ、主の使いに命じられたとおりにして、その妻を迎え入れ、そして、子どもが生まれるまで彼女を知ることがなく、その子どもの名をイエスとつけた」（マタイ1：18〜25）。

2.1.4 反論に対する応答

マタイとルカの降誕記事の史的正確性に異議を唱え、明確な事実誤認や整合不能な矛盾だと思われる点を挙げる批判者もいる。最もよくやり玉にあげられるのは、両福音書の系図に関する点と、ルカがクレニオと住民登録にふれている点（3章で取り上げている）である。

系図の矛盾に関しては、マタイが「ダビデの子孫、イエス・キリストの系図」（マタイ1：1）を記録しているのに対し、ルカは「人々からヨセフの子と思われていた」（ルカ3：23）イエスのもうひとつの系図を提供している。J・M・ボイスがこの問題に適切な説明を与えている。

「マタイの系図はアブラハムから始まり、歴史を下ってキリストに到達しています。アブラハムの子孫を順にたどり、十四代たってダビデ。ダビデの子孫を順にたどり、十四代たってバビロン移住。さらに下って、十四代たってから「ヤコブにマリヤの夫ヨセフが生まれた。キリストと呼ばれるイエスはこのマリヤからお生まれになった」のです。

一方、ルカは逆方向にたどっています。彼はヨセフから筆を起してダビデに至り、さらにアブラハムへとさかのぼります。なおもさかのぼって、アブラハムからアダムに行き着いています。このアダムを、ルカは「神の子」と呼んでいます。

ルカの書いた系図に見られる二つの区分には、別に問題は見られません。最後の区分——アブラハムからアダムまで——は、マタイの福音書には出てきません。そのため、比較のしようがありません。第二の区分——ダビデからアブラハムまで——も、問題はありません。なぜなら、この部分はマタイのほうの系図と一致するからです。」

　「二つの別々の家系があるという事実自体には、問題はありません。ダビデの二人の息子が二つの違った家系の祖先になったことは、容易に理解できます。困難は、マタイもルカも両方とも、ヨセフが別々の家系の子孫だと主張するところにあるのです。ルカはヨセフをヘリの子と言い（三・二三）、マタイはヨセフをヤコブの子と述べています（一・一六）。これでは一致点が見当らないはずです。」（ジェームズ・ボイス『クリスマス・メッセージ』湖浜馨訳、いのちのことば社、1986 年、64-65 ページ、Boice, CC, 40-41）。

学者たちはこの問題に対して多くの解決策を提案してきた。

2.1.4.1　養子と実子

　最古の解決策はアフリカヌスが提案し、古代教会史家エウセビオスをとおして伝えられたものである。新約学者Ｉ・Ｈ・マーシャルがこの説について語っている。

　「アフリカヌス（Eusebius, HE 1：7）は、ふたつの系図を調和させるために養子と実子の概念を用い、またレビラート婚を活用している。イエスの弟ヤコブの子孫から得た情報を基にしたアフリカヌスの説明によると——マタン（マタイ 1：15）はエスタという女性と結婚し、ヤコブという子をもうけた。マタンが死んだ

とき、その未亡人はメルキ（ルカ3：24）と結婚し、ヘリ（エリ）という子を生む（ルカ3：23——どうやらアフリカヌスは、ルカのリストではメルキとヘリの間にレビとマタテが入っていることを知らなかったようだ）。この異父兄弟のうち、弟のヘリの方は結婚したものの、子どもがないまま死んでしまった。異父兄弟のヤコブがレビラート婚の慣習にしたがってヘリの妻をめとり、その結果、ヤコブの実子ヨセフが法的にはヘリの子とみなされるようになった」（Marshall, GL, 158）。

レビラート婚の慣習は聖書で描写されている（申25：5, 6、創38：8〜10、ルツ記）。聖書注解者W・ライフィールドによるレビラート婚の説明では——

　　「子どもがないまま夫が死んだ女は、夫の兄弟と結婚することができた。その場合、生まれた子は法的に、死んだ夫の子とみなされ、その名を残すことができた。系図には、いずれの父親の子としても載せることができた。ヨセフはルカ伝ではヘリの子として記載されているが、マタイ伝ではヤコブの子である。レビラート婚説ではヘリとヤコブは同じ母から生まれた異父兄弟であったかもしれないとする。おそらくヘリが死んでヤコブがその未亡人と結婚したのだろう」（Liefeld, L, 861）。

マーシャルは「［この説は］ありえないわけではない……が、あまり可能性が高いとは言えない。特にルカの記事をそのまま受け入れるならば」と主張している（Marshall, GL, 158）。

2.1.4.2　父と祖父
R・P・ネテルホーストが提唱した説は、「ルカの系図はヨセフの

父の血統をたどったもので、マタイの系図はヨセフの母方の祖父の血統」だとする。

「マタイが系図の中でヨセフの母を省いているのは、特に変わったことではない。マタイが系図でたくさんの人を省いているのは容易に見てとれるからである。たとえば、マタイ1：8は『ヨラムにウジヤが生まれ』と言っている。しかし、この文を I 歴代誌3：10 〜 12 と比較すると、マタイの系図から3人の名前（アハズヤ、ヨアシュ、アマツヤ）が省略されている。マタイは構造的対称性を確保するためにいくつかの名前を省略したのだ。『それで、アブラハムからダビデまでの代が全部で十四代、ダビデからバビロン移住までが十四代、バビロン移住からキリストまでが十四代になる』（マタイ1：17）。
　したがって、マタイが必要な構造を立て上げるためにヨセフの母の名を省略したと考えるのは不合理でない。さらに、マタイの系図には4人の女性（タマル、ラハブ、ルツ、バテ・シェバ）が入っている——この事実は、これが女性の系図であるという考え方を支持している」（Nettelhorst, GJ, 171-72）。

この見解は正しいかもしれないが、マタイが系図に4人の女性の名を入れておきながら、他の重要な女性たちの名を省略するというのは奇妙である。対称性を維持するために名前を省略するのなら、なぜ最も重要な人物のひとり——ヨセフの母——の名を省くのか。

2.1.4.3　ヨセフとヨセフ
　J・G・メイチェンはA・ハーヴィ卿が提唱した解決策を推薦した。これは「現代において一番多くの支持を得た説」である（Marshall, GL, 158）。ボイスの要約したところによると、メイチェ

ンは次のように論じた。「[マタイの系図もルカの系図も]両方とも
ヨセフの系図であると提唱しています。マタイは、メイチェンがダ
ビデの「王家の」子孫と呼ばれるものを掲げている、すなわち、実
際に王位に着いたか、あるいは王位が継承されていたらそれに着い
たと見られる家系をのせている。ところがルカは、ヨセフを世に送
り出した「父系の」家系をのせていると言うのです」（ボイス『ク
リスマス・メッセージ』65ページ、Boice, CC, 41）。

　この案には利点もあるが、マーシャルが言うように「この解決策
は憶測に基づいており、その憶測がどれほど事実に近いかは知りよ
うがない」（Marshall, GL, 159）。ウィザリングトンも同意し「残念
ながら、この説は、正しいと証明することも、まちがっていると証
明することもできない」（Witherington III, BJ, 65）。

2.1.4.4　ヨセフとマリヤ

　おそらく最善の解決策は最も古いものの中にある。ウィザリント
ンはこう述べている。

　　「少なくとも1490年のヴィテルボのアニウスの時代以来、マタ
　イの系図はヨセフの血筋（イエスの法的系図）をたどったもの、
　一方、ルカの系図はマリヤの血筋（イエスの実際の系図）をたど
　ったものであるとするのが伝統であった。[この解決策の]裏づ
　けは、マタイの記録がマリヤよりもヨセフの役割の方に重心を置
　いているのに対し、ルカの記録はマリヤを中心に話を進めている
　ことである。また、マタイの記録の多くが究極的にはヨセフを情
　報源にしているのに対し、ルカの記録のほとんどはマリヤを情報
　源にしていると古くから推論されてきたが、この解決策はそのよ
　うな推論とも合致している」（Witherington III, BJ, 65）。

ガイスラーとハウもこの解決策を受け入れている。ふたりはウィザリングトンの意見に、いくつか重要なポイントを付け加えている。

「[マタイとルカの系図は]ふたつの異なった血統の記録である。一方は[イエスの]**法的**な父であるヨセフの血筋を、もう一方は**実**の母マリヤの血筋をたどっている。メシヤはアブラハムの子孫であり、ダビデの家系から出る必要があった（マタイ1：1参照）。そこで、マタイは**公式**の血統を記録した。マタイは、ユダヤ人のメシヤに対する関心に応えるためにイエスの系図を提供した。ルカはもっと広く**ギリシャ語圏**の読者を視野に入れ、**完全な人間**（ギリシャ思想が探究していたもの）としてのイエスを描いている。それゆえ、最初の人であるアダムまでイエスの系図をさかのぼっているのだ（ルカ3：38）。

> ルカはイエスの系図をヨセフ経由で示すとは言っていない。逆に、マリヤの子であるのにヨセフの子と「思われていた」（ルカ3：23）と記している。
> ——ノーマン・ガイスラー

マタイはイエスの父方の系図、ルカの方は母方の系図であるという説を支持する根拠がいくつかある。まず第1に、両系図ともダビデまでさかのぼるが、それぞれ異なる血筋でたどる。マタイはヨセフ（**法的**な父）からダビデの子**ソロモン**王までさかのぼる。キリストはソロモンによってダビデの王位を正当に受け継いだ（Ⅱサムエル7：12以降参照）。一方、ルカの目的はキリストが生身の人間だと示すことにある。それで**実母**マリヤからダビデの子**ナタン**までさかのぼる。マリヤを経由することで、キリストは完全に人間であり、人類の贖い主であると正当に主張できるのだ。

さらに、ルカはイエスの系図をヨセフ経由で示すとは言っていない。逆に、マリヤの子であるのにヨセフの子と『思われていた』

（ルカ3：23）と記している。また、マリヤの系図を記録することは、母親や子どもの誕生に関心を寄せる医者としてのルカらしさがある。そして、女性に焦点を合わせる傾向とも合致している。この福音書は『女性のための福音書』と呼ばれているのだ。

　最後に、このふたつの系図にいくつか共通の名前（例——サラテルとゾロバベル：マタイ1：12；参照——ルカ3：27）が出てくることは、必ずしも同じ系図であることの証明にはならない。それにはふたつ理由がある。ひとつには、その名前が珍しいものではないということがある。第2に、同じ系図（ルカ）でさえヨセフとユダの名のくりかえしが見られる（3：26, 30）」（Geisler, WCA, 385-86）。

　聖書学者G・アーチャーもこの解決策を受け入れ、さらなる説明を加えている。

　「マタイ1：1〜16が記録しているイエスの系図はヨセフの祖先をさかのぼったものであるが、ヨセフ自身はダビデの子孫であった。イエスはヨセフの養子として、法的にはヨセフの遺産相続人である。16節のことばに注意してほしい。『ヤコブにマリヤの夫ヨセフが生まれた。キリストと呼ばれるイエスはこのマリヤからお生まれになった。』ここでは、それまでの節で用いられていた『アブラハムにイサクが生まれ［エゲネセン］、イサクにヤコブが生まれ……』というパターンとは異なる表現が用いられている。ヨセフにイエスが生まれたとは書かれていない。

　一方、ルカ3：23〜38はアブラハムの時代を通り越し、アダムと人類の始まりまでさかのぼり、マリヤ自身の系図として記録していると思われる。それは23節の『イエスは……人々からヨセフの子と思われていた』という表現にもほのめかされている。この『思われていた』は、イエスが世間一般の理解とは異なり、

実際はヨセフの実子でなかったことを示す。また、この節は母マリヤに注意を向けている。マリヤは、イエスの人間としての唯一の親であり、イエスはこのマリヤをとおして先祖たちの系図を持つことができたのである。それゆえマリヤの系図が記録されたのだが、その最初に挙げられた名がヘリである。このヘリは実際にはヨセフの舅^{しゅうと}であり、ヨセフ自身の父ヤコブ（マタイ 1：16）とは別人である。マリヤの家系はダビデの妻バテ・シェバ（Ⅰ歴 3：5 によれば『バテ・シュア』）の子ナタンから来ている。したがって、イエスは実際的にはナタンをとおして、そして法的にはソロモンをとおしてダビデの子孫となったのだ」（Archer, EBD, 316）。

聖書講解者 D・G・バーンハウスが、この見解に対する証拠を加えている。

　「ふたつの系図が［ある］。ふたつともアブラハムからダビデまでは一致しているが、イエスまでの部分でマタイはダビデの子ソロモンの子孫をたどるのに対し、ルカはダビデの子ナタンの子孫をたどる。つまり、ふたつの系図は兄弟ふたりの家系であり、その子孫はいとこどうしとなる。ルカの系図は処女マリヤのもの、マタイの系図はヨセフのものとするのは、J・オア博士の発言のように、地上の教会の伝承にただ従っているわけではない。事実に合う唯一の説明を提唱しているのだ。違いは、ソロモンの家系が王の血統で、ナタンの家系が法的な血統だということだ……。
　しかし、中でも最大の証拠はマタイの記事に含まれる名のひとつ——エコニヤにある。イエスの継父^{ままちち}の系図がここに載せられている理由を明らかにするのはこの名である。この名は、ヨセフがイエスの父ではありえないこと、あるいはヨセフが父だったので

あればイエスはメシヤではありえないことを証明するからである。この名が出てくることは、イエスがマリヤの子であってヨセフの子ではない決定的な証拠となる。エコニヤは、その子孫全員から王座が取り去られるという呪いを神から受けていたのだ。

エレミヤ22：30に、こう書かれている。『主はこう仰せられる。「この人を『子を残さず、一生栄えない男』と記録せよ。彼の子孫のうちひとりも、ダビデの王座に着いて、栄え、再びユダを治める者はいないからだ。」』この人の7人の息子（Ⅰ歴3：17,18）は誰ひとり王位に着くことはなかった。神の呪いのために、この人の血を受け継ぐ子は誰も王となれなかったのだ。イエスが

しかし、中でも最大の証拠はマタイの記事に含まれる名のひとつ——エコニヤにある。イエスの継父（ままちち）の系図がここに載せられている理由を明らかにするのはこの名である。この名は、ヨセフがイエスの父ではありえないこと、あるいはヨセフが父だったのであればイエスはメシアではありえないことを証明するからである。

——ドナルド・グレイ・バーンハウス

ヨセフの子であったなら、イエスも呪いの下にあることとなり、メシヤとなることはなかったであろう。

一方、ナタンの血統は王の血統ではなかった。王の血統は、ナタンの血統から出てくるどんな主張にも異議を唱えたであろう。ヘリの子であれば、そんな王の血統が存在するという事実にぶつかったはずだ。このジレンマはどのようにして解決されたのだろうか。その解決は、あまりにも単純なために、聖書に懐疑的な人々を全く混乱させるような形で行われた。その答えはこうだ。呪いを受けていない血統がヘリとその娘である処女マリヤを、そしてその子イエス・キリストを生んだ。したがって、イエスはナタンの血統によって適格となり、その血統を終わらせた。呪いを受け

ていた血統はヨセフを生み、ソロモンの血統を終わらせた。ヨセフの他の子どもたちにはイエスという兄がいて、この兄は養子縁組によって法的に王位継承者であるからだ。いずれにせよ、この資格が制約から解き放たれるにはどうすればいいのか。一方の血統においては呪い。そして他方においては君臨する王の不在。

しかし、聖霊なる神が、人間の父親なしに処女の胎内に主イエスを宿したとき、生まれる子は肉によればダビデの子孫であった。そしてヨセフがマリヤと結婚し、まだ生まれぬ子を自らの庇護下に置き、先祖であるソロモンから継承した称号を与えたとき、主イエスは正当なメシヤ、王なるメシヤ、呪いの影響下にないメシヤ、真のメシヤ、唯一存在可能なメシヤとなられたのだ。血統は終焉を迎えた。以後、自分がメシヤの条件を満たす者であると公言する者は嘘をついているのであり、悪魔の申し子である」(Barnhouse, MR, 45-47)。

ライフェルドはこう断じる。「この件に関する仮説はないわけではなく、むしろ多すぎるぐらいだ。したがって、情報が不完全で不確実だからといって、どちらかの系図がまちがっていると考えなくてもよい」(Liefeld, L, 861-62)。

マタイとルカの系図の違いを完全に説明できる情報はまだないのかもしれない。しかし、その違いは説明不可能なものではなく、聖書に記されたイエスの処女降誕の記事に矛盾があるわけではない。

2.1.5 マルコとヨハネとパウロの証言

批判的な学者たちは以下のように論じることが多い。新約聖書で処女降誕がふれられているのはマタイ伝とルカ伝だけであるから、この教理は新約時代の教会のメッセージとしてはさほど重要な位置を占めていなかった、と。このような批判は近視眼的である。処女

降誕は新約聖書の他の部分でも言及されている、と私は信じる（以下参照）。しかし、まずその批判の論理的欠陥を明らかにしなければならない。

コロンビア神学校の歴史神学の名誉教授 W・C・ロビンソンは「マタイとルカで明言されていることが、パウロとヨハネでは暗示されている」と指摘する（Robinson, WSYTIA, n.p.）。

R・グロマキはこう述べている。

「その教理が述べられていないから、信じられていなかった、あるいは知られていなかったと結論するには無理がある。使徒たちは、自分が知っていることや教えていたすべてのことを書き留めたわけではない（ヨハネ 20：30 参照）。事実、自由主義のいわゆる沈黙論法（反証が提示されないことで当面の結論の正しさを主張する論法）はやぶへびになることがある。パウロは、イエスの人間の父親については何もふれていない。これは、イエスに人間の父親がなかったとパウロが信じていたことを意味するのか。ほとんどの者は沈黙を合意と見る。パウロたちが処女降誕を信じていなかったのであれば、古い降誕記事を修正したことであろう。沈黙論法は両方の立場を益する形で働くのだ。実際は、どんな教理も沈黙論法に基づいて肯定したり否定したりすべきでない」（Gromacki, VB, 183）。

C・ロジャーはこう記している。

「［処女降誕の記事］が第 1 福音書と第 3 福音書の冒頭に見られるのは事実であるが、聖マルコの福音書には見られない（あるいは通常用いられる表現をすれば、聖マルコは『処女降誕については何も知らなかった』）。最初に書かれた福音書がマルコ伝であり、

他のふたりもマルコ伝を資料として用いたにもかかわらず、である。私たちが今手にできる聖マルコの福音書は信頼できるものである。そしてこれは聖ペテロが説教した内容を聖マルコが記録したものである。聖マルコは聖ペテロの『通訳』であった。その福音書は（聖パウロがアテネのアレオパゴスやエルサレムやアンテオケやローマで説教したのと同じく）聖ペテロが公の場で説教するときに有用、あるいは必要と考えた内容を記録している。

さて、私たちの主の誕生にまつわる問題は、そのような機会に論じるべきテーマでなかったのは明白である。特に、主の母君がまだ存命で、おそらく聴衆も母君をよく知っていたならば、なおさらである。強調点はキリストがされた教え、キリストがなされたしるしの

イエスは繰り返しご自分を指して神の「ひとり子」と呼ばれた。さて、ここで用いられている「生む」という語は人間の系図で使用される語で、子どもをもうけるときの男性側の役割を指すことばである。肉体における誕生を指す。イエスは、自分はヨセフの子ではなく神の子だと主張された。この語モノゲネースは新約聖書で6度、神のひとり子としてのイエスについて用いられており、2度はイエスがご自分を指して用いておられるのだ。
——ジョン・R・ライス

奇跡、そして（福音書で占める割合から判断するかぎり）何よりもキリストの受難の出来事にあったはずだ」（Rogers, CM, 99-101）。

一方、M・エリクソンはこう述べる。

「マルコの福音書の中に次のような記事があることは事実である。記者が処女降誕について明らかに知っていたことを示すもの

と考える人もいる記事である。それは6：3にある。並行記事においてマタイは、『この人は大工の息子ではありませんか』とナザレの人々が言ったことを報告している（マタイ13：55）。ルカには、『この人は、ヨセフの子ではないか』（4：22）とある。しかしマルコの報告には、『この人は大工ではありませんか。マリヤの子で、ヤコブ、ヨセ、ユダ、シモンの兄弟ではありませんか。その妹たちも、私たちとここに住んでいるではありませんか』とある。まるで、イエスをヨセフの子と呼ぶことを避けようと苦労しているかのようである。初めの章で処女降誕に気づいているマタイとルカの福音書の読者たちとは異なり、マルコの読者たちはそれについて知るすべがない。それゆえマルコは、間違った印象を与えないよう言葉を注意深く選んだのである。我々にとって重要なポイントは、マルコの記事が、ヨセフがイエスの父親であったという結論を下す根拠を与えていないことである。こうして、マルコは処女降誕について語っていないとはいえ、それと矛盾対立することも確かに述べていないのである」（ミラード・J・エリクソン『キリスト教神学　第3巻』宇田進監修／伊藤淑美訳、いのちのことば社、2005年、347-348ページ、Erickson, CT, vol. 2, 750-51）。

実は、使徒ヨハネはヨハネ3：16の「ひとり子」という語を用いて、イエスの奇跡的な誕生を語っている。聖書講解者J・R・ライスはこの見解を採っている。

「イエスは繰り返しご自分を指して神の『ひとり子』［訳者注——原語を直訳すると『唯一生まれた子』『ユニークな存在として生まれた子』］と呼ばれた。さて、ここで用いられている『生む』という語は人間の系図で使用される語で、子どもをもうけるときの男性側の役割を指すことばである。肉体における誕生を指

す。イエスは、自分はヨセフの子ではなく神の子だと主張された。この語モノゲネースは新約聖書で6度、神のひとり子としてのイエスについて用いられており、2度はイエスがご自分を指して用いておられるのだ。イエスは単に神から生まれた子だと言っておられるのでないことに注目されたい。そうではなく、そのように生まれた唯一の存在であると主張しておられるのだ。イエスは**唯一**の神の子である。処女から生まれた者は他にいない。霊的には、クリスチャンは『新しく生まれさせて、生ける望みを持つようにして』（Ⅰペテロ1：3）いただいた者であると言えるかもしれないが、イエスが神から生まれたというときの意味で生まれた者は他にいない。イエスが主張しているのは、明らかに、自分は神から生まれたが、どんな人間の父親もいない、ということである」（Rice, IJG, 22-23）。

使徒ヨハネの系図は本質的に「初め」を神の永遠の視点から見たものであり、したがって処女降誕を扱っていない。「初めに、ことばがあった。……ことばは人となって、私たちの間に住まわれた」（ヨハネ1：1, 14）というのみである。

パウロも同様である——「聖パウロは聖ルカをよく知っていた。聖ルカは長年パウロの伝道旅行に同伴し、ローマにも同行した。聖ルカは主の生誕物語に関しては権威である。それゆえ聖パウロは主の処女降誕を知っていたにちがいない。知っていたので、私たちの主について、［男からではなく］『女から生まれた者』（ガラテヤ4：4）という言い方をしたのだろう」（Rogers, CM, 101）。

毎年多くの人々がクリスマスを祝っている。しかし、その対象である出来事がいかにユニークであるかは十分に理解されていない。処女の女性に赤ん坊が生まれるとは。大衆週刊誌でさえもこんなことは思いつかなかったであろう。

2.2　処女降誕に関する聖書外の証言

2.2.1　時間

福音書の記録は、書かれた時期を考慮すべきである。福音書は早い時期に書かれたので、キリスト誕生にまつわる伝説が生じる時間はない。したがって、初代教会の教えに処女降誕に関する証拠が見つかるはずである。この件に関連してはふたつの疑問が浮かび上がる。処女降誕が事実に基づかないただの伝説なのであれば、それはなぜこれほど早く形成されたのか。また、福音書が史実に基づくものでないなら、なぜこれほど早い段階で、これほど広く受け入れられたのか。

初代教会の処女降誕信仰について、G・メイチェンはこう述べている。「たとえ……新約聖書が処女降誕に一言もふれていないとしても、2世紀の証言から、遅くとも1世紀末には処女降誕信仰が存在していたことがわかるだろう」（Machen, VBC, 44）。

使徒信条は、初代教会の信仰告白を定型化した最古のもののひとつで、処女降誕については「［イエスは］聖霊によってやどり、処女マリヤにより生まれた」と言っている。エリクソンは、世界中の教会が受け入れている使徒信条についてこう語る。

「現在用いられている［使徒信条の］形式は5～6世紀のガリアで形成されたものだが、そのルーツはさらに昔にさかのぼる。ローマでバプテスマのときに用いられた信仰告白が基になっている。処女降誕は、初期の信条にも後代の信条にも含まれている。2世紀半ば過ぎ、初期の信条はすでにローマのみならず、北アフリカのテルトゥリアヌス、そしてガリアおよび小アジアのエイレナイオスにも用いられていた。処女降誕の信仰が、有力なローマ教会の初期信仰告白に見られることは非常に重要である。公認さ

れた信条が、後になって新たな教理を取り込むはずはないからである」(Erickson, CT, vol. 2, 747)。

　初代教会にも、少数ながら処女降誕を否定する者はいた。その一部はエビオン主義者と呼ばれるユダヤ人クリスチャンの異端的な一派に属した。エビオン主義者でも、処女降誕を受け入れる者と受け入れない者がいたのである。そして、否定する者の中には、処女が子を産むことについて教会がイザヤ書（イザヤ7：14）を用いることに反対する者がいた。彼らはこの節を「若い女」と訳すべきだとした（Rogers, CM, 105）。しかし、これらエビオン主義者と他の少数者たちを除けば、教会はキリストの処女降誕を公認し、正統な教理として伝えてきた。J・オアは言う。「エビオン主義者……とグノーシス主義者の少数者を除いて、イエスが処女マリヤから生まれたことを受け入れないクリスチャンは、初期にはいない。……**処女降誕が教会の普遍的信仰の一部であった証拠はありあまるほどある**」(Orr, VBC, 138)。

　初代教会についてアリスティデスは言う。「2世紀初頭において、マリヤの処女性はキリスト教信仰の一部であったが、その教えは、その時代の教理として知られているすべてのことと一致している」(Aristides, AA, 25)。

2.2.2　使徒教父たちの証言

　初代教会の処女降誕信仰の歴史において、非常に重要なのは使徒、教父たちの証言である。後110年、シリアのアンテオケの司祭イグナティオスはエペソ教会への手紙において、「というのは、私たちの神イエス・キリストは……聖霊によって……マリヤの胎内に宿った」と述べている（GEAF, 18：2）。また「神によって秘密裏になされたものでありながら……今やマリヤの処女性およびマリヤから

生まれた方は……世界で最も語られている奥義である」とも述べている（Wells, OH, 19 : 1）。イグナティオスは、この情報を師である使徒ヨハネから受けている。

　エリクソンによれば、イグナティオスは仮現論者のグループへの反論として論じたのだという。仮現論は、イエスが人間の性質を有しておられたことや、誕生や苦痛を体験できたことを認めなかった。仮現論者たちにとって、イエスは神であっても人ではなかった。イグナティオスは、「キリストに関する主要事実の要約」を作成することで、この異端に異議を唱えた。その主要事実の中に「マリヤの処女性が『声を大にして語るべき奥義』のひとつとして挙げられている」。

　エリクソンは言う。

　「以下のようないくつかの考察から、この言及はより印象的なものとなる。①イグナティオスがドケティズムに反駁して書いていることを考えると、『処女から生まれ』より『女から生まれ』（ガラテヤ4：4にあるように）という表現のほうが彼の目的にかなっていた。②それを書いたのは初心者ではなく、異邦人キリスト教の母教会の監督であった。③それは117年より遅くには書かれなかった。J・グレッサム・メイチェンが述べているように、『〔イグナティオスが〕処女降誕を新奇なこととしてではなく、全く当然のこととして、またキリストに関して受け入れられた事実の一つとして立証しているのを見るとき、処女降誕信仰が1世紀末よりもはるか以前に広まっていたに違いないということが明瞭になる』。」（エリクソン、344ページ、Erickson, CT, vol. 2, 747-48）。

　C・F・ロジャーズはこう述べている。「イグナティオスの時代の

信仰が決して新奇なもので
なかったことを示す証拠は
まだある。クリスチャンの
処女降誕信仰が外部から攻
撃されていた事実だ。たと
えば、ケリントスは聖ヨハ
ネと同時代の人物であり敵
であった。聖ヨハネは公衆
浴場でケリントスに出会い、
『真理の敵であるケリント
スが来た。風呂場の床が落
ちるといけないから立ち去

殉教者ユスティノスは、後150年
の時点で、イエスの奇跡的誕生の信
仰があったことを十分な証拠で示し
ている。「私たちの師イエス・キリスト
は父なる神のひとり子であり、男
女の性行為の結果として生まれたの
ではない。……処女に下った神の力
が彼女を圧倒し、処女のままはらま
せた。……神の力によって処女が御
子をみごもったのである。」

ろう』と叫んだらしい。エイレナイオスによれば、[ケリントス]は、
主はヨセフとマリヤから生まれた、と教えていたという」(Rogers,
CM, 105)。

使徒時代後の人アリスティデスは、後125年に処女降誕について
語っている。「いと高き神の御子は聖霊によって顕現し、天より下
り、ヘブル人の処女から生まれ、その処女から肉体を受けられた。
……肉によればヘブル民族から生まれた方である。処女ミリヤム
[訳者注：マリヤのヘブル語形]が神を産んだのだ」(Aristides,
AA, 32)。

殉教者ユスティノスは、後150年の時点で、イエスの奇跡的誕生
の信仰があったことを十分な証拠で示している。「私たちの師イエ
ス・キリストは父なる神のひとり子であり、男女の性行為の結果と
して生まれたのではない。……処女に下った神の力が彼女を圧倒し、
処女のままはらませた。……神の力によって処女が御子をみごもっ
たのである。……神の御心にしたがって、御子イエス・キリストは
処女マリヤからお生まれになった」(*Apology* 1：21-33；『ユダヤ人

トリュフォンとの対話』)。

「ラテン語圏の最初の偉大なクリスチャンは、法律家でありながら改宗したテルトゥリアヌスである。彼の時代（後200年ごろ）には、全教会が承認する明確なキリスト教の信条があっただけでなく、その正式名がテッセラであったことも伝えている。さて、その正式名称がついたのは、それが成立してからしばらく後のことである。テルトゥリアヌスはこの信条を4回引用している。そこには *ex virgine Maria*（処女マリヤから）ということばが含まれている」(Rogers, CM, 103)。

2.2.3 ユダヤ人による証言

もちろん、処女降誕に否定的な立場もあった。多くはユダヤ人たちから出たものである。ここで証明したいのは、教会の草創期にイエスの誕生について外部との論争があったこと、そしてこの論争が起こるということは、教会がキリストの奇跡的誕生を主張していた、ということである。

E・ストーファーは言う。「後70年以前のものとされる系図で、イエスは『既婚女性の私生児』とされている。福音書記者マタイは、そのような系図があることを承知した上で反論していたようだ。後代のラビは、イエスを遠慮なしに姦婦の子と呼んでいる。そして『不明の父の名はパンセラ』と自信をもって主張している。古いラビ文書には、パンセラの子イエスと折衷的プラトン主義者のことが何度も述べられている。160年ごろのケルソスは、マリヤとローマ兵パンセラについてのゴシップ的な逸話を詳述している」(Stauffer, JHS, 17)。

5世紀またはそれ以降のキリストについての作り話であるトルドート・イエシュにおいては、イエスは「パンセラという名の兵士と母親が結ばれた結果の私生児である」と教えられている (Orr,

VBC, 146）。

ユダヤ人懐疑論者 H・ションフィールドはこう述べる。「ラビ・シメオン・ベン・アッザイは、『私はエルサレムで系図の巻物を見つけたが、そこには「姦婦の私生児である何某と書かれていた』と言った」（Schaff, HCC, 139）。ラビ・シメオンが生きていたのは、1世紀末から2世紀初めにかけてである。ションフィールドによると、この巻物が後70年のエルサレム陥落時に存在していたのはまちがいない。古いユダヤの記録では、イエスの名は「何某」と表現されていた。ションフィールドはさらに、「イエスの誕生がふつうでなかったことを、クリスチャンによる系図が主張していないのなら、［この巻物を］作る意味がない」と言っている（Schonfield, AH, 139, 140）。彼はラビ・シメオンの証言から、「イエスが姦婦の私生児だとする［非難］は早い時代にさかのぼる」とする（Schonfield, AH, 140）。

> ユダヤ人が人の名を呼ぶ際、厳密な規則があった。ふつうのユダヤ人は、たとえ生前に父親が死んでしまった場合でも父の名で呼ばれた（例──ヨハナン・ベン・サッカイ＝サッカイの子ヨハナン）。母の名で呼ばれたのは、父親不明の場合だけである。
> ──エセルバート・ストーファー

オリゲネス（後185～254年ごろ）は著書『ケルソス反駁論』でこう述べている。

「しかし、このユダヤ人の口から出たことばにもう一度戻ってみよう。彼らは、イエスの母が姦淫の罪を犯し、パンセラという名の一兵士によって子をもうけたために、婚約者の大工に捨てられたと言う。聖霊による奇跡的受胎を否定するためにこんな伝説をでっち上げたのだが、その際、彼らの目が閉じられていなかっ

420

たかどうかを考えてみよう。というのは、イエスの奇跡的誕生を認めずに、他の話に作り変えることもできたからである。奇跡的誕生を受け入れない者が、何らかの嘘を捏造することは当然だろう。しかし、その捏造はあまり説得力のあるものではない。しかも、この処女がヨセフによってイエスをみごもったのではないという可能性を残している。つまり、嘘を見抜ける人には、嘘がすぐにわかるようになっているのだ。どんな民族であっても、神のさばきを求める者がみな悪を離れ、天地の造り主に喜ばれるようにその行いを正そうとするようになる——この目的のためにこれほど多くのことをなそうとされた方が、奇跡的誕生でなく、最も不名誉で最も恥ずべき仕方で生まれるというのは道理にかなっているであろうか。……したがって、地上において誰よりも人の役に立つ人生を送られたこの方は、単に優れているという程度ではなく、誰よりもまさったからだを必要とされたであろう」(Origen, CC, 1：32-33)。

この論争は福音書の中にも見られる。「『この人は大工ではありませんか。マリヤの子で、ヤコブ、ヨセ、ユダ、シモンの兄弟ではありませんか。その妹たちも、私たちとここに住んでいるではありませんか。』こうして彼らはイエスにつまずいた」(マルコ6：3)。E・ストーファーは言う。「この記事はマルコにのみ見られるものであるが、状況をよく表している。ユダヤ人が人の名を呼ぶ際、厳密な規則があった。ふつうのユダヤ人は、たとえ生前に父親が死んでしまった場合でも父の名で呼ばれた（例——ヨハナン・ベン・サッカイ＝サッカイの子ヨハナン）。母の名で呼ばれたのは、父親不明の場合だけである」(Schonfield, AH, 16)。

「ロギアでは、イエスが『大食いで大酒飲み』だと中傷されて

いる。この非難には何らかの根拠があったにちがいない。というのは、イエスの態度と、それに対するパリサイ派の反応が合致しているからである。パレスチナのユダヤ人の間では、この侮辱は正式な夫婦の間に生まれた人物に向けられない。その恥辱を生活や宗教的行為の中で露出してしまった者に浴びせられるのだ。パリサイ人たちもイエスに対してその意味でこの言い回しを使っている。『こいつは私生児だ』という意味だったのだ」（Schonfield, AH, 16）。

初期のユダヤ人たちがキリストを私生児と考えていたと思われる表現があるということ（後70年以前）は、キリストの生まれに疑惑があったということである。それは、初期のキリスト教会が、遅くともキリストの死後40年には、キリストの誕生について何かふつうではないこと——すなわち処女降誕——を教えていたことの証拠である。

2.2.4　コーラン（クルアーン）

コーランでは、イエスはいつもイサイブン・マリヤム（マリヤの子イエス）と呼ばれている。ストーファーは言う。「コーランの古典的注解者であるアブドゥラハル＝バイダウィは、セム系民族の命名に関する慣習をよく理解した上でこう述べる——母親の名が名乗られるのは父親不明の場合である。しかし、ここでは名前にも説明にも、純粋に肯定的な意味がこめられている。イスラム教では、イエスは神の創造力に満ちたことばによって処女マリヤから生まれた子とみなされている」（Schonfield, AH, 17-18）。

コーランはイエスの処女降誕について5：20でふれている。子どもが生まれることが知らされたときのマリヤの返事は「どうしてそのようなことになりえましょう。私は処女で、ただの人にふれられ

たことは一度もありませんのに」というものだった。さらにアッラーは「わたしには簡単なことだ」と語り、次に「マリヤの上に御霊を吹きかけられた」とある（Box, MC, 6）。

2.3　さまざまな思想家のことばによるまとめ

イエスの誕生がふつうでなかったことについて、世界の思想家たちがどのように言及しているかも、注目に値する。

W・H・トマスは「[処女降誕の]教理を支持するおもな論拠は、『ではイエスの生涯がこれほどまでにユニークな理由をどう説明するか』にある」と述べている（Griffith Thomas, CIC, 125）。

H・モリスはこう述べている。

「主は生涯で多くの奇跡のわざをなし、人間の罪を贖ういけにえとしてご自身を十字架上にささげ、死人の中から肉体をもってよみがえられることで、自分の語ったことがすべて真実であることを証明された。その方がそのユニークな生涯の始まりに、ユニークな誕生をされるというのは至極当然のことである……。

この方が真に私たちの救い主であるなら、単なる人間をはるかに超えた存在でなければならない（真に人の子でもあるが）。私たちの罪のために死ぬには、ご自身があらゆる罪の束縛から自由でなければならない。行いにおいて罪がないためには、ご性質が罪のない方でなければならない。罪の『のろい』と束縛でがんじがらめになった人間の性質を受け継ぐわけにはいかない。ゆえに、この方の誕生は奇跡的なものでなければならなかった。『女の子孫』は処女の胎で芽生えることとなった。そのとき、御使いの『聖霊があなたの上に臨み、いと高き方の力があなたをおおいます。それゆえ、生まれる者は、聖なる者、神の子と呼ばれます』（ルカ 1：35）ということばが実現したのだ……。

処女降誕が事実であるのは、聖書が明確に語っているからだけではない。処女降誕こそ、イエス・キリストのご性質と使命、および失われた世に対する神の偉大なご計画と矛盾しない唯一のあり方だからでもある……。

そんな奇跡は不可能だとするのは、神の存在を否定するか、『神にはご自分の被造物をコントロールする力がない』と断じることである」（Morris, BHA, 38）。

J・G・メイチェンは「したがって、イエスは人間の父親なしに誕生したとキリスト教会が信じるようになったのは、単純にそのようにお生まれになったのが事実だからだ。その根拠は十分ある」と述べている（Machen, VBC, 269）。

C・ロジャーズは「現存するすべての証拠が、キリストの奇跡的な誕生を裏づけている」と断定する（Rogers, CM, 115）。

イエス・キリストは、実際にユニークな形で人類史に登場されたのだ。

3　神が人になったなら罪を持たないと予想される

3.1　イエス自身の意見

イエスは一度、自分に好意的でない群衆に向かって「あなたがたのうちだれか、わたしに罪があると責める者がいますか」と聞かれたことがあった（ヨハネ8：46）。イエスが公の場で、そのように自分をさらされたのは罪のない方だったからである。

イエスはまた「わたしがいつも、その［＝天の父の］みこころにかなうことを行うからです」とも言われた（ヨハネ8：29）。イエスは神との交わりを常に保ちながら生活しておられたのだ。

キリストは、ご自分がきよくまったき存在であることを自覚して

おられた。クリスチャンなら誰でも、神に近づけば近づくほど自分の罪を自覚するようになることを知っている。しかし、キリストはそうでなかった。イエスは他の誰よりも神に近く生きられたが、どんな罪意識からも自由であった。

イエスも誘惑を受けられたが（ルカ4章）、罪を犯したという記録はない。ご自分の

イエスほど道徳的に敏感な存在が——しかも自分に従う者たちには罪の赦しを求めよと教えておきながら——自身については周囲の人からも神からも赦しを請う必要はないというふうであり、実際に赦しを請うこともなかった。これは非常に重要なことである。
——ケネス・スコット・ラトゥレット

犯された罪を告白したり、赦しを求めたりされたこともない。弟子たちにはそうするように言われたにもかかわらず、である。人間に内在する罪の性質から来る罪意識というものはなかった。

C・E・ジェファソンはこう述べている。

「イエスが罪のない方だと信じる最大の理由は、ご自分が罪のない者であることを弟子たちに告白させた事実にある。イエスの言動のどこをひっくり返しても、後悔や良心の呵責や、欠点を悲しむ姿や、自責の念のにおいもない。人々には罪を認めるように教えられ、人の心は邪悪であるとすっぱり言われた。弟子たちには、祈るたびに赦しを求めて祈れと命じられた。しかし自身に関しては、神を喜ばせることしかしていないという態度で語られたのだ」(Jefferson, CJ, 225)。

この点についてP・シャフは言う。「とすると、キリストの使命と言動、そしてその献身ぶりから見て、キリストが何の罪も過失もない者だと自認していたことは紛れもない事実である。この事実を

合理的に説明する唯一の方法は、キリストは**罪人でなかった**とはっきり認めることである」(Schaff, PC, 40)。

A・E・ガーヴィーもこう証言する。「もしこの方に何か隠れた罪があったとすれば、また過去に犯した罪の記憶があったとするなら、この方は道徳的に無感覚であり、その教えが示す道徳的識別力とは相容れない」(Garvie, HCA, 97)。

C・E・ジェファソンは、「イエスの意識の中には、自分が何らかの罪を犯したと示すものは何もない」とも付け加えている(Jefferson, CJ, 328)。

イエスの人格からは、イエスの思考と信念が透けて見える。J・ストットは言う。「すると、イエスは自分がメシヤであり神の子であると信じていただけでなく、自分には罪がないと信じていたことも明らかである」(Stott, BC, 39)。

歴史学者K・S・ラトゥレットはこう証言する。「もうひとつの資質……それは『罪を犯した』という意識、『自分は本質的に堕落している』という意識の完全な欠如である。……イエスほど道徳的に敏感な存在が——しかも自分に従う者たちには罪の赦しを求めよと教えておきながら——自身については周囲の人からも神からも赦しを請う必要はないというふうであり、実際に赦しを請うこともなかった。これは非常に重要なことである」(Latourette, HC, 47)。

3.2 弟子の証言

聖書は、誰の不誠実であっても、すべて明らかにしている。イスラエルの偉大な英雄たちも、何の欠点もない存在としては描かれていない。それは歴代最高の王ダビデでもそうであり、最高の解放者モーセでも同じである。新約聖書においても、使徒たちの欠点はほとんどすべての書で言及されている。にもかかわらず、キリストの生涯については何の罪も指摘されていない。イエスが3年半の活動

において、そのほとんどの時間を弟子たちと過ごしたわけだから、一層信じがたい。そして人の罪深さと神による贖（あがな）いの必要性を強調するユダヤ人の宗教性からすれば、師にひとつの欠点も見出せなかったというのは、まったく信じがたいことである。イエスに四六時中付き従う間に、ひとつぐらいの過ちに気づいていいはずだ。しかし、彼らは、失敗は一度もなかったと証言しているのである。

弟子たちは互いに神経にさわることはしたし、訴え合ったり口論に走ったりすることもあった。なのに、イエスには、似たようなことは一度もなかった。彼らは厳格なユダヤ教を背景に育っているので、イエスが本当に罪のない方でないかぎり「イエスは罪のない方だ」とは言わなかっただろう。

イエスの愛弟子（まな）ペテロとヨハネもイエスに罪がなかったと証言している。

- Ⅰペテロ1：19「傷もなく汚れもない小羊のようなキリストの、尊い血によったのです。」
- Ⅰペテロ2：22「キリストは罪を犯したことがなく、その口に何の偽りも見いだされませんでした。」
- Ⅰヨハネ3：5「キリストが現れたのは罪を取り除くためであったことを、あなたがたは知っています。キリストには何の罪もありません。」

ヨハネは、「罪はないと言う」なら嘘つきであり、「神を偽り者とする」（Ⅰヨハネ1：8, 10）ことになると言っている。しかし、イエスの性質については「キリストには何の罪もありません」（Ⅰヨハネ3：5）と証言している。

イエスを死に追いやった者さえも、イエスの無罪性と敬虔さを認めていた。ユダはイエスを裏切った後、主が義なる方であることを

427

認め、深い自責の念にとらわれた。そして「私は罪を犯した。罪の
ない人の血を売ったりして」と告白したのだ（マタイ 27：3,4）。

使徒パウロもイエスについてこう証言している。「神は、罪を知
らない方［イエス・キリスト］を、私たちの代わりに罪とされまし
た。それは、私たちが、この方にあって、神の義となるためです」
（Ⅱコリント 5：21）。この箇所について M・ハリスはこう説明する。

「パウロは、キリストは罪のいけにえとされながら罪人ではな
かった、と言っているのだ。罪のない方が罪人の罪と完璧に同じ
になられたために、パウロは心から『神は、罪を知らない方を、
私たちの代わりに罪とされました』と言えたのだ。
パウロによるキリストの無罪性の宣言は、ペテロ（Ⅰペテロ
2：22――イザヤ 53：9 の引用）、ヨハネ（Ⅰヨハネ 3：5）、ヘブ
ル書の著者（ヘブル 4：15；7：26）のことばと比較できよう。
『神の義』が私たちの外にあるのと同様に、キリストが完璧に引
き受けられた罪はキリストの外にあった。罪責感や罪深い行為に
よって罪を知ることはなかったのである」（Harris, 2C, vol. 10,
354）。

ヘブル書の著者も「私たちの大祭司［イエス・キリスト］は、私
たちの弱さに同情できない方ではありません。罪は犯されませんで
したが、すべての点で、私たちと同じように、試みに会われたので
す」（ヘブル 4：15）と言っている。新約学者 P・ヒューズは、こ
の箇所の意味を明瞭に引き出している。

「誘惑そのものは中立である。誘惑を受けることは、美徳でも
なければ罪でもない。誘惑はテストであり、誘惑に抵抗し克服す
れば美徳、屈服し降伏すれば罪となるだけである。私たちの大祭

司が誘惑された経験は、**すべての点で**私たちの経験と一致している。キリストは初めから終わりまで試みに会われた。荒野ではサタンから私欲や名声や権力への誘惑を受けられた（マタイ4：1〜）。ゲッセマネの園では目の前の恐ろしい苦難の道から手を引くように誘惑された（マタイ26：38〜）。十字架上の苦しみの最中は、「もし、神の子なら、自分を救ってみろ。十字架から降りて来い」とあざけられた（マタイ27：40〜）。……地上の全生涯が、メシヤ性の証明とテストに満ちていた。だからこそ、カルバリを前にして、弟子の中の近い者たちを『試練の時にもわたしについて来てくれた人たち』と呼んだのである（ルカ22：28）。そして、誘惑に勝利されただけでなく、その中で私たちの弱さに対する深い同情心を育まれた。同時に、私たちの人間としての弱さが、『神の力と恵みによる勝利が現される機会』となることを示されたのである（Ⅱコリント12：9, 10）。

　罪は犯されませんでしたが、というこの断り書きは、非常に示唆的である。ひとつには、もしイエスが誘惑に屈してしまったならば、イエス自身、贖（あがな）いが必要になる。つまり、旧約時代の大祭司たちに勝るところがなくなる。旧約の大祭司は、まず自分自身の罪のために贖いのいけにえが必要だったのだ（ヘブル7：27）。ましてや、他人の罪を永遠に贖う力は、旧約の大祭司同様、ないことになる。さらにもう1点、イエスはご自身をいけにえにすると同時に、それをささげる者ともなられたが、誘惑に屈してしまうことは、傷も汚れもない神の小羊の資格を失い、ささげることも不可能になることを意味した（ヨハネ1：29、Ⅰペテロ1：19、エペソ5：2参照）」(Hughes, CEH, 172-73)。

3.3　敵の証言

イエスといっしょに十字架につけられた犯罪人のひとりが、イエ

スの無罪を証言している。ルカ 23：41 で、その犯罪人は、「この方
は、悪いことは何もしなかったのだ」と言った。

　ピラトも、イエスは何も悪いことをしていないと考えた。イエス
を尋問し、イエスの無実を確認して、宗教的指導者たちや民衆に、
「あなたがたは、この人を、民衆を惑わす者として、私のところに
連れて来たけれども、私があなたがたの前で取り調べたところ、あ
なたがたが訴えているような罪は別に何も見つかりません」と告げ
た（ルカ 23：14）。怒った群衆がイエスの死を求めて叫び出しても、
ピラトは「あの人がどんな悪いことをしたというのか。あの人には、
死に当たる罪は、何も見つかりません」と言った（ルカ 23：22）。

　イエスの十字架のそばに立っていたローマの百人隊長は、「ほん
とうに、この人は正しい方であった」と証言した（ルカ 23：47）。

　敵対者らは、たびたびイエスが罪を犯したと宣告しようとしたが、
有罪の立証は一度も成功しなかった（マルコ 14：55, 56）。マルコ
はそんな例を 4 つ挙げている（マルコ 2：1〜3：6）。

　第 1 に、イエスが人の罪の赦しを宣告したことで、冒瀆の罪を犯
したと非難した。しかし、イエスが神であるなら、赦しを与える権
威は当然有している。

　第 2 に、敵はイエスが「汚れた」者たち——取税人、売春婦等
——と交際していることを非難している。宗教的指導者の多くは、
義人はそんな罪人との接触はしないと考えていた。イエスはそれに
対し、自分は罪人を招くために来た、と答えられた（マルコ 2：
17）。

　第 3 に、イエスと弟子たちは、パリサイ人たちのように断食しな
かったことで、ユダヤ人の伝統を守っていないと非難された。それ
に対し、イエスはご自分が弟子たちといっしょにいる間は断食の必
要がない、しかし、イエスが取り去られた後は断食する、と応答さ
れた。

最後に、敵対者たちは、イエスが安息日に人をいやしたり穂を摘んだりしたときに、安息日に仕事をしてはならないという律法を破ったと非難した。しかし、イエスはユダヤ人の伝統の誤りを指摘し、自分の行為を弁明された。実際は、イエスのほうが神の律法に従順で、敵対者のほうが律法の本質に反する人間の伝統にしがみついていたのだ。イエスはただ、人間の伝統を破られただけだ。イエスは「安息日の主」である。

神と人に仕えるために自己を完全に無にする——このような姿勢こそ聖書が愛と呼ぶものである。愛に私利私欲はない。愛の本質は自己犠牲である。最低の人間にも一瞬そのような高潔さが見られることもあるが、イエスの生涯はそれを、まばゆい不滅の輝きで照らしたのだ。イエスに罪がなかったのは、無私だったからである。そのような無私は愛である。そして神は愛なのである。
——ジョン・ストット

3.3.1　歴史の評価

イエスの完全無欠の生涯は、二千年にわたって人々を引きつけて来た。どんなに精査された批判にも耐え、あらゆる立場の人々、さまざまな宗教的背景をもつ人々の心をつかんできた。たとえば、世界宗教であるイスラム教でも、イエスは罪のない方とみなされている。コーラン（マリヤ5：19）によれば、御使いのガブリエルがマリヤに現れ、マリヤの子イエスは「欠けのない方」すなわち何の罪も見出されない方となられる、と告げた。

教会史学者P・シャフはキリストについて「ここに人類の至聖所がある」と断言している（Schaff, HCC, 107）。「いまだかつてこれほど無害な存在が地上を歩んだことはなかった。この方は誰にも危害を加えず、誰かを利用することもなかった。一度も不適当なこと

ばを発したことはなく、一度もまちがった行動を起こすこともなかった」（Schaff, PC, 36-37）。

「イエスの生涯から受ける第一印象は、罪深い世のただ中において完全な純潔と聖さを持っておられたことである。この方だけが、幼年期のしみのない清らかさを、成人してからも汚すことなく保たれた。それゆえ、この方を象徴するものとして小羊と鳩がふさわしいのだ」（Schaff, PC, 35）。

「この方は美徳と聖さの理想を生身で具現化された方であり、神の視点でも、純潔、善良、高潔の最高の模範である」（Schaff, PC, 44）。

「からだとたましいと霊を持った真の人間でありながら、どんな人間とも異なっていた。その人格は幼年から大人となっても比類なきものだった。神と常に交わり、愛に満ちあふれ、罪や咎はひとつもなく、純潔で神聖。もっとも高潔な目的に身をささげ、あらゆる美徳を完全な調和をもって教え、実践し、その最高に聖い人生を最高に崇高な死で閉じられ、以来、善良と聖さの完全な、唯一の模範として認められている」（Schaff, PC, 73）。

J・ストットもこう言っている。「神と人に仕えるために自己を完全に無にする——このような姿勢こそ聖書が愛と呼ぶものである。愛に私利私欲はない。愛の本質は自己犠牲である。最低の人間にも一瞬そのような高潔さが見られることもあるが、イエスの生涯はそれを、まばゆい不滅の輝きで照らしたのだ。イエスに罪がなかったのは、無私だったからである。そのような無私は愛である。そして神は愛なのである」（Stott, BC, 44-45）。

W・スミスは言う。「イエスの実にすぐれた特徴に及ぶ者はいない。……その特徴とは**絶対な**善、完全な清らかさ、正真正銘の**神聖さ**、そして（イエスの場合は）無罪性にほかならない」（Smith, HYCH, 7）。

　罪のない人生を送るのは至難だが、イエスはそれをやってのけられた。W・スミスはこう述べている。「不道徳で堕落した人々に囲まれてこの地上で過ごした1500万分間が——産声を上げてから十字架上で息絶えるまで、人前でも私生活でも、すべての思考、すべての行為、すべての意図、すべての働きが、神に受け入れられた。主は罪を告白される必要がなかった。罪がなかったからである」(Smith, HYCH, 8-9)。

　T・ライトはイエスの最も有名な説教を取り上げてこうコメントする。「山上の垂訓はキリストの伝記だ。どの教えも、すでにキリストが実践されたことである。この説教は、単にキリストの生涯をことばに移し変えただけのことである」(Mead, ERQ, 60)。

　G・トマスは、イエスのうちに神の基準が完全に満たされていると述べている。「……キリストには……天の父との間に少しのかげりも生じませんでした。この方は全く汚れのないきよい方なのです。……キリスト自身が汚れた罪のある生涯を送ったのであれば、とうてい人類を罪から贖い出すことができないことになります。」(W・グリフィス・トマス『キリスト教信仰の証明』いのちのことば社、1990年、22ページ、Griffith Thomas, CIC, 17)。

　P・シャフの著書にはこのような発言が見られる。「人が善良で聖ければ聖いほど、いかに赦しが必要であるか、いかに不完全かを強く感じるものだ。しかし、イエスは私たちと同じ人間の性質を持ち、同じように誘惑を受けたにもかかわらず、誘惑に屈することはなかった。思考、発言、行為のいずれにおいても後悔するようなことは一切しなかった。赦しも、回心も、矯正も全く必要なかった。天の父に逆らうことは一度もなかった。全生涯が絶えず神の栄光と人々の恒久的幸福にささげられていた」(Schaff, HCC, 107)。

　W・E・チャニングは言う。「イエス・キリストのうちに輝き出る道徳的美点以外に、永遠の善を私は知らない」(Mead, ERQ, 51)。

このことばこそ、神であり人であるイエス・キリストの生涯に関する歴史の結論として最適である。

3.3.2　世界の懐疑論者たちの証言

フランスの理神論者J・ルソーはこう述べている。「プラトンは架空の義人を、罪の罰をすべて背負いながら、美徳がもたらす最高の報いを受けるにふさわしい存在として描いた。プラトンはまさにイエス・キリストの人格を描写したのである」（Schaff, PC, 134）。

哲学者および教育者であるJ・S・ミルは、「しかし、イエスの口から出たとされるこ

D・ストラウスは福音書に記された超自然的要素を最も辛辣に批判し、近現代において、キリスト信仰を最も破壊する本を著した。悪意に満ち、容赦のない、しかし見事な批判を繰り広げ、少しでも奇跡のにおいがするものは一切否定した。そのストラウスでさえ、晩年には、イエスのうちには道徳的完全性がある、と告白せざるをえなかった。「キリストは……伝説の存在ではなく歴史上の人物である。単なる象徴ではなくひとりの人である。……私たちが考えうる範囲内では、宗教の最高の模範であり続けている。完全な敬虔というものは、心にキリストを迎えないかぎりありえない」

——ウィルバー・スミス

とばを、弟子や信者の誰がでっち上げることができようか。また、福音書に記されている生涯や人格を作り上げることができようか」と言う（Schaff, PC, 145）。もちろん、誰もいない。福音書のイエスは歴史上のイエスなのである。

「イエスは人類史上最も完全な人だ」とR・W・エマーソンは強く主張している（Mead, ERQ, 52）。

歴史家のW・レッキーは言う。「イエスは……美徳の最高の模

範であるばかりでなく、その実践の最高の動機づけであった」
(Lecky, HEMAC, 8)。

W・スミスはこう述べている。

「D・ストラウスは福音書に記された超自然的要素を最も辛辣
に批判し、近現代において、キリスト信仰を最も破壊する本を著
した。悪意に満ち、容赦のない、しかし見事な批判を繰り広げ、
少しでも奇跡のにおいがするものは一切否定した。そのストラウ
スでさえ、晩年には、イエスのうちには道徳的完全性がある、と
告白せざるをえなかった。『キリストは……伝説の存在ではなく
歴史上の人物である。単なる象徴ではなくひとりの人である。
……私たちが考えうる範囲内では、宗教の最高の模範であり続け
ている。完全な敬虔というものは、心にキリストを迎えないかぎ
りありえない』」(Smith, HYCH, 11)。

結論としてB・ラムのことばを引用しよう。「神が人となられた
とき、罪のない完全さと完全な無罪性が予想される。それはイエ
ス・キリストのうちに見出すことができる。仮説と事実が一致する
のだ」(Ramm, PCE, 169)。

4　神が人になったなら、ご自身が超自然的な存在であることを超自然的な行為（奇跡）によって表すと予想される

4.1　聖書の証言
イエスは「あなたがたは行って、自分たちの見たり聞いたりした
ことをヨハネに報告しなさい。目の見えない者が見、足のなえた者
が歩き、ツァラアトに冒された者がきよめられ、耳の聞こえない者

が聞き、死人が生き返り、貧しい者たちに福音が宣べ伝えられている」と言われた（ルカ7：22）。イエスの奇跡は実にさまざまな力を表している——自然に対する力、病に対する力、悪霊に対する力、創造する力、死に対する力。この方の言動は預言を成就し、ヘブル語聖書で予告されていたメシヤであることを示した。

　以下はこの方が起こされた数多くの超自然的行為の一部である（Stott, BC, 500）。

からだのいやしの奇跡

　　——ツァラアトに冒された人（マタイ8：2〜4、マルコ1：40〜45、ルカ5：12〜15）
　　——中風の人（マタイ9：2〜8、マルコ2：3〜12、ルカ5：18〜26）
　　——ペテロのしゅうとめ（マタイ8：14〜17、マルコ1：29〜31）
　　——王室の役人の息子（ヨハネ4：46〜53）
　　——病気（ヨハネ5：1〜9）
　　——なえた手（マタイ12：9〜13、マルコ3：1〜6、ルカ6：6〜11）
　　——耳と口の自由がきかない人（マルコ7：31〜37）
　　——ベツサイダの盲人（マルコ8：22〜25）
　　——エルサレムの盲人（ヨハネ9章）
　　——バルテマイ（マルコ10：46〜52）
　　——10人のツァラアトに冒された人（ルカ17：11〜19）
　　——マルコスの切り落とされた耳（ルカ22：47〜51）
　　——長血（マタイ9：20〜22、マルコ5：25〜34、ルカ8：43〜48）

——水腫（ルカ 14：24）

自然界における奇跡

——カナで水をぶどう酒に変える（ヨハネ 2：1 〜 11）

——大暴風を静める（マタイ 8：23 〜 27、マルコ 4：35 〜 41、ルカ 8：22 〜 25）

——超自然的な大漁（ルカ 5：1 〜 11、ヨハネ 21：6）

——5,000 人の給食（マタイ 14：15 〜 21、マルコ 6：34 〜 44、ルカ 9：11 〜 17、ヨハネ 6：1 〜 14）

——4,000 人の給食（マタイ 15：32 〜 39、マルコ 8：1 〜 9）

——水の上を歩く（マタイ 14：22 〜 33、マルコ 6：45 〜 52、ヨハネ 6：16 〜 21）

——魚から金が出る（マタイ 17：24 〜 27）

——いちじくの木を枯らす（マタイ 21：18 〜 22、マルコ 11：12 〜 14）

死者のよみがえりの奇跡

——ヤイロの娘（マタイ 9：18 〜 26、マルコ 5：35 〜 43、ルカ 8：41 〜 56）

——やもめの息子（ルカ 7：11 〜 15）

——ベタニヤのラザロ（ヨハネ 11：1 〜 44）

4.2　イエスの奇跡に関するコメント

　P・リトルは、「キリストは自然を自由に操る力を持っていることを示された。それは自然を造られた方、神だけが持つ力である」と端的に述べている（Little, KWYB, 56）。

P・シャフは言う。「［キリストの奇跡は］人を欺（あざむ）くトリックや、外典に書かれている不必要で滑稽（こっけい）な奇跡とはまったく別物である。主は見せびらかすようなことはなく、主にしか行えない簡単な方法で行われた」(Schaff, HCC, 105)。

G・トマスもこのように語っている。「福音書で、これらの奇跡を指すために用いられていることばのひとつが、ふつうの『仕事』（エルガ）という語であるのは注目すべきだ。これらの奇跡は、この方の人生が自然かつ必然的に生み出したものであり、この方の本質を行為で表したものである」(Thomas, CIC, 50)。トマスはさらにこうも言っている。「すべてはこの一点にかかっている。『仮にそんな超自然的な方がいたとして、超自然的な行為はその方の人生と調和しているか。』この方の行いの性質、その恵み、へりくだった態度、この方の公生涯に奇跡が占める比較的低い位置、霊的な人間関係の方が血縁関係よりも重視されている事実——これらはすべて、この方の自己表明や行いと見事に調和している。(Thomas, CIC, 54)。

P・シャフもそれに同意している。「奇跡はすべてこの方の人格が自然に現れ出たものにすぎず、私たちが日常の作業を行うのと同じ容易さで行われたものである」(Schaff, PC, 76-77)。「この方の奇跡は例外なく、最高に純粋な動機から出ており、神の栄光と人の益のためになされた。これは愛とあわれみの奇跡であり、教訓に満ちており、この方のご人格と使命と調和している」(Schaff, PC, 91)。

F・H・チェイスはこう述べている。

今日の私たちにとっては、キリストという人物こそが偉大な奇跡である。奇跡からキリストへと論ずるのではなく、キリストから奇跡へと論ずることが、正しい思考である。
——グリフィス・トマス

　「福音書に記録されている主の奇跡の背後にある動機は常に変わることがない。奇跡の記事は福音書のあちこちに散らばっているが、そこに無作為の一貫性が見出される。これらの記事はイエスの救い主としての全活動を網羅しており、その活動は人間の複雑な各部分を刷新し、物質世界の秩序を回復する。福音書の奇跡は、主の尊厳や力を大きく見せることを意図して記録されているわけではない。もし奇跡が信仰の生み出す空想の産物で、主の偉大さや栄光を印象的に語る材料なのであれば、これほどの一貫性と整合性があることも、これほど控え目であることも考えられないことである」（Rice, IJG, 404）。

　トマスは「今日の私たちにとっては、キリストという人物こそが偉大な奇跡である。奇跡からキリストへと論ずるのではなく、キリストから奇跡へと論ずることが、正しい思考である」と結論づけている（Thomas, CIC, 49）。
　イスラム教でさえもイエスの奇跡の力を認めている。コーラン（食卓章110）は、イエスが盲人やツァラアトに冒された人をいやしたことや、死人を生き返らせたことを記録している。

4.3　近い時代のユダヤ人たちによる証言
　「ユダヤ教の律法や史書には、イエスの奇跡の記録がいくつもある」とE・ストーファーは『イエスとその物語』で語る。「後95年ごろ、ルダのラビ、エリエゼル・ベン・ヒルカノスがイエスの魔術について語っている」（Stauffer, JHS, 9）。「同じころ（後95〜110年）に『イエスは魔術を行い、イスラエルを迷わせた』という儀式用の宣言が見られる」（サンヘドリン43a）（Stauffer, JHS, 10）。「110年ごろ、パレスチナのユダヤ人たちの間に、イエスの名によっていやすことは許されることかどうか、という論争があったこと

が知られている。……さて、イエスの名によって奇跡的ないやしが
なされているということは、イエス自身もそのような奇跡を行った
ことを示している」(Stauffer, JHS, 10)。

　背教者ユリアノスも遠回しに言及している。ユリアノスは後361
〜363年のローマ皇帝で、初期キリスト教の敵の中でも最も手ごわ
い相手のひとりだった。その彼がキリスト教への反論の書でこう述
べている。「イエスは……これまで約300年間ほめたたえられてき
た。しかし、この者はその生涯で名声に価することを何ひとつして
いない。ベツサイダやベタニヤの村々で足の不自由な人々や盲人を
いやしたり、悪霊につかれた人から悪霊を追い出したりすることが、
そんなに大したことでないかぎりは」(Schaff, PC, 133)。こうして
ユリアノスは、期せずしてキリストに奇跡を行う力があると認めて
しまっている。

4.4　批判への反論

　B・ラムは言う。「もし『奇跡』に人格があったなら、証人にな
りえる。奇跡に十分な証言がそろっているならば、記録上の奇跡も
証拠として、その出来事の目撃者と同じ資格をもつことになる」
(Ramm, PCE, 140)。このことはイエスの奇跡についても当てはま
る。イエスの奇跡は公衆の面前でなされたものであり、したがって
誰（懐疑論者を含めて）の吟味や調査も拒むことはしないからであ
る。

　たとえば、イエスがラザロを死人の中から生き返らせた出来事を
考えてみよう。B・ラムはこう述べている。「ヨハネがラザロの復
活を目撃し、機能も記憶もまだ正常なうちに、忠実に記録したとす
れば、私たちがそこにいて見ているのと同じ目撃証言になる」
(Ramm, PCE, 140-41)。

　キリストの敵対者らは、ラザロ復活の奇跡は起こらなかった、と

は言わなかった。ただ、ユダヤの人々が信じる前にイエスを殺そうとしたのだ——この事実も重要である（ヨハネ 11：48）。

　したがって、イエスの時代の人々（敵も含めて）は、イエスが奇跡を起こす力を持っていたと証言していることになる。

　敵対者らは、その力がサタンから来たものだとし、弟子たちは神からのものだと理解した（マタイ 12：24）。イエスはサタンの力で奇跡を起こしているのだという中傷に対し、「どんな国でも、内輪もめして争えば荒れすたれ、どんな町でも家でも、内輪もめして争えば立ち行きません。もし、サタンがサタンを追い出していて仲間割れしたのだったら、どうしてその国は立ち行くでしょう」と反論された（マタイ 12：25、26）。

　異教の奇跡の記事がとっぴで、明らかに迷信だというだけで、福音書の奇跡も無視してしまうべきではない。偽物の奇跡があるとしても、それですべての奇跡がいつわりだということにはならない。

　また、イエスの奇跡を信じずに、キリストを信じているようなふりをすることもできない。C・S・ルイスがはっきり言っている。「奇跡的な部分を差し引いたとしてもヒンズー教の本質的要素がすべて損なわれることはないし、イスラム教にもほぼそう言えると思う。しかし、キリスト教に対しては言えない。キリスト教はまさに偉大な『奇跡』の物語である。奇跡を排除したキリスト教というのは、キリスト教の特質をすべて省いてしまうのだ」（Lewis, M, 83）。

　奇跡は、キリスト教において付録ではない。奇跡を取り除けば、その根幹を失う。B・ラムはそのことをこう指摘する。「奇跡は、キリスト教以外の宗教では、その神をすでに信じているから信じられるものである。しかし、**聖書的**信仰における奇跡は、真の信仰が成立するための要因である。それは計り知れないほどの重要性を持つ。イスラエルは一連の奇跡によって生まれた。律法の授与には、不思議な超自然現象が伴っていた。預言者が『神の代弁者』である

ことは、多くの場合、奇跡によって証明された。イエスが来られた
とき、説教だけでなく奇跡も行われた。そして使徒たちも、たびた
び不思議なわざを行った。キリスト教が本物であることをあらゆる
点において証明したのは奇跡なのである」(Ramm, PCE, 142-43)。

したがって、J・A・ブローダスはこのように述べている。「福音
書は現在の状態のままで理解［しなければならない］。……そして、
もしナザレのイエスが奇跡を行わなかったのであれば、イエスは何
度も嘘をついたことになる。イエスは他のどんな人間とも異なる話
し方をし、その人格には何の欠点も見当たらなかった……イエスは
超自然的なわざを行われたか、嘘をついたか、そのどちらかであ
る」(Broadus, JN, 72)。A・E・ガーヴィーもそれに同意する。「神
の御子であり救い主でありながら奇跡を行わないキリストというの
は、理解することも信頼することも難しい」(Garvie, HCA, 73)。

イエスが奇跡をなされたのは、神の御子として神の力をうちに宿
しておられたからである。

5　神が人になったなら、どんな人間よりも完璧な生涯を送ると予想される

5.1　信奉者たちの証言

「イエスはあらゆる点において真に人間であったし、同時に人間
以上の存在であった」(Scott, JMSH, 27)。

A・M・フェアベアンは、著書『キリスト教哲学』でこう記して
いる。「イエスは、神が時間の制約の中で人間の姿をとって現れた
方である。そのこと自体がすでに驚くべきことだが、さらに驚かさ
れるのは、その生涯で示された完全な生き方である。これほど高尚
な生涯を送った者はいない」(Fairbairn, PCR, 326)。

「この方の生涯はきよいものであった。この方のことばは真実であ

った。この方の全人格が真理の具現であった。ナザレのイエス以上に純粋な人間、また真の人間は存在したことがない」（Thomas, CIC, 11）。

J・ヤング著『歴史のキリスト』に書かれている考察。「全人類の中でこの方だけが、なぜ霊的完全の領域に達することができたのだろうか。……イエスが単なる人であるなら、神はどんな時代にも、世を正し、人を教え導く聖人をたくさん起こされたはずだ。しかし、神はそうなさらなかった」（Young, CH, 243）。

C・シンプソンはこう記している。

「この方を他の偉人と同列に置くことを、私たちは直感的に拒む。孔子に始まりゲーテで終わるリストの中にこの方の名を見つけると、まちがいだと感じる。それは正統的教理に対するまちがいというより、礼儀上のまちがいなのだ。イエスは世界の偉人のひとりではない。アレクサンドロス（アレクサンダー）大王やカール大帝やナポレオン大帝を偉人と呼びたければ呼ぶがよい。……しかし、イエスはまったく異なる存在である。イエスは『偉大』な存在ではない。『唯一無二』の存在である。ただイエスなのである。そこに付け加えられるものは何もない。……私たちの分析を超えた存在である。人を判断する基準を壊してしまう。私たちの批評は限界を超えてしまう。私たちの心に畏怖の念を起こさせる。C・ラムは……『もしシェークスピアがこの部屋に現れたなら、私たちはみな立ち上がって迎えるであろう。しかし、この方［イエス］が来られるなら、私たちはみなひれ伏し、その衣のすそに口づけしようとするにちがいない』と言っている」（Stott, BC, 36 における引用）。

G・トマスはこう述べる。「イエスは、歴史のある瞬間に、神に

よって人類のために送られた方である。そして私たちは、キリストご自身が偉大な奇跡であるという信仰を譲歩させることはない」(Thomas, CIC, 53)。「キリストは、およそ人間が持ちえるすべての良い性質を持っておられ、人間が想像できるどんな美徳も備えておられると言っても過言ではない」(Thomas, CIC, 11)。

P・シャフは言う。

　「この方の熱意が、熱狂のレベルまで落ちることはなかった。また、その継続性が頑固さに、その情愛の深さが軟弱さに、その優しさが感傷になることはなかった。この方の超俗的人柄には冷淡さや無愛想な態度が伴うことはなかったし、その威厳には高慢さや横柄さが、その情感の豊かさにはなれなれしさが、その自己否定には気難しさが、その自制心には厳格さが伴うこともなかった。この方の子どものような純真さは男性らしい力強さと結びついていたし、神への絶対的献身は人々の幸福への関心と、罪人への優しい愛は罪に対する妥協なき厳しさと、堂々たる威厳は人を引きつける謙遜さと、恐れを知らない勇気は賢明な慎重さと、断固たる態度は穏やかさと結びついていた」(Schaff, PC, 63)。

　ユダヤ人学者クラウスナーは、「イエスはユダヤ人の中でも最もユダヤ人らしく、ヒレル［訳者注：高名なユダヤ教の教師］以上にユダヤ人らしかった」と言っている (Klausner, YH, 1249)。
「キリストが教えられたのは、最も高潔で崇高な倫理体系であり、古代の大賢人たちの道徳的教訓や格言をまったくかすませる倫理体系であることは……あまねく認められている」(Schaff, PC, 44)。
　J・パーカー著『神を見よ』(Ecce Deus) には、「キリストだけがキリストを思いつくことができたであろう」とある (Martin, CC, 57)。

J・G・ヴォン＝ハーダーは「イエス・キリストは最も高潔で最も完全な意味で、人間の理想形である」と言い切っている（Mead, ERQ, 53）。

G・A・ロスはこうまで言っている。

「イエスが、男性・女性それぞれの理想として、特異な位置を占めていることを考えたことがおありだろうか。イエスをあえて侮辱的な意味で中性と呼んだ者はいない。しかし性格において、この方は性別を超え、あえて言うならば男性・女性の中間に位置しておられる──この方の包括的な人間性はまさに、両性の理想の宝庫なのだ。この方のうちに、両性の理想が実現している。男性の強さ・正義・知恵、そして女性の繊細さ・清さ・洞察力は、すべてキリストのうちに見ることができる」（Ross, UJ, 23）。

この方の熱意が、熱狂のレベルまで落ちることはなかった。また、その継続性が頑固さに、その情愛の深さが軟弱さに、その優しさが感傷になることはなかった。この方の超俗的人柄には冷淡さや無愛想な態度が伴うことはなかったし、その威厳には高慢さや横柄さが、その情感の豊かさにはなれなれしさが、その自己否定には気難しさが、その自制心には厳格さが伴うこともなかった。この方の子どものような純真さは男性らしい力強さと結びついていたし、神への絶対的献身は人々の幸福への関心と、罪人への優しい愛は罪に対する妥協なき厳しさと、堂々たる威厳は人を引きつける謙遜さと、恐れを知らない勇気は賢明な慎重さと、断固たる態度は穏やかさと結びついていた。

──歴史学者フィリップ・シャフ

ナポレオン・ボナパルトは言った。「私は人間というものを知っている。だから、言おう。イエス・キリストはただの人間ではない。

……地上に存在するどんな人間であれ、イエスと比較することはできず、比較することばも見つからない。……アレクサンドロス（アレクサンダー）もカエサル（シーザー）もシャルルマーニュ（カール大帝）も、そして余も、帝国を建て上げた。しかし、我々は何に依り頼んで自分の才能を用いたであろうか。武力である。イエス・キリストはその帝国を愛の上に打ち建てられた。そして今でもこの方のために命を投げ出す者は何百万といる」（Mead, ERQ, 56における引用）。

　　ユニテリアン派のT・パーカーは率直にこう言っている。「キリストは自身のうちに、最も崇高な原則と最も神々しい行動を融合させている。……自分の時代・国・宗教のどんな偏見にも縛られず、光のように美しく、天国のように荘厳で、神のように真実な教理を注ぎ出した。人類の太陽がイエスという姿をとり、あれほどの高みに上ってから1800年の時が流れた。どの人間が、どの宗派がイエスの考えを習得し、イエスが取られた方法を理解し、十分な形でそれを生活に適用しただろうか」（Ballard, MU, 252）。

　　イエスの影響力はあまりにも大きく、イエスと対峙した者はイエスの側につくか、敵対するかのいずれかを選択せざるをえなかった。多くの人は無関心であるが、無関心には一貫性がない。

　　コーラン（イムラーン家章45）はイエスが「今の世と次の世におけるすべてにまさって偉大だ」と言っている。

　　パスカルは「福音書記者は、これほど完璧で崇高な人間の資質を誰から教えられたのか――イエス・キリストがこれほど完璧に描かれているとは」と自問している（Wolff, SMIJCU, 29）。

　　F・バラード著『不信仰の奇跡』に、チャニングのことばが引用されている。「イエスに向けられるべき驚嘆、崇敬、愛をさらに深めるために何を付け加えることができようか、私にはわからない」

（Ballard, MU, 252）。

B・ラムは「神であり人であるイエス・キリストはこれまで生きたすべての**人格**の中で最も偉大な方であり、したがって、この方が残した影響力はこれまで生きたすべての人の中で最大のものである」（Ballard, MU, 173）。

P・ブルックスは最も簡潔にまとめている。「イエス・キリスト、神性が低められた存在、人間性が高められた存在」（Mead, ERQ, 56）。

5.2 敵対者たちの意見

歴史学者P・シャフは言う。「ゲーテもまったく異質ながら天才の名に恥じない人物であるが、宗教に関してはまちがいなく先入観を持っていた。その彼も晩年には、壮大な歴史を振り返り、告白せざるをえなかった。『もし神が一度でも地上に現れることがあったとすれば、それはキリストという人物の姿をとおしてであろう。』『人間の精神は、たとえ他のすべての領域でどんなに進歩するとしても、福音書において燦然と輝くキリスト教の高貴さと徳育を超えることは決してない』」（Schaff, HCC, 110）。

「福音書は完全に真正だと思う。福音書からは、崇高な光がイエス・キリストという人物をとおして輝き出ている。この光は、かつて地上に現れたどんなものよりも神聖である」（Ballard, MU, 251）。

歴史家H・G・ウェルズは、キリストについて非常に興味深い証言を残している。

「彼は弟子たちにとってあまりにも偉大な存在だった。そして、彼が単刀直入に語る教えが、富み栄える者たちに異様な恐怖を感じさせ、自分の世界が流れ去る不安を覚まさせたとしても不思議ではない。おそらく祭司、指導者、金持ちらは、弟子たちよりも

彼のことを理解していたのだろう。彼らが社会奉仕から得ていた
密かな個人の利得を、彼は普遍的な宗教生活の光の中に引きずり
出した。それまで馴染んできた隠れ家から人間を引っ張り出す、
何か恐ろしい道徳の狩人のような存在だった。彼の王国の輝きの
中では、財産も特権も誇りや優先権もあってはならなかった。実
に、愛以外のどんな動機も報酬もあってはならなかった。人々が
眩惑され、目が閉ざされて、彼に怒声を浴びせたとしても、不思
議ではない。弟子たちでさえ、彼が光を十分に与えてくれないと
きには叫び声をあげた。また、祭司たちが、彼と自分のどちらか
が消え去るしか選択肢がないと理解したとしても、不思議ではな
い。そして、ローマ兵たちが、自分たちの理解を超えたもの、訓
令に脅威となるものと直面して度肝を抜かれてしまい、粗暴な嘲
笑に逃げ込み、彼にいばらの冠をかぶせ、紫の衣を着せて皇帝に
見立て、あざけったとしても不思議ではない。彼を真剣に信じる
なら、未知で危険な人生に乗り出すことになり、馴染んだ習慣を
捨て、衝動や欲求を抑え、ありえないような幸福を試してみるこ
とになる……。

　このガリラヤ人が、今日にいたるまで私たちの小さなハート
にとって手に負えない存在だとしても驚きに値するだろうか」
(Wells, OH, 535-36)。

ウェルズは、歴史上、最も長く影響を与えているのは誰かと尋ね
られ、人の偉大さを歴史的基準で判断して、「イエスが第一の地位
にいる」と答えている (Ramm, PCE, 163)。

　「未来にどんな驚くべきことが起こっても、イエスに勝る人物が
現れることは決してないだろう」とE・リーナンは評している
(Ross, UJ, 146)。

　トマス・カーライルはイエスのことをこう語る。「最も神聖な象

徴である。人の思想はいまだに彼を超えていない。永続的、無限の
性質の象徴だ。その重要性は常に新たに探求され、新たに明らかに
されなければならない」(Schaff, PC, 139)。

ルソーはこう言っている。「福音書でその生涯が語られている人
物は、本当に人間なのか。そのふるまいのなんと優しく、なんと清
らかなことか。その教えはなんと正しく、心を打つことか。その格
言はなんと高尚であることか。その説教はなんと深い知恵に満ちて
いることか。その対応はなんと冷静沈着、なんと巧みで公正なこと
か。ソクラテスの生と死が哲学者らしいものであるのなら、イエス
の生と死は神のものである」(Ballard, MU, 251)。

6 神が人になったなら、まちがいなくどんな人間より もすぐれたことを言うと予想される

6.1 新約聖書の記録

イエスは、「この天地は滅びます。しかし、わたしのことばは決
して滅びることがありません」と言われた (ルカ21：33)。

イエスのことばを聞いた群衆が驚くことはよくあった (ルカ4：
32)。役人でさえも「あの人が話すように話した人は、いまだかつ
てありません」という声をあげたほどである (ヨハネ7：46)。

6.2 すぐれたことば

S・アッシュはこう記している。「イエス・キリストは不世出の
人物である。……ユダヤ人であれ、キリスト教徒であれ、仏教徒で
あれ、イスラム教徒であれ——私たちが住む世界にとってこれほど
道しるべとなる教えを**いまだに**提供している教師はいない。他の教
師たちは、東洋人にとって、アラブ人にとって、西洋人にとっての
基本原則を提供してくれる人物なのかもしれない。しかし、イエス

の全言動は私たちすべての者にとって価値のあるものなのだ。イエスは『世の光』となられた。ユダヤ人である私がそれを誇らずにいられようか」(Mead, ERQ, 49)。

G・J・ロマネスはこう述べている。

「この方のことばのどれを取ってみても、時代遅れで消え去ったものはない。それほど多くのことばが記録されて残っている。それは注目に値することだ。……古代の思想家たちと対比してみるがよい。プラトンはキリストより約400年先んじるが、哲学的思索の面ではキリストよりはるかに進んでいた。そのプラトンでさえ、キリストの足元にも及ばないのだ。『対話編』には、福音書と異なり、あらゆる種類の誤りが見られる。その道理的誤りは愚かだと言ってもいいほどだ。それでも、神の啓示なしに人間の理性が霊性に関して達しうる最高レベルである」(Ross, UJ, 157)。

J・パーカーは言う。「プラトンやソクラテスやアリストテレスの説を読んで感じることは、彼らのことばとキリストのことばの明らかな違いは、研究と啓示の違いだ」(Mead, ERQ, 57)。

「二千年にわたってイエスは『世の光』であり続け、滅びることはなかった」(Morris, BHA, 28)。

F・J・A・ホート――「イエスのことばは完全にご自分の一部で

大工だったキリストは特別な訓練は受けておらず、ギリシャの文化や学問については無知だった。ユダヤの偉大な教師たちは狭量で気難しく、偏屈で形式にこだわる律法主義者であった。そんな環境にいたキリストがどのようにして世界の最高の宗教的教師となれたのか。この方は、自身のすばらしさによって人類史の最高人物とされるのだ。
――W・S・ピーク

あり、ご自身のうちから出たことばである。イエスが自分から切り
離して、抽象的な真理を語られたとしても、何の意味もない。イエ
スのことばは、イエス自身を中心の話題としないならば、全部ばら
ばらになってしまう」(Hort, WTL, 207)。

　「しかし、イエスの言動は感動的なほど完全無欠である。確実に
イエスのものだと判定できることばは、イエスそのものを表現して
おり、それゆえ私たちは信頼することができるのだ。『わたし』と
いう人称代名詞を用いられるとき（『しかし、わたしはあなたがた
に言います』）、そのひとつひとつのことばの背後には、イエスご自
身の誠実さとメシヤとしての意図がある。もしこの方の言動がメシ
ヤ的であるなら、それはイエス自身がそのように意図されるからで
ある。そして、イエスがそのように意図されるのは、ご自身をメシ
ヤ的な視点で見ておられるからだ」(Gruenler, JPKG, 97)。

　「キリストのことばは、キリストがキリストであるがゆえの永続
的な価値を持っている。この方は永遠なる方ゆえに、永遠に存在す
る」(Thomas, CIC, 44)。

　B・ラムは言う。

　「……福音書は人類史上、最高の書である。どの時代のどの国
の誰が書いた本よりも、多くの人に読まれ、多くの著述家によっ
て引用され、多くの言語に訳され、多くの芸術で表現され、多く
の音楽に変換されている。しかし、キリストのことばが偉大なの
は、こうした数字で勝っているからではない。福音書がどの書に
も勝って多くの人に読まれ、引用され、愛され、信じられ、翻訳
されているのは、これまで語られたことばの中で最も偉大なもの
だからである。では、その偉大さはどこにあるのか。それは、人
間の胸のうちにある人生の大問題を明確に、決定的に、**権威をも**
って解く、その聖く澄み切った霊性にある。人生の大問題とは、

『神はどんな方か』『神は私を愛しておられるのか』『神は私に何を望んでおられるのか』『神は私の罪をどうご覧になるのか』『私はどうすれば罪の赦しを得られるのか』『私は死んだらどこに行くのか』『人にどう接するべきなのか』というものである。どんな人間のことばも、イエスのことばほどの魅力はない。イエス以外の誰も、人間の根源的な問いに対する答えを持っていないからである。それは神が与えられることばであり、答えである。イエスの神性を信じる私たちにとって、そのことばと答えがイエスの口から出て来るのは不思議なことではない」(Ramm, PCE, 170-71)。

「この方が語ったことばは威厳があり、全く他を寄せつけない。ただ語られたとき、そのことばが成就するとはとても思えなかった。しかし、歴史を振り返ると、それがどう成就したかを見ることができる。この方のことばは法になり、教理になり、格言になり、慰めの源となり、『滅びる』ことは決してなかった。これまでこの方以外の誰が、自分のことばは永遠に続く、と言えたであろうか」(Maclean, CBS, 149)。

「人間の知恵の体系は入れ替わり、王国や帝国も盛衰を繰り返す。しかし、いつの時代になっても、キリストは『道であり、真理であり、いのち』であり続けるだろう」(Schaff, HCC, 111)。

キリストの教えは思考の制御から意志の抑制まで、あらゆる点で完成されたものである。それゆえ、G・トマスはキリストのメッセージが「廃れることのないもの」だと言う。どの世代も新しく刺激的だと感じるのである(Thomas, CIC, 36)。

M・ホプキンズは「これまで起こったどんな革命も、イエス・キリストのことばが生み出したものとは比べものにならない」と断言している(Mead, ERQ, 53)。

W・S・ピークもそれに心から賛同する。

　「ときどき、『イエスが言ったことはすべて誰かが先に言ったことだ』と言う者がいる。それが事実であると仮定してみよう。すると、どうなるか。独創性というものはよいときとそうでないときがある。真理がすでに語られているのであれば、それを繰り返し、その適用を豊かなものにすることが価値あることとなる。……自分が唱える思想体系からささいなもの、永続しないもの、まちがったものを、これほど完全に取り除いた教師は他にいない。永遠で普遍的なものだけを選び出し、その偉大な真理のすべてを適切に結び合わせて教えた教師は他にいないのだ。キリストの教えと似ているような教えはあるにしても、どれもあれこれ継ぎ合わせただけで、キリストからはほど遠い。全体的にはキリストと同じような真理が語られていても、そこに大量のささいなもの、ばかげたものが混ぜられてしまっている。大工だったキリストは特別な訓練は受けておらず、ギリシャの文化や学問については無知だった。ユダヤの偉大な教師たちは狭量で気難しく、偏屈で形式にこだわる律法主義者であった。そんな環境にいたキリストがどのようにして世界最高の宗教的教師となれたのか。この方は、自身のすばらしさによって人類史最高の人物とされるのだ」（Peake, CNT, 226-27）。

G・トマスは次のような結論に至っている。

　「正式なラビとしての訓練を受けていないにもかかわらず、この方はご自分が真理であると信じたことに関して、臆病になったり、自意識過剰になったり、躊躇したりすることがなかった。自分や相手のことを気にせず、いつも遠慮なく大胆に語られた。そ

の結果、自分に何が起こるかにはまったく無頓着で、真理と父から託されたメッセージを語ることだけを願っておられた。この方が語るメッセージは大きなインパクトを与えた。『そのことばに権威があったからである』（ルカ4：32）。この方のうちにある霊的な力は、語ることばに自然に現れ、聞く者の心をしっかりとつかんで放さなかった。したがって、この方が独特の印象を残したのは不思議なことではない。『あの人が話すように話した人は、いまだかつてありません』（ヨハネ7：46）。この方の教えは単純で人を引きつける力を持っていたが、同時に深み、率直さ、普遍性、真実性を持っていた。その教えは聞き手に強く影響し、自分はかつてない偉大な師の前にいるのだと確信させた。このように、福音書に記された多くの教えや、師自身が残された印象があまりにも強烈だったので、後年、異邦人への大使徒パウロがそれらを振り返り、『主イエスご自身が……言われたみことばを思い出すべき』だと言った（使徒20：35）のも、驚くべきことではない。キリストと直属の弟子たちの時代以来、一度もこの印象が変わっていない。キリスト教の本質としてのこの方を徹底的に検証しようとするなら、その教えに細心の注意を払わずにはいられない」（Thomas, CIC, 32）。

7　神が人になったなら、世界規模の影響を永遠に持つと予想される

イエス・キリストは人類に多大な影響を与えてきたので、2000年後の今日もその影響力は弱まっていない。イエスとの出会いによって人生の変革を体験する人は毎日起こされている。

歴史学者K・S・ラトゥレットは言った。「歴史的影響力から判断して、**イエスはこれまで地球で生を受けた人物の中で、最も影響**

力のある人物である。その証拠は増える一方であり、その影響はさらに増し続けているようだ」(Latourette, AHR, 272)。

P・シャフもこう言っている。

「このナザレのイエスは資金も武力もなしに、アレクサンドル（アレクサンダー）、カエサル（シーザー）、ムハンマド（マホメット）、ナポレオンよりも多い、何百万という人々を征服した。学識や科学に頼らず、人と

世に理想的な人間像を提示することができたのはキリスト教だけだった。キリスト教が掲げた理想の人間は、1800年間のあらゆる変化の中でも、熱い愛によって人の心を鼓舞してきた。あらゆる時代・国・気質・状況に対し、影響力を発揮してきた。美徳の最高の模範であるだけでなく、その実践を動機づける存在としても最高であった。それゆえ、3年間の簡単な活動記録が、どんな哲学者の論文や道徳家の奨励よりも人類の心をやわらげ、新しいいのちを授ける大きな役割を果たしたのである。

——懐疑論者ウィリアム・レッキー

神に関することを、哲学者を始めすべての学者たちを合わせたよりも多く明らかにされた。諸学派が教える雄弁術も用いず、それ以前も以後も決して語られることのなかったいのちのことばを語られ、雄弁家や詩人が及びもつかない感銘を与えられた。ただ1行の文章を書くこともなく、古代から現代にいたる偉人たちよりも多くのペンを動かし、より多くの説教・演説・討論・学術書・芸術作品・讃美歌の主題を提供された」(Schaff, PC, 33)。

「人類に対するイエスの影響力の強さは、今日も地上におられたときと変わらない」(Scott, JMSH, 29)。

「その［イエスの］ミニストリーは3年しか続かなかった——に

もかかわらず、その３年間に最も深遠な宗教的意義が凝縮されている。これほど短く、これほど静かで、これほど謙遜で、これほど世の雑音と喧騒から遠く離れて生きた偉人はいない。その地上生涯が終わってから、全世界でこれほど永続的な関心を集めている偉人はない」（Schaff, HCC, 103）。

G・トマスはこう述べている。

　「イエス・キリストがこの地上を去られるときに弟子たちに語られたのは、自分が去った後に弟子たちが行うわざは、自身がなされたわざよりも大きい、ということであった。その後のキリスト教史は、そのことばが真実だったことを証し続けてきた。質的にはさらに偉大なことがなされてきた——今もなされている。それは今日、イエス・キリストが、地上におられたときよりも、もっとすばらしいわざをなさっておられることを意味する。いのちを贖い、人生を変革し、人格を一変させ、人々の理想を引き上げ、人を愛の行いに駆り立て、人間の生活と発展において最善で最高で最も真実なものを促進しておられる。……したがって、キリスト教がキリストであること、そしてキリストとは誰かと証言することが最重要事であること——それを証明する最も端的な証拠のひとつは、キリストがいつの時代にも絶えず与えて来られた影響力なのだ」（Thomas, CIC, 121）。

懐疑論者W・レッキーは、著作『ヨーロッパ道徳史——アウグストゥスからシャルルマーニュまで』でこう言っている。

　「プラトン学派は神を模倣することを、ストア学派は理性に従うことを、キリスト教はキリストを愛することを説いた。後期ストア学派は、優秀という概念を理想的な賢人の例によって説くこ

とが多く、エピクテトスに至っては、自分の前に非常に優秀な人
を据え、その人物がいつも自分のそばにいると想像することを弟
子たちに奨励した。しかし、ストア学派が到達できる最高の型も
模倣であり、そこから起こる称賛が愛に高まることはなかった。
世に理想的な人間像を提示することができたのはキリスト教だけ
だった。キリスト教が掲げた理想の人間は、1800年間のあらゆ
る変化の中でも、熱い愛によって人の心を鼓舞してきた。あらゆ
る時代・国・気質・状況に対し、影響力を発揮してきた。美徳の
最高の模範であるだけでなく、その実践を動機づける存在として
も最高であった。それゆえ、3年間の簡単な活動記録が、どんな
哲学者の論文や道徳家の奨励よりも人類の心をやわらげ、新しい
いのちを授ける大きな役割を果たしたのである。実に、クリスチ
ャン生活全般の最も聖い源泉はこれであった。罪と失敗、教会の
名を汚す迫害行為と狂信、聖職者の政略の歴史にあっても、新生
に関する永遠の原則だけは、キリストの人格と模範によって保持
されてきたのである」(Lecky, HEMAC, 8)。

G・トマスは主張する。「この方は今日の世界で最も影響力のあ
る人物である。よく言われるように、今も第5福音書が書かれ続け
ている——人々の心と人生に対する、また国々に対するイエス・キ
リストのみわざの記録である」(Thomas, CIC, 117)。
ナポレオンはこう言った。

「時空の壁を意識しなくなるほど、目に見えない世界へと人の
心を引き上げたのはキリストだけである。1800年の時を超えて、
どんな要求よりも困難な要求をイエス・キリストは突きつけてこ
られる。哲学者がその徒に、父親がその子に、新婦が夫に、人が
兄弟に求めても、満たせないような要求を突きつけてこられる。

キリストは心を求められる。それを完全に独り占めしようとされる。無条件に要求される。能力と才能はキリストの帝国に併合される。キリストを心から信じる者はみな、この方に対するその超自然的な愛を経験する。この現象は説明不可能である。人間の創作能力の範囲を完全に超えている。偉大な破壊者である『時間』もその力を消耗しつくせないし、その範囲を制限することもできない」（Ballard, MU, 265 における引用）。

さらにナポレオンはこうも言う。「まさにキリストの存在は不思議な性質をもつ。しかし、その不思議が人を満たすのだ——拒めば、世界は説明不可能な謎となる。信じれば、人類の歴史は十分に説明可能になる」（Mead, ERQ, 56 における引用）。

「キリストの時代以来、あらゆる思想の発展にもかかわらず、世界に新たな道徳的理想はただのひとつももたらされていない」（Hunter, WWJ, 35）。

R・G・グルンラーは言う。「このコミュニティのケリュグマは『イエスは世界のどんな場所とも関係がある存在だ』という宣言である。この方のことが宣べ伝えられるときは、いつでもどこでも、人はこの方の現実性、人間性と対峙させられ、神の臨在の下に導かれる」（Hort, WTL, 25）。

「諸宗教は義務、機会、そして愛についてさえもその道徳的理想を持っていた。しかし、現実において、魅力において、力においてキリストの理想に近づくことはなかった。キリストのメッセージは、世界のどの民族にもあてはまるという点で優れている。世界中の人を引きつける力がある。大人から子どもまで、すべての人に適用される。このメッセージは、最初に伝えられた時代だけではなく、あらゆる時代に力を発揮する。その理由は、神と人

に対する３重の道徳的心構えが（他の何ものも持っていないし持ちえない）普遍的な力をもって人を引きつけるからである。キリストは悔い改め・信頼・愛を要求するのだ」(Thomas, CIC, 35)。

A・M・フェアベアンは言った。「宗教史における最も驚くべき事実は、この方がいたるところで絶え間なくみわざをなしてこられたということである。この方こそ、その拡張と発展において常に結果を生み出す原動力であった。あらゆる社会体制下で、あらゆる時代において、そのどの部分においても、キリスト教の結束を支えた原理は、この方に対する献身的な愛であった。今もそうである」(Fairbairn, CMT, 380)。

G・バンクロフトはきっぱりと、「イエス・キリストの名は現代史の各ページの一番上に書かれている」と述べている（Mead, ERQ, 50)。

D・ストラウスはこう認めざるをえなかった。「私たちが考えうる範囲内では、宗教の最高の模範であり続けている。完全な敬虔というものは、心にキリストを迎えないかぎりありえない」(Schaff, PC, 142)。

W・E・チャニングはこのように言っている。「歴史上の賢人も英雄も人々の記憶から消え去ろうとしており、歴史が彼らの行為の記録のために割くスペースはますます小さくなるばかりだ。しかし、イエス・キリストの名と言行に対しては、時間は何の力も持っていない」(Mead, ERQ, 51)。

E・リーナンはふたつのことばを残している。「イエスは地上最大の宗教的天才であった。その麗しさは永遠で、その統治が終わることは決してない。イエスはあらゆる点でユニークな存在で、この方に並ぶものはない」(Mead, ERQ, 57)。「一切の歴史はキリストなしでは理解不可能である」(Mead, ERQ, 57)。

B・ラムは「ガリラヤの大工が世の光であると主張し、これほど多くの世紀を経てもそう認められるのは、この方の神性が最もよく説明する」と断定している（Ramm, PCE, 177）。

　『ライフ』誌の記事でG・バトリックはこう書いている。「イエスは歴史に新たな始まりをもたらされた。この方はあらゆる土地に溶け込んでしまわれる。どこに行っても、人々はイエスの顔が自国人にとっての最高の顔のよう――そして神の顔のようだと考えている。

　この方はへんぴな村で田舎女の息子として生まれた。育ったのは別の村である。30歳までは大工として働き、次の3年間は巡回説教者として過ごした。家を持ったことは一度もなかった。本は1冊も書かなかった。公職についたこともなかった。家族も持たなかった。大学にも行かなかった。大都市に足を踏み入れたこともなかった。生まれた場所から300キロ以上離れることもなかった。偉人がふつう行うようなことは何ひとつ行わなかった。持っておられる資格と言えば、この方がこの方であるということだけであった。……まだ若いときに、世はこの方に敵対するほうへと傾いた。味方は逃げた。そのひとりは知り合いであることさえ否定した。この方は敵の手に引き渡された。偽りの裁判を受けさせられた。ふたりの窃盗犯の間で十字架に釘づけとなった。死に瀕しているとき、地上での唯一の所有物であった着物のために処刑人たちが賭けをした。死ぬと、からだが取り降ろされ、友人の情けで借りた墓に納められた。

　19の世紀が過ぎ去り、今日この方は人類の最重要人物であり、進歩の隊列を率い続けている。これまで行進したすべての陸軍、これまで建て上げられたすべての海軍、これまで集まったすべての議会、これまで君臨したすべての王を合わせても、この孤高の人ほど大きな影響を人類に与えた人物はいない、と言ってもいい。

　──作者不詳

この方の誕生日は世界中で祝われている。この方の命日は処刑台
［である十字架］をあらゆる町の風景の一部としてきた」（Mead,
ERQ, 51）。

　下のボックスに引用するのは有名な随筆「ある孤独な生涯」であ
る。

　もうひとつの随筆「比類なきキリスト」はこう語る。

　「千九百年以上も昔、いのちの法則に反して生まれた方がおら
れた。この方は貧困の中で生き、無名のまま育たれた。この方が
広く旅することはなかった。ただ一度だけ自国の国境を越えられ
たが、それは幼少期に国を脱出されたときだった。

　この方には富も影響力もなかった。この方の家族には特に目立
ったところはなく、訓練も正式な教育も受けていなかった。幼年
期、この方の存在は王に恐れをもたらした。少年期には学者たち
を当惑させた。成人してからは自然の運行を支配し、大波の上を
歩道であるかのように歩き、海をなだめて眠りにつかせられた。
群衆を薬も使わずにいやされ、その代価を求めることはなかった。

　本は1冊も書かれなかったが、一国のすべての図書館を集めて
もこの方について書かれた本を収めきれない。歌は1曲も作られ
なかったが、すべての作詞家・作曲家を合わせた以上に多くの歌
のテーマを提供された。

　大学はひとつも創立されなかったが、すべての学校を合わせた
としても、この方に習った学生数を超えることはない。

　軍隊を率いることも兵を召集することも銃を撃つこともなかっ
たが、この方ほど多くの志願兵を抱えた指導者はいない。彼らは
この方の命令で、1発の銃弾も発射することなく、敵に銃を捨て
させ降服させることができた。

　精神医学を用いて治療することはなかったが、世界中すべての

医者がいやしてきた以上に多くの痛んだ心をいやしてこられた。週に一度、商売用の車輪は止まり、多数の者がこの方への敬意と忠誠を表すために礼拝の場に向かう。

　誇り高きギリシャ・ローマの政治家たちの名は、歴史を通り過ぎて行った。偉大な科学者、哲学者、神学者らの名も通り過ぎて行った。しかし、この方の御名は勢いを増すばかりだ。今の人々とこの方の十字架の間には1900年の時が横たわっているが、この方は今も生きておられる。ヘロデはこの方を滅ぼすことができなかったし、墓はこの方を納め続けることができなかった。

　この方は神により公に現され、御使いたちから認められ、聖徒たちにあがめられ、悪霊たちに恐れられ、天の栄光の最高の頂点に立っておられる。今も生き、人格を持っておられるキリスト、私たちの主であり救い主として」（作者不詳）。

8　神が人になったなら、人間の霊的な飢え渇きを満たすと予想される

　O・ローク著『心理学を超えて』は、「人は自分以上の何かと接する必要がある」と言う。

　主要な宗教は人の必要を証言している。メキシコのピラミッドやインドの寺院は人類の霊的探究の例である。

　マーク・トウェインは人が抱える空虚感についてこう言った。「揺りかごに始まり墓にいたるまで、人のすることは、ただひとつ——心の安らぎ——霊的満足を得ることのほかは、重要な目的はただのひとつもない。」

　歴史家のフィッシャーは、「人の心には叫びがある。しかし、この世からは何の答えも来ない。」

　トマス・アクィナスは、「人の心には、幸福を求める絶えざる渇

きがあるが、それは神のうちにあってのみ満たされる渇きである」
と強く主張した。

「……今日、いつの時代とも変わることなく何千、何万という
人々が、罪や邪悪さを取り扱うキリスト教の力と栄光について証言

「義に飢え渇く者は幸いです。その人たちは満ち足りるから」（マタ
イ5：6）。

「だれでも渇いているなら、わたしのもとに来て飲みなさい」（ヨハ
ネ7：37）。

「しかし、わたしが与える水を飲む者はだれでも、決して渇くことが
ありません」（ヨハネ4：14）。

「わたしは、あなたがたに平安を残します。わたしは、あなたがた
にわたしの平安を与えます。わたしがあなたがたに与えるのは、世
が与えるのとは違います。あなたがたは心を騒がしてはなりません。
恐れてはなりません」（ヨハネ14：27）。

「わたしがいのちのパンです。わたしに来る者は決して飢えることが
なく、わたしを信じる者はどんなときにも、決して渇くことがあり
ません」（ヨハネ6：35）。

「すべて、疲れた人、重荷を負っている人は、わたしのところに来な
さい。わたしがあなたがたを休ませてあげます」（マタイ11：28）。

「わたしが来たのは、羊がいのちを得、またそれを豊かに持つためで
す」（ヨハネ10：10）。

している。」(Thomas, CIC, 119)。

B・ラムはこう述べている。「キリスト教的体験だけが、自由意志をもつ人間の性質に対応できる。……神以外の何ものも、飢え渇き、不安、欲求不満から人の心を解放することができない」(Ramm, PCE, 215)。

P・シャフは言う。「イエスは党派の偏見を超え、自身の時代や国の固定観念を越えられた。人の真心に語りかけ、良心の核の部分にふれられた」(Schaff, HCC, 104-5)。

G・シュヴァイツァーは、『10人の科学者が人生を考察する』で個人的体験を語っている。

「人は世界を驚くべき形に変えてきたが、自分自身を変えることはできないでいた。この問題は基本的に霊的なものであるため、そして人は(歴史が証明するように)生まれつき悪の方向に傾いているため、人が変わることができるとすれば、ただひとつ、神によってである。人は自分自身をキリスト・イエスにゆだね、聖霊の導きに服従する場合にのみ、変わることができる。この奇跡的変化にのみ、原子に畏怖し電波まみれになった今日の世界とその住人の希望があるのだ」(Schweitzer, TSLL, n.p.)。

ピッツバーグ大学のある学生はこう言っている。「私が過去に体験した喜びをすべて合わせても、イエス・キリストが私の人生に入り、支配し、導いてくださった喜びや心の安らぎとは比べものにならない」(Ordonez, IWBBNIS, n.p.)。

ホィートン大学動物学教授R・L・ミクスターは言う。「科学者としての信念に従うなら、『自分のしていることを信じるのは、自分が発見できた証拠のゆえだ』ということになる。私がクリスチャンになったのは、自分の中にイエス・キリストしか満たすこと

のできない欲求を見つけたからである。私は赦しを必要としていた。すると、この方がそれをくださった。私は孤独からの解放を必要としていた。すると、この方が友となってくださった。私は励ましを必要としていた。すると、この方が励ましてくださった」（Schweitzer, TSLL, n.p.）。

　P・H・ジョンソン──「神は人間のうちに特殊な空洞を作られた──神のような形をした空洞である。その空洞は神以外のものが満たすことはできない。お金、家、富、権力、名声、その他何でもその空洞につぎ込むことはできるが、形が合うことはない。神だけが満たし、適合し、満足させることができる」（Johnson, MP, n.p.）。

　オハイオ州立大学の W・ハーン──「私は哲学的探究に没頭してしまうことがよくある。……キリストを知ることは私にとって人生そのものを意味する。それは新しい人生、この方が約束された『豊かな人生』なのだ」（Schweitzer, TSLL, n.p.）。

　広告マンの F・オルナットはこう語る。「そしてイエスに私の人生に入ってそのままずっといてくださるよう、お願いした。人生で初めて完全な安らぎを体験した。抱えていた空虚感は消え、それ以来孤独を感じたことは一度もない」（Allnutt, C, 22）。

　元メジャーリーグの捕手 J・C・マーティンは「私はイエス・キリストのうちに幸福とすべての願望の成就を見出した」と言っている（Martin, CC, n.p.）。

9　神が人になったなら、人類に最も恐れられている最大の敵（死）を克服すると予想される

9.1　イエスの死

　イエスはいのちを捨てることを誰かに強いられたわけではない。マタイ 26：53, 54 が証言するように、ご自分の望むことは何でも行

う力を持っておられた。ヨハネ10：18もそれを認めている。「だれも、わたしからいのちを取った者はいません。わたしが自分からいのちを捨てるのです。わたしには、それを捨てる権威があり、それをもう一度得る権威があります。わたしはこの命令をわたしの父から受けたのです。」このことばから、キリストが自ら進んで人間の罪のために死なれたことがわかる。

W・H・G・トマスは次のように証言している。「［イエスの死は］自殺ではなかった。『わたしが自分からいのちを捨てるのです』と言われたのだ。その死はまったくの自由意志によるものであった。私たちは苦難を通る必要があるが、この方はその必要がない。一言発するだけで自分のいのちを救うこともできただろう。また、事故死したわけでもなかった。さまざまな形で予知され、予告され、準備されていたということからも明らかである。さらに、犯罪者の処刑でもなかった。告発においてふたり以上の証人が一致することがなかったからである。ピラトはこの方に何の罪も見当たらないと宣言し、ヘロデさえもこの方に不利となることは一言も言わなかった。したがって、この処刑は通常の処刑とは完全に異なっていたのである」（Thomas, CIC, 61）。

この方の死に関するもうひとつ重要な事実についてW・C・ロビンソンが語っている。「歴史上、私たちの主イエスがされたように、自分の意志で自らの霊を放棄する力を持った者はなかった（ルカ23：46）。……ルカとヨハネが用いている動詞は……イエスが罪の代価を完全に払ったとき……霊を神に明け渡されたという意味だとしか解釈できない。奇跡は金曜のカルバリで起こり、復活の朝の園でも起こった」（Robinson, WSYTIA, 85-86）。

9.2　イエスの葬り

「夕方になって、アリマタヤの金持ちでヨセフという人が来た。彼

もイエスの弟子になっていた。この人はピラトのところに行って、イエスのからだの下げ渡しを願った。そこで、ピラトは、渡すように命じた」（マタイ 27：57, 58）。

「前に、夜イエスのところに来たニコデモも、没薬とアロエを混ぜ合わせたものをおよそ三十キログラムばかり持って、やって来た」（ヨハネ 19：39）。

「そこで、ヨセフは亜麻布を買い、イエスを取り降ろしてその亜麻布に包み、岩を掘って造った墓に納めた。墓の入口には石をころがしかけておいた。マグダラのマリヤとヨセの母マリヤとは、イエスの納められる所をよく見ていた」（マルコ 15：46, 47）。

「そして、戻って来て、香料と香油を用意した。安息日には、戒めに従って、休んだ……」（ルカ 23：56）。

「そこで、彼ら［パリサイ派の命を受けた番兵たち］は行って、石に封印をし、番兵が墓の番をした」（マタイ 27：66）。

9.3　イエスの復活

　B・F・ウェストコットはこう記している。「すべての証拠を総合すると、キリストの復活ほど確かで多様な裏づけの取れている歴史的事件はないと言っていい。絶対に史実ではないと初めから決めつけている者でないかぎり、その事実の証明に問題があるとは思わないであろう」（Westcott, GR, 4-6）。

　H・モリスは言う。「この方の復活は歴史上最も重要な出来事であり、したがって、これまでの歴史の中で、起こったことが最も確実な事実のひとつである」（Morris, BHA, 46）。

　イエスはご自分の死を預言されただけではない。肉体をもって復活することも預言された。「この神殿をこわしてみなさい。わたしは、三日でそれを建てよう」と言われたのである（ヨハネ 2：19）。ここで、**神殿**とはこの方のからだのことである。

モリスはこうも述べている。「これまで生まれた人間の中で、この方だけが死そのものを克服された。この方が肉体をともなって墓からよみがえられたことは、全歴史中、最も確かな証拠で示された史実と考えられる。この方は『わたしは、よみがえりです。いのちです』と言われた。『わたしが生きるので、あなたがたも生きるからです』」（ヨハネ 11：25；14：19）（Morris, BHA, 28）。

　「キリストの復活は**私たちが復活することを保証するしるし**である。病気のいやしは、今日の私たちひとりひとりをキリストがいやされると信じていい保証ではないし、ラザロのよみがえりも私たちの不死を請け合うわけではない。ただひとつ、信者に対し、そして永遠のいのちへと墓を開くのは**初穂**としてのキリストの復活である。この方がよみがえられたゆえに、私たちもよみがえるのだ」（ローマ 8：11）（Ramm, PCE, 185-86）。

　イエスの死後、使徒たちはこの方の力によって死者を生き返らせることができた（使徒 9：40, 41）。したがって、この方は死んで後も人々にいのちをお与えになったのだ。

　証拠が示しているのは、イエスが生きておられること（ヘブル 13：8）、そして「あなたがたを離れて天に上げられたこのイエスは、天に上って行かれるのをあなたがたが見たときと同じ有様で、またおいでになります」（使徒 1：11）ということだ。

　「しかし、イエス・キリスト、この永遠の神の御子であり、約束されていた世の贖い主である方は死を克服されたのである」（Morris, BHA, 46）。

KNOWING GOD PERSONALLY
―神との出会いを体験するために―

信頼、勇気、心……愛。

本当に価値あるものほど目には見えないものです。

目に見えないもののひとつに「神」があります。

聖書は、この神と私たちとの関係について語っています。

「初めに、神が天と地を創造した。」（創世記 1：1）

1. 神の愛
私たちを造った神が私たちを愛しています。

私たちに命を与えたのは神です。

「神は人をご自身のかたちとして創造された。神のかたちとして彼を創造し、男と女とに彼らを創造された。」（創世記 1：27）

神は私たちを愛しています。

「神は、実に、そのひとり子［キリスト］をお与えになったになったほどに、世［私たちひとりひとり］を愛された。それは御子［キリスト］を信じる者が、ひとりとして滅びることなく、永遠のいのちを持つためである。」（ヨハネ 3：16）

それにもかかわらず、私たちがこの神を知らないでいるのは、なぜなのでしょう？

2. 私たちの状態

人が神を知らないでいるのは、神から離れて自分中心の生き方をしているからです（聖書の言う「罪」）。神を知ることも体験することもできなくなっているのは、そのためなのです。

私たちは神から離れています。

「すべての人は、罪を犯したので、神からの栄誉を受けることができず（神に受け入れられる存在ではない）」（ローマ3：23）

私たちは神と断絶された状態にあります。

「罪から来る報酬は死（神との関係の断絶）です。」（ローマ6：23）

この図は、きよい神と罪ある人間との関係を描いたものです。両者は断絶状態にあります。私たちは、よい行いをしてみたり、宗教に励んだり、人間的な努力をいろいろ続けるかもしれません。しかし、どんなに自分の力でがんばっても、罪の問題を解決しないかぎり、この溝をうめることはできないのです。

罪の問題を解決して、この両者の間に橋をかける方法は何かないのでしょうか。

3. 神からの応答

人の罪の問題は、神が用意してくださった方法によってのみ解決できます。それがイエス・キリストです。私たちはイエス・キリストをとおして神の愛を知り体験することができるようになります。

イエスは神の現れそのものでした。

「初めに、ことばがあった。ことばは神とともにあった。ことばは神であった。」（ヨハネ1：1）

「ことばは人となって、私たちの間に住まわれた。私たちはこの方の栄光を見た。父のみもとから来られたひとり子としての栄光である。この方は恵みとまことに満ちておられた。」（ヨハネ1：14）

　イエスは私たちの罪の罰を私たちの代わりに受けて死なれました。
「（イエスは）自分から十字架の上で、私たちの罪をその身に負われました。それは、私たちが罪を離れ、義のために（神との正しい関係に）生きるためです。」（Ⅰペテロ2：24）

　イエスは死からよみがえり、多くの人の前に現れました。
「キリストは……私たちの罪のために死なれ……葬られ……三日目によみがえられ……ケパ（弟子のひとり）に現れ、それから十二弟子に現れ……その後、五百人以上の人々に同時に現れました。」（Ⅰコリント15：3〜6）

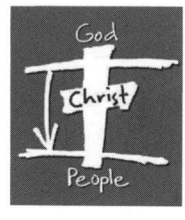

　この図は、先ほどの溝に神がどのように橋をかけてくれたかを説明しています。イエスの身代わりの死と復活によって、私たちの罪の償いがなされ、死（神との関係の断絶）の問題が解決されました。神が身をもってご自身の愛を示してくださったのです。

　この出来事をただ知識として知っているだけでは十分ではありません。

4. 私たちの応答
　あなたも、神の愛を知り体験することができます。それは、イエ

ス・キリストを罪からの救い主として個人的に信頼することによってです。

　私たちはイエスを信頼する必要があります。
「あなたがたは、恵みのゆえに、信仰（イエスの身代わりの死と復活を信頼すること）によって救われたのです。それは、自分自身から出たことではなく、神からの賜物（プレゼント）です。行いによるのではありません。だれも誇ることのないためです。」（エペソ 2：8〜9）

　私たちはイエスを個人的に信頼する必要があります。
「この方を受け入れた人々、すなわち、その名を信じた人々には、神の子どもとされる特権をお与えになった。」（ヨハネ 1：12）

　キリストを信頼することには、キリストが私たちのすべての罪をゆるし、私たちを神が望まれるような人間につくりかえてくださることを信じる、という要素もあります。キリストが神の子であり、私たちの罪のために十字架にかかって死んでくださったということを知的に認めるだけでは十分ではありません。また、感情的体験をしたとしても不十分です。キリストを自分の意志で信頼する必要があるのです。

　次の図はふたつの人生を表しています。

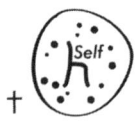

イエスが心にいない人生
　自分自身が毎日の生活の方向性を決めています。でも、実際は不安や不満に満ちた生活です。

イエスとともに歩む人生
　　毎日の生活は神の思いと調和しており、心に深い
安心と喜び、自信が満ちています。

　このふたつのうち、あなたの今の状態を最もよく表しているのは
どちらでしょうか？
　もし選ぶとすれば、どちらの人生がよいと思いますか？

　イエスとともに人生を歩み始めるには次のようにします。

　**あなたも今、祈る（神に話す）ことによってキリストへの信頼を
表すことができます。**

　神はあなたの心の中を知っておられるので、どんなことばで祈る
かよりもどんな心で求めているかを見ておられます。次のように祈
ることによって、あなたも今、キリストへの信頼を表すことができ
ます。

　「イエス様、私のために十字架で死んでくださったことを感謝し
ます。今、あなたを私の罪からの救い主、主として信頼します。私
の罪をすべてゆるし、永遠のいのちを与えてくださってありがとう
ございます。私の心の中で私の人生を導いてください。」

　これは、あなたの願いを表しているでしょうか？
　もしそうなら、今、祈りましょう。あなたの人生にイエスを招き
入れることができます。

イエスを人生に招き入れることができたかどうかは、どうしたら確認できるのでしょうか？

　あなたが心からこの祈りをされたのなら、イエスは確かにあなたの人生に入って来られました。それは、あなたが神の約束に信頼したからです。神は嘘をつくことがありません。

　イエスを信頼する人には永遠のいのちが与えられることを聖書は約束しています。

「そのあかしとは、神が私たちに永遠のいのちを与えられたということ、そしてこのいのちが御子のうちにあるということです。御子を持つ者はいのちを持っており、神の御子を持たない者はいのちを持っていません。私が神の御子の名を信じているあなたがたに対してこれらのことを書いたのは、あなたがたが永遠のいのちを持っていることを、あなたがたによくわからせるためです」（Ⅰヨハネ 5：11 ～ 13）。

　イエスがあなたの人生をともに歩んでくださること、そして、イエスがあなたを見捨てることは決してないことを感謝しましょう（ヘブル 13：5）。イエスをあなたの人生に招き入れた瞬間から、イエスとともにある人生は始まり、あなたには永遠のいのちが与えられました。神が約束してくださったのです。神があなたを裏切ることは決してありません。

　大切な次のことも心に留めてください。

　感情に頼ってはいけません。

　イエスへの信頼の基盤は、神のことば＝聖書です。自分の感情ではありません。感情には浮き沈みがあり、頼りにならないものだからです。クリスチャンは神ご自身と神のことばに信頼を置いて歩み

ます。左の図は、**事実**（神と神のことば）と**信仰**（神と神のことばへの信頼）と**感情**（信頼の結果）との関係を表したものです。

　客車がなくても汽車は走ります。しかし、客車で汽車を引っ張ることはできません。同じように、クリスチャンは自分の感情や気分に頼って生活するのではなく、神ご自身と神のことばに信頼を置いて歩むのです。これが信仰です。

イエスを受け入れたあなたは今……

　自分の意志でイエスを人生に迎え入れた瞬間に、下記のことを含め、多くのことが起こりました。

・あなたの人生にイエスが入って来られました（ヨハネ１：12）。

・あなたは神の愛する子どものひとりとされました（ヨハネ１：12）。

・あなたのすべての罪が赦されました（コロサイ２：13）。

・あなたに永遠のいのちが与えられました（ヨハネ５：24）。

・まったく新しい人生が始まりました（Ⅱコリント５：17）。

　イエスを人生に迎え入れることがどんなにすばらしいことか、おわかりいただけたでしょうか？　神がしてくださったことに感謝して今、祈りませんか？　神に感謝することで神への信頼を表すことができます。

　新しく始まった人生を精いっぱい楽しむために……

成長のための提案

クリスチャンとしての成長はイエスを信頼することから始まります。「義人は信仰によって生きる」(ガラテヤ3：11)。あなたが信仰によって歩み続けるなら、生活のあらゆる面で神を信頼するようになり。以下のことを喜んで実践するようになるでしょう。

せ　聖書を読んで神の御心を知ることに努める　(使徒17：11)

い　祈ることで日々、神とのコミュニケーションを持つ　(ヨハネ15：7)

ち　小さなことでも神の導きに従う　(ヨハネ14：21)

よ　喜んで、イエスとともに歩む新しい人生のことを人に紹介する　(マタイ4：19)

う　うまく行っていないように感じるときでも聖霊の働きに自分をゆだねる　(ガラテヤ5：22～23)

　神はあなたのクリスチャン生活を導く存在として聖霊を送られました。「神の御霊に導かれる人は、だれでも神の子どもです」(ローマ8：14)。聖霊はあなたのうちで働いて、聖書を理解する能力、慰め、力、喜びを与える方です。

神の家族

　神のことばは「いっしょに集まることをやめたりしないで、かえって励まし合う」ことを勧めています (ヘブル10：25)。薪は何本かいっしょにしておけばよく燃えますが、1本だけで置いておけばすぐに消えてしまいます。他のクリスチャンとの関係でも同じことが言えます。おそらくあなたの近くに、聖書を神のことばと信じ、イエス・キリストを心から愛し礼拝するクリスチャンの集まりがあることでしょう。そのような集まりにまだ参加しておられないのでしたら、ぜひ今週から始めてください。定期的に出席するようにし

ましょう。このことで手助けが必要でしたら、遠慮なく私どもにお
たずねください。

日本キャンパス・クルセード・フォー・クライスト（JCCC）

〒181-0013　東京都三鷹市下連雀3-32-15

CCC学生センター3F

TEL & FAX（0422）71-4172

Email　office@japanccc.org

聖書 新改訳 ©1970,1978,2003 新日本聖書刊行会

徹底検証　キリスト教
── 信じる根拠はどこにあるのか　　　第2巻 イエス・キリスト

2014年11月15日　発行

著　者　　ジョシュ・マクドウェル
訳　者　　　　　　　中村光弘
監修者　　　　　　　川端光生

発　行　　日本キャンパス・クルセード・フォー・クライスト

〒181-0031 東京都三鷹市下連雀3-32-15
CCC学生センター3F
TEL 0422-71-4172
e-mail：office@japanccc.org

発　売　　　　　　いのちのことば社

〒164-0001 東京都中野区中野2-1-5
TEL 03-5341-6922（編集）
TEL 03-5341-6920（営業）
FAX 03-5341-6921
e-mail：support@wlpm.or.jp
http：//www.wlpm.or.jp/

Printed in Japan © Josh McDowell 2014
乱丁落丁はお取り替えします
ISBN 978-4-264-03270-0